**JLA**
**図書館実践シリーズ**  18

# 児童図書館サービス 1

運営・サービス論

日本図書館協会児童青少年委員会 編
児童図書館サービス編集委員会

日本図書館協会

**Public Library Service to Children
1: Principles of Chileren's Library
Services and Programs**

(JLA Monograph Series for Library Practitioners ; 18)

児童図書館サービス1 ： 運営・サービス論 ／ 日本図書館協会児童青少年委員会児童図書館サービス編集委員会編. ― 東京 ： 日本図書館協会, 2011. ― 310p ； 19cm. ― (JLA 図書館実践シリーズ ； 18). ― ISBN978-4-8204-1106-2

tl. ジドウ　トショカン　サービス　al. ニホン　トショカン　キョウカイ
sl. 児童図書館　① 016.28

# はじめに

　2000年の子ども読書年に，東京・上野に国立国会図書館国際子ども図書館が開館し，子どもゆめ基金が創設されて以来，全国に子どもの読書活動を振興させようという，さまざまな動きが見られるようになった。2001年12月には「子どもの読書活動の推進に関する法律」が制定され，さらに法律にもとづく国の「子どもの読書活動推進に関する基本的な計画」が2002年8月に策定されたことが，行政レベルでの活動を活発化させている。民間レベルでも，イギリスのバーミンガムで始まったブックスタート運動の方法を取り入れて，2000年の「子ども読書年」推進会議による試験実施の後，ブックスタート支援センター（のちにNPOブックスタート）の働きかけもあって，全国約1,800弱の自治体のうち4割を超える自治体で実施されるようになっている。一方，学校では「朝の読書運動」などの全校一斉読書の運動が広がりをみせている。

　2005年7月には文字・活字文化振興法が議員立法により成立した。基本理念として「すべての国民が」「居住する地域，身体的条件その他の要因にかかわらず，等しく豊かな文字・活字文化の恵沢を享受できる環境を整備する」ことが掲げられ，さらに，2008年6月には，議員提案により衆参両議院で2010年を国民読書年とする決議がなされた。

　第二次世界大戦後，日本の子どもたちに本をすすめようとするさまざまな運動が試みられてきた。特に，地域の家庭文庫を中心

にした，子どもたちの身近なところに本を置き，子どもたちに本をすすめようという運動は大きな成果をあげ，その発展として公共図書館の建設を求める運動につながり，地方自治体の図書館政策まで動かし，公共図書館の建設を後押ししたといえる。そして，この運動は学校図書館に人を求める運動へ発展していった。

2000年を契機とした官民あげての読書運動は，それまでの読書運動を土台として，上からの運動ではあるが，全国のさまざまな読書運動を活性化する効果があった。

しかし，その一方で日本の公共図書館における児童図書館サービスは大きな課題を抱えるようになってしまった。地方自治体の財政状況が逼迫しているために，職員定数を削減し，人件費を抑制しようという動きが大きくなっている。その結果，公共図書館の現場は，非正規職員や業務委託請負先の嘱託社員など，あるいは指定管理者によって雇用された社員などによって支えられる割合が増えている。安定的な雇用ではない社員などによる図書館サービスは当然のことながら市民に安定した図書館サービスを保証するとは限らない。児童図書館サービスにおいても事態は同じである。数ある公共図書館の中には児童図書館サービスの主たる担当が臨時職員によって担われているという事例がある。

他方，マスメディアが発達して，その影響のもとに暮らしている今の子どもたちの読書はどうなっているであろうか？　子どもたちは全国学校図書館協議会の読書調査で明らかなように，小学生までの段階では量としては本を読んでいるが，OECD（経済協力開発機構）のPISA（学習到達度調査）の結果によれば，それは中学生の段階での読解力につながっているとはいえない。

以上のような状況の中で，我々日本図書館協会児童青少年委員会は公共図書館における児童図書館サービスの基本的な枠組みを

提示しなければならないと考えている。児童図書館サービスに携わる者がどのような状況にあろうとも目指すべき目標を掲げ，それに向かってどのようにサービスを組み立てていくのか，基本的な考え方や方法を提示することによって，児童図書館サービスの発展を図りたいと考えている。

　この本は，「運営・サービス論」と「児童資料・資料組織論」の2巻1セットからなるが，かつて児童青少年委員会が中心となって編んだ『子どもの図書館の運営』を継ぐものとして企画した。日本の公共図書館の児童図書館サービスを未来へ切り拓いていく一助となれば幸いである。

2011年8月

日本図書館協会児童青少年委員会<br>委員長　坂部　豪

# 目次

はじめに　iii

## ●第1章●　児童図書館　……………………………………… 1

1.1　児童図書館とは　1
　（1）　児童図書館の意義　2
　（2）　児童図書館の目的　6
1.2　児童図書館の構成要素　7
　（1）　児童図書館を構成する4要素　7
　（2）　児童図書館で実施されるサービス　8
　（3）　児童図書館のサービスポイント（図書館システム），
　　　　図書館ネットワーク　9
　　①　児童図書館のサービスポイント　9
　　②　市町村立図書館と都道府県立図書館,国立国会図書館　9
　　③　児童図書館を包み込む図書館ネットワーク,資源共有　11

## ●第2章●　児童図書館員の役割,専門性,資質, 司書職制度の確立　……………………… 13

2.1　児童図書館員（司書）の役割,専門性　13
　（1）　児童図書館員（司書）の役割と重要性　13
　（2）　児童図書館員の専門性　13
　　①　地域を知る　14
　　②　子どもを知る　15
　　③　児童資料（子どもの本）を知る　15
　　④　資料（本）を選ぶ　16
　　⑤　子どもと子どもの本を結びつける方法を知る　16
　　⑥　児童図書館の運営（経営）を知る　17
2.2　児童図書館員の資質　20
2.3　児童図書館員の専門性と司書職制度の確立　21

vi

## ●第3章● 児童図書館の歴史と現状, 諸課題 ……………27

- 3.1 児童図書館の歴史　27
  - (1) 児童図書館誕生の背景と先駆的な動き　27
  - (2) 英米における児童図書館の誕生と発展　28
    - ① イギリス　28
    - ② アメリカ　30
  - (3) 日本における児童図書館の歴史　32
    - ① 戦前の児童図書館　32
      先駆的な活動の始まり－明治時代の児童図書館／本格的な取り組みへ－東京市立日比谷図書館の開館／児童図書館の停滞－戦時下の思想統制と戦災
    - ② 戦後の児童図書館　35
      児童図書館の発展前期－戦後の復興と図書館法の制定／組織的な活動の始まり－児童図書館研究会の発足／飛躍的な発展へ－1965年の2つの契機／質の充実への取り組み－児童図書館員と子どもの本／児童サービスの多様化－少子化と子どもの生活の変化／文庫との関係の変化－東京子ども図書館の設立など／読書推進活動と児童サービス－2000年以降の動き
- 3.2 子ども文庫の発展段階　44
- 3.3 児童図書館の現状　51
  - (1) 公共図書館における児童サービスの位置づけ　51
  - (2) 児童図書館の数, 利用の状況の推移　52
    - ① 図書館数と児童室・児童コーナー　52
    - ② 全蔵書冊数と児童用蔵書冊数　54
    - ③ 全登録者数と児童登録者数　55
    - ④ 全貸出冊数と児童書貸出冊数　56
  - (3) 子どもの読書活動, 児童図書館にかかわる社会状況　58
    - ① 2000年子ども読書年まで　58
    - ② ブックスタート　59
    - ③ 子どもゆめ基金　60
    - ④ 子どもの読書活動の推進に関する法律　60
    - ⑤ 国による「子どもの読書活動の推進に関する基本的な計画」　63

# 目次

  ⑥ 各地に広がる「子どもの読書活動の推進に関する基本的な計画」 64
  ⑦ 「文字・活字文化振興法」の制定 64
  ⑧ 地方公共団体と児童図書館 66
    市町村合併／指定管理者制度
  ⑨ 新たな独立児童図書館の増加 68

## ●第4章● 子ども  70

4.1 子どもを知る 71
  (1) 子どもをとりまく地域を知る 71
  (2) 子どもについて知る 73
4.2 子どもと読書 75
  (1) 子どもをとりまくメディア環境 75
  (2) 子どもにとっての読書 77
  (3) 読書の喜び 80
  (4) 子どもの発達段階と読書 81
  (5) 子どもの図書館利用の実態（二極化，低年齢化） 85

## ●第5章● 児童図書館サービスの実際  88

5.1 利用登録 89
  (1) 利用登録の意義 89
  (2) 登録は契約である 89
  (3) 登録資格 90
  (4) 登録・貸出カウンターでの心得 91
  (5) 登録時の対応 92
5.2 排架とフロアワーク 93
  (1) フロアワーク 93
   ① フロアでの仕事は図書館で一番重要な業務 93
   ② 子どもに手助けをする図書館員の配置 95

- ③ 子どもへの本の案内(ガイド)　95
- (2) 排架　96
  - ① 排架は図書館員の仕事　96
  - ② 書架を最適に保つ作業　97
- (3) 書架整理　98

5.3 貸出サービス　100
- (1) 個人貸出と読書案内　102
  - ① 個人貸出　102
  - ② 読書案内　103
  - ③ 督促　103
- (2) 予約・リクエスト　104
- (3) 移動図書館における貸出　106
- (4) 団体貸出　111

5.4 情報サービス　113
- (1) 子どもに対するレファレンスサービス　114
  - ① レファレンスインタビュー：質問内容の正確な把握　114
  - ② 情報探索の実行　115
    所蔵の有無／事実調査／書誌情報／文献調査／レファレンスを担う児童図書館員が守るべき原則
- (2) 児童資料にかかわる社会人へのレファレンスサービス　119
  - ① レファレンスサービスの実際　119
- (3) 情報検索サービス　120
  - ① 利用例　121
  - ② 情報源としての注意点　122
- (4) コピーサービスと著作権　122

5.5 展示と掲示, 置物　123
- (1) 展示　125
- (2) 掲示　126
- (3) 置物　126

# 目次

5.6　ホームページの作成　127
　(1)　子ども向けのホームページ　129
　(2)　大人向けのホームページ　132
5.7　本の世界に誘う方法と活動　134
　(1)　子どもを本の世界へ誘う活動の土台　134
　　①　日々の仕事の積み重ねから　134
　　②　前提としての豊かな蔵書構成　134
　　③　年間計画　135
　(2)　図書館案内　135
　　①　利用案内のパンフレット　135
　　②　児童室だより　136
　(3)　わらべうたの会　136
　(4)　読み聞かせと絵本の会　137
　　①　児童室で子どもと一緒に読む　138
　　②　絵本の会　139
　　　目的／対象／時間／読み手／プログラム／読み方
　(5)　お話(ストーリーテリング)とお話会　141
　　①　図書館でのお話　142
　　②　お話を選ぶ　144
　　③　覚える　145
　　④　語る　145
　　⑤　お話会の実際　146
　　　対象／時間／プログラム／会のもち方
　　⑥　学校でのお話　148
　(6)　ブックトーク(本の紹介)とブックトークの会　148
　　①　紹介したい本をたくさん読んでおく　149
　　②　グループを対象にしたブックトークの実際　150
　　　テーマを決めて,本を選ぶ／紹介のしかた
　(7)　科学あそびと科学あそびの会　153

- ① 図書館における科学あそび　153
- ② 科学あそびの会　154
  科学あそびを選ぶ／科学あそびに利用できる本／科学あそびの立案
- ③ 科学あそびの例：卵の実験　156
  準備するもの／科学あそびの内容／科学あそびおよび関連の児童図書／参考になる一般図書
- ④ 科学あそびの事前の実施　158
- ⑤ 科学あそびの会の実施　158
- ⑥ 科学あそびにおける科学の本の紹介　158
- (8) 図書館子ども会　159
- (9) 集会・行事活動と著作権　159

## 5.8　乳児・幼児への図書館サービス　161

- (1) 乳児, 幼児とは　161
- (2) 乳児, 幼児の言葉の発達過程　161
- (3) 乳児, 幼児のための選書と読み聞かせのポイント　164
- (4) 乳児, 幼児への手づくり布の絵本の効用　165

## 5.9　図書館利用に障害がある児童へのサービス　167

- (1) 障害児への図書館サービス　168
  - ① 視覚障害児へのサービス　169
  - ② ろう児へのサービス　170
  - ③ その他の障害児へのサービス　171
- (2) 刑務所・少年院への図書館サービス　172
- (3) 病院における児童への図書館サービス　174
  - ① 病院での図書館サービスの意義　174
  - ② 蔵書構成　174
  - ③ 利用者を知り発達段階に合わせる　175
  - ④ 小児病棟での乳児へのサービス：ブックスタート活動として　176
  - ⑤ 紙芝居の役割と効用　176

# 目次

　　⑥ 「すべての子どもに読書の喜びを」　177
　(4) 児童への多文化図書館サービス　　177
　　① サービスの進め方　179
　　② 多文化サービスのこれから　180

## ●第6章● 地域社会への支援と連携 …………………… 182

6.1　子どもの生活圏(コミュニティ)の視点から　　182
6.2　いろいろな場への支援と連携　185
　(1) 家庭　185
　(2) 地域コミュニティ内の人たち　185
　(3) 子ども文庫　186
　(4) 学校・学校図書館　187
　　① 学校・学級文庫などへの団体貸出　187
　　② 学校・学級などへの出張お話会　187
　　③ 図書館招待・見学　187
　　④ 「総合的な学習」など教科に関する資料提供　188
　　⑤ 学校図書館との連携　189
　　⑥ そのほかの連携　190
　(5) 保健センター(保健所)　190
　(6) 保育所,幼稚園,児童館,学童保育,病院など　　191
　(7) 美術館,博物館　191
　(8) 図書館友の会(ライブラリーフレンド)　　191
6.3　「支援・連携」を推進する意義　193

## ●第7章● 児童図書館の運営, 計画, 評価 …………… 196

7.1　運営方針　197
7.2　図書館配置計画　198
7.3　条例・規則・規程　199

7.4　年間計画　　201
7.5　ボランティアとの関係, 対応　　203
7.6　サービスの評価　　207
　（1）　評価の定義　　208
　（2）　児童サービスにかかわる評価　　209
　　① 客観的判断　　209
　　　図書館統計／図書館統計から得られる指標
　　② 主観的評価　　210

## ●第8章●　児童図書館の建築 ……………………………… 212

8.1　地域計画　　213
8.2　図書館サービス目標　　215
8.3　規模計画　　217
8.4　建築計画書　　218
8.5　配置計画　　219
8.6　児童室のゾーン計画　　221
8.7　図書館家具　　223
　（1）　書架と絵本架　　223
　（2）　椅子と机　　225
8.8　デザイン計画　　227

## ●第9章●　児童図書館における諸課題 ……………………… 231

9.1　子どもにとってよい読書環境, 図書館環境をつくるには　　232
9.2　現場の児童図書館員に望まれること　　235
9.3　現実の諸問題　　239

# 目次

## ●第10章● 児童図書館員の養成・教育, 研修 ……… 242

10.1 児童図書館員の養成・教育・研修のあり方　242
10.2 児童図書館員の専門性の確立と養成・教育　243
　(1) 草創始動期：1920年代初期～1960年代後期　243
　　① 図書館学1科目の一部として児童図書館の講義　243
　　② 児童図書館学科目の独立1科目化　244
　　③ 児童図書館学特別課程設置の提唱　244
　　④ 児童図書館学科目の独立2科目設置　245
　(2) 草創変調期：1960年代末期～1990年代前期　245
　　① 図書館学1科目の一部として児童図書館の講義と児童図書館学選択科目1科目設置および批判　245
　　② 国際図書館連盟(IFLA)による児童図書館学教育モデルの勧告　246
　　③ 児童図書館学科目必修科目化への要求　247
　(3) 草創復調期：1990年代後期～　248
　　① 児童図書館学科目独立1科目の再設置　248
　　② 児童図書館学科目独立1科目2単位化　248
　(4) 今後の方向　249
10.3 児童図書館員の研修と専門職制度の確立　251

## ●第11章● 児童図書館についての研究 ……… 255

11.1 研究の意義と目的, 現状と課題　255
　(1) なぜ児童図書館サービス研究か？－意義と目的　255
　(2) 現場と研究を結ぶこと－現状と課題　255
11.2 児童図書館サービス研究の実際　257
　(1) 研究が成立するための要件－視点と姿勢　257
　(2) 研究への取り組み－計画と設計　257
　　① 研究テーマの設定－対象・目的の明確化　257

②　研究の背景の把握−意義,位置づけの確認　257
③　テーマに沿った研究課題の設定−検証の切り口　257
④　研究手法の選択−明確な根拠を見出す鍵　258
(3)　研究のテーマと手法　258
①　児童図書館サービス論,児童図書館員の研究　258
②　児童図書館サービス史の研究　258
③　利用者,メディアの研究　259
④　児童図書館サービスに関する諸活動の研究　259
(4)　成果の発表−論文の要素と構成　260

## ●資料編● 児童図書館サービス関係資料 … 261

1　子どもの権利に関する条約(抄)　262
2　児童憲章　268
3　IFLA 児童図書館サービスのためのガイドライン　269
4　IFLA 乳幼児への図書館サービスガイドライン(抄)　277
5　IFLA 児童図書館員の教育と養成(抄)　287

あとがき　291
索引　293

***** ●児童資料・資料組織論（シリーズ19）目次●*****

はじめに

## ●第1章● 児童図書館の蔵書構成と資料選択
  1.1 蔵書構成
  1.2 児童図書館の蔵書構成の特徴
  1.3 児童図書館の蔵書数
  1.4 資料収集方針
  1.5 資料選択
  1.6 蔵書更新の計画
  1.7 蔵書の評価法
  1.8 出版流通, 資料の収集ルート
  1.9 児童出版の状況
## ●第2章● 児童資料　1
  2.1 絵本
  2.2 昔話, 神話（伝承文学）
  2.3 幼年文学
  2.4 創作児童文学
  2.5 詩とわらべうた
## ●第3章● 児童資料　2
  3.1 人文・社会の本
  3.2 科学の本（科学読物）
  3.3 芸術・スポーツ・あそびの本
  3.4 言葉の本
  3.5 参考図書（調べるための本）
## ●第4章● 児童資料　3
  4.1 逐次刊行物（新聞・雑誌など）
  4.2 視聴覚・電子資料
## ●第5章● 児童資料　4
  5.1 障害児向け児童資料
  5.2 多文化児童サービスに向けた資料
## ●第6章● 児童図書館資料の組織と管理
  6.1 児童図書館資料の組織化
  6.2 児童図書館資料の管理

あとがき　索引

# 1章 児童図書館

## 1.1 児童図書館とは

　児童図書館とは，公共図書館における児童に対する図書館サービスにかかわる施設，機関，機能のすべてを含む総称である。利用者への閲覧，貸出，レファレンスサービス，お話会など直接的に行うサービスだけでなく，施設・設備，管理運営，児童資料等の選択・収集と組織化，企画，立案，実施，広報活動，館外の他の施設や機関との連携・協力などあらゆる要素が含まれる。

　公共図書館の法的根拠は図書館法である。第2条第1項に，「この法律において『図書館』とは，図書，記録その他必要な資料を収集し，整理し，保存して，一般公衆の利用に供し，その教養，調査研究，レクリエーション等に資することを目的とする施設で，地方公共団体，日本赤十字社又は一般社団法人若しくは一般財団法人が設置するもの（学校に附属する図書館又は図書室を除く。）をいう」とある。児童図書館は，対象が主として子どもであり，資料も子どもの本が中心になるので，児童図書館サービスのための専用スペースが必要である。子どもにとって親しみやすく，魅力があり，居心地のよいものでなければならない。

　児童図書館の施設規模はさまざまである。公共図書館の建

物の中に独立した児童室を有している館もあれば、大開架室の一隅に児童コーナーを有している館もある。自動車図書館だけでサービスしている図書館もある。その他に、広島市こども図書館、飯能市立こども図書館、公益財団法人東京子ども図書館のように独立した施設を有する児童図書館も存在する。国立国会図書館の国際子ども図書館は公共図書館ではないが、独立した施設を有する日本最大の児童図書館である。

海外では、ドイツのミュンヘン市郊外にある国際児童（青少年）図書館（International Jugendbibliothek）、パリ市立の楽しいひととき図書館（L'Heure Joyeuse）、クラマール市にある国立の本の喜び図書館（La Joie par les Livres）、カナダのトロント市立リリアン・H. スミス・ブランチ（Lillian H. Smith Branch）などが有名である。

## (1) 児童図書館の意義 [1]

人は、現代社会の中で生活していくためには、氾濫する多種多様な情報・資料の中から、必要なものを取捨選択して、読み、聴き、理解し、取り入れていく必要がある。教養、趣味、娯楽、研究、調査など、その目的は多種多様であるが、図書、雑誌、新聞など印刷された資料や、音声資料、映像資料、インターネットなどから必要とする情報、資料を選択して読み、聴き、そこから知識や情報を得たり、美術、音楽、文学など芸術的な喜びなどを得る。

第二次世界大戦後、わが国はめざましい復興を遂げ、高度経済成長時代を迎えた。テレビの普及によりマスコミの世界は大きく変貌し、人々の生活パターンも変化した。読書時間よりテレビの視聴時間の方が増えてきた。この傾向は大人だ

けでなく，子どもも同じである。情報化は通信機器の発達により急速に進み，現在はインターネットのグローバル化により高度情報化社会が実現した。必要とする情報・資料をいかに適切にすばやく入手するかが重要な課題となる。また，わが国では人生80年といわれる高齢社会を迎えて，人々が心豊かに充実した人生をいきいきと送るためには，社会の変化や進展とともに学習を継続していくことが求められている。生涯学習社会が到来したのである。一人一人が，必要とする情報や資料を，的確・迅速に入手できるように条件整備を図ることが，必要不可欠な緊急課題となる。

平和と自由を尊ぶ民主的な福祉社会は，一人一人の個人が，情報や資料に自由にアクセスして，自由に読み，考え，判断し，意見を発表し，正しく批判することによって達成されるのである。これは，一人一人の読書力，思考力，判断力にかかっている。

子どもの読書は，なによりもまず楽しみとしての読書が重要であり，それが成長によい影響を及ぼすことが大切である。

お話を聞いたり，童話や物語を読む楽しさはもちろん，学習のための読書であっても，子どもが楽しみながら喜びを感じることが大切である。すなわち，子どもにとっての読書とは，子どもに楽しみと喜びを与え，その喜びが子どもの成長を助け，人間形成に大きな影響を与えるものである。したがって，子どもの読書にかかわる大人は，子どもの成長に責任をもち，広い意味での教育的配慮が必要である。

大人が絵本を見せながら読んであげれば，赤ちゃんのときから絵本を楽しむことができる。赤ちゃんは，読み手の肌のぬくもりの中で美しい絵本を眺め，心地よい声に包まれて，

幸せなひとときを体験することができる。子どもに本を読んであげるということは，愛情の具体的な表現の一つである。子どもは本を読んでもらうことをとおして，愛されていることを全身で感じる。本を読んでもらうときの，読み手と聞き手との間には，日常生活とは別種の，本の世界のイメージを共有する楽しい時間が流れる。生活体験がまだ少なく未熟な子どもでも，読み手の声や表情をとおして，一人読みするよりも，はるかに多くのメッセージを受け取ることができて，喜びが深まる。文字を獲得し，独り立ちの読書ができるようになっても，本を読んでもらうことが楽しいのは，喜びを共有できるからである。

乳幼児期から小学校4～5年生くらいまで，読み聞かせや相互に読み合う親子読書を継続していくことが望ましい。双方ともが読書の喜びを深めていくことができよう。聞き手の子どもは，読み手の声を生涯忘れないし，共有した幸福感は記憶に残る。読み聞かせは，読み手と聞き手の心を結び，きずなを深めていく，きわめて人間的な営みである。

子どもにとって読書の楽しみとは，読書が未知の世界へ誘ってくれるからではないだろうか。子どもの周囲には未知のことがらや，不思議なものがたくさんある。子どもは何でも知りたいという欲求を本来的にもっている。

現実であれ，空想であれ，物語の世界では，子どもは作中の主人公と一体化して，主人公の人生をともに生きる。実際には体験できないようなことでも，物語の世界をとおしてならば追体験できる。こうした読書をとおして，子どもは世の中にはさまざまな人生があり，さまざまな生き方があることを知るようになる。

また，冒険・推理物語に血を湧かせ，心を躍らせる。科学の本ではさまざまな現象について自分の知識を確かめながら，さらに新しい知識を得て，科学あそび，フィールドワークなど，未知の世界を探求し，冒険する喜びを味わう。スポーツ・料理・手芸・趣味などの実用書を読んだり，実際にやってみたり，本は多種多様な楽しみと喜びを与えてくれる。質のよい読書の楽しみの中で，想像力，思考力を働かせ，広い視野に立って自己の価値観を形成していくことができるだろう。また，自己を客観化できるようになれば，困難に直面しても，自分の状況をストーリー化して，ことがらの筋道をはっきりさせ，問題を解決できるようになるだろう。

　子どもの読書は，文化と伝統を継承していくための営みである。楽しく有益な読書は，豊かな感性を培い，生きる喜びと力を与えてくれる。

　児童図書館は，子どもが本と出会い，本の楽しみを知り，さまざまな読書体験ができるように，児童図書館員によって選びぬかれた多種多様な本を中心とするコレクションを備えて，児童図書館員が子どもと本を結びつけるための活動を行う，子どもの読書の権利を保障する社会機関である。

　サービス対象は，地域社会のすべての子ども（乳幼児から小・中学生）と，子どもと子どもの本にかかわる人々である。

　子ども時代を心豊かにいきいきと生きるために，読書は必要であり，児童図書館は読書の楽しさと喜びを提供する公共の施設であるが，子どもの成長に深くかかわるため，発達の途上にある子どもの特性を十分考えてサービスを行う必要がある。児童図書館員は責任をもって，子どもたちの自発性を尊重しながら，よりよい人間に成長し，次の世代を担って，

よりよい社会をつくっていくことができるよう，児童図書館サービスを通じてその成長を助けていくことが大切である。

## (2) 児童図書館の目的[2]

児童図書館サービスの目的は，次のように考えられる。

① 子どもが本の世界を楽しみ，想像力をはたらかせて本の世界の主人公の人生をともに生きることによって，人間への理解を深め，他者とともに喜び，他者とともに悲しむことができる感性豊かな人間に成長できるように，児童図書館のコレクションをよく整備して，本との出会いを中心に援助すること。

② 人類が過去から積み上げ，それぞれの民族や社会が継承してきた広い意味での文化財の中で，最善，最良，最高のものを，図書館資料を通じて伝えていくこと。

③ 人間だけがもつ言葉の力を育むことを通じて，想像力を豊かにし，新しいものを創造して表現していくことができる力を培うことができるように，手助けすること。

④ 一人一人の子どもが，社会の中ですぐれた人間に成長し，自己実現ができるように助けること。

子ども時代は，本に対する好みや質が養われる大切な時期であり，読書に対する態度や習慣が形成される，かけがえのない時期である。子ども時代は非常に短く，貴重である。1週間に平均1冊の本を読むとした場合，10～12年間で500～600冊しか読めない。数千冊から数万冊のコレクションの中で出会える本はわずかである。したがって，子ども時代に出会う本は，最適，最良，最高のものであるべきであろう。子ども時代から質のよい読書ができるように，子どもの生活

圏に児童図書館が整備されなければならない。

### 1.2 児童図書館の構成要素

**(1) 児童図書館を構成する4要素**

児童図書館の目的を実現するためには，①利用者，②資料（コレクション），③児童図書館員（児童司書），④建物・設備，が必要である。

① 利用者：地域社会のすべての子どもが対象であり，直接来館できない子どもも利用できるようにしなければならない。年齢的には乳幼児，未就学児，小・中学生，すなわち，0歳から13, 14歳頃までの子どもである。また，子どもや子どもの本にかかわる人たち，両親，教師，図書館員，文庫の人，研究者，編集者などである。

② 資料（コレクション）：子どもの本，子どもの雑誌・新聞，紙芝居などの印刷資料，メディア（CD, DVD, カセットテープ），おもちゃ，学習ゲーム，コンピューター，ソフトウェア，周辺機器などの中から，子どもに提供するのにふさわしい価値のあるものを選択・収集して魅力的なコレクションを構築する。分類，目録，排架は，子どもが利用しやすい方法を採用する。

③ 児童図書館員（児童司書）：一人一人の子どもと本を適切に結びつけ，本の世界の楽しさを広げ，深めていくことのできる専門知識と技術を有する児童司書が必要である。

④ 建物・設備：コレクションを構築し，維持するスペース，児童図書館サービスのスペース（書架，閲覧机，椅

子，お話室，工作室など），児童司書の作業スペースが必要である。子どもの発達段階にふさわしい書架，机，椅子を用意する。

### (2) 児童図書館で実施されるサービス

児童図書館では，成人に対するサービスと同じく，貸出，読書案内，レファレンスサービス（質問回答，調査相談），読書会，展示などを行う。独自のサービスとしては，フロアワーク，お話会，科学あそび，工作，子ども会（人形劇，映画会など）などを行う。一人一人の子どもを対象に，自由で開放的で自主的な楽しい雰囲気の中で，図書館，本，読書に親しみがもてるようにする。

フロアワークで，子どものニーズを察知して，適切な情報を提供し，適切な本を手渡していく。書架の前で迷っている子どもには，求める主題の本を数冊取り上げてコメントして差し出していく。

お話会，科学あそび，工作会，子ども会などは，定例行事として年間計画に組み込んで，あらかじめPRをする。お話会では，読み聞かせ，お話（ストーリーテリング），ブックトーク（本の紹介），紙芝居の上演などを行う。年齢別にプログラムを組む。乳幼児向けには手遊び，わらべうた，赤ちゃん絵本の読み聞かせなどを行う。貸出できるように，本は複数用意する。

子どもへのレファレンスサービスは，子ども向けの参考図書類だけでは間に合わず，成人用参考図書を使わなければならない場合も生じる。児童図書館員は，成人用資料についても熟知していなければならない。子どもの質問内容を的確に

把握して対応しなければならない。

## (3) 児童図書館のサービスポイント（図書館システム），図書館ネットワーク

### ① 児童図書館のサービスポイント

地域社会のすべての子どもの身近に，児童図書館を整備しなければならない。せめて中学校区ごとに1館あれば，身近に利用できる。地域館の設置が困難な場合は，公共施設の中に分室を設ける。

一つの地方公共団体に公立図書館が複数ある場合，予算，図書館資料，図書館職員などを効果的に運用するために，システム化が必要となる。システム化はコンピューターの導入により，より利便性の高いものになり，迅速・的確なサービスを行うことができる。規模の大きい中央図書館を中心に地域館が縦につながり，地域館同士も相互に結ばれる。

過疎地には自動車図書館でサービスを行う方法があるが，できるだけ常設のサービスポイントを設けることが望ましい。人口構成に留意したコレクションの構築がなされなければならないが，特に子どもへの配慮を忘れてはならない。

### ② 市町村立図書館と都道府県立図書館，国立国会図書館

地域社会の住民に直接サービス（第一線サービス）を行う責務があるのは市町村立図書館である。子どもの行動半径を考慮すると，中学校区に1館は必要である。土地の事情で独立館が無理ならば，複合施設の中に地域館を設けるとか，スペースが不十分な場合は，分室などを設ける。分室の場合は，地理的条件にもよるが，児童図書館に専門特化したサービス

拠点とする。

　都道府県立図書館（以下，県立図書館という）は，すべての県民に対して図書館サービスを行う。子どもも県民であるから，児童図書館サービスを行うのは当然である。しかし，直接サービスは距離・時間的に限られるので，県民全体に対するサービスを行うためには，第一線サービスを行う市町村立図書館を通じて行うことになる。すなわち，間接サービス（第二線サービス）である。県立図書館の児童図書館サービスは，次のとおりである。

　i　県全域の子どもにサービスするために，市町村立図書館に対して資料の貸出，情報提供，レファレンスサービスなどを行う。

　ii　県立図書館の周辺地域の子どもへ直接サービスを行う。児童図書館員の経験が第二線サービスおよび研究・調査の利用者サービスに必要である。

　iii　調査・研究を行う利用者に，資料・情報提供，レファレンスサービス，レフェラルサービス（類縁機関紹介）などを行う。

　iv　第二線サービスを行うために，子どもの本の全点収集を行い，永久保存をする。

　v　県内の図書館未設置自治体に対して，図書館設置をはたらきかけながら，自動車図書館で補完サービスを行う。

　vi　県内の児童図書館員の研修を実施する。

　vii　他の県立図書館と連携・協力する。

　viii　県内の県立の教育機関，文化施設，福祉施設と連携・協力する。

　ix　県内の児童図書館サービスに関する調査・研究を行う。

国立図書館はすべての国民を対象としてサービスを行う。日本では国立国会図書館があり，子どもに対しては国際子ども図書館がある。国立図書館は国内のあらゆる館種の図書館をとおして，国民へサービスするので，市町村立図書館を第一線サービス，県立図書館を第二線サービスと位置づけると，第三線サービスを担う。国立の児童図書館サービスは，次のとおりである。

i 　市町村立図書館，県立図書館に対する支援
ii 　児童対象の出版物，メディア，研究書などの全点収集，海外の児童書の収集，永久保存
iii 　調査研究サービス，情報サービス
iv 　子どもへの直接サービス
v 　児童図書館員の研修
vi 　児童図書館学の研究
vii 　児童図書館にかかわる全国調査・研究
viii 　類縁機関との連携・協力
ix 　児童図書館サービスにかかわる国際協力

### ③　児童図書館を包み込む図書館ネットワーク，資源共有

　市町村立図書館の場合，周辺の地方公共団体と協定を結び，図書館資源の共有化を図り，貸出も行う。境界地域に住む子どもたちは，より身近な図書館利用が可能になる。

　県立図書館の場合は周辺の複数県，あるいはブロック単位（例えば関東ブロック）で協定を結び，資源の共有化を図る。県立図書館は全点収集・永久保存が望ましいが，場合によっては保存を部門制で分担することも考えられる。児童図書館サービスの研修，情報・資料提供などのネットワークも大切

である。

　国立の児童サービス部門は，児童書の全点収集，永久保存が法的にも規定されている。国際子ども図書館の児童書総合目録には，東京都立多摩図書館，三康文化研究所附属三康図書館，日本近代文学館，神奈川近代文学館，大阪府立国際児童文学館（2009年度大阪府立図書館へ吸収），白百合女子大学，梅花女子大学が参加している。

　第一線，第二線，第三線サービスを担っている図書館は，それぞれに学校図書館，子ども文庫，子どもと子どもの本にかかわるコレクションを有している大学図書館，専門図書館，保健センター，類縁機関と連携・協力し，ネットワークを形成して，児童図書館サービスを充実していくことが大切である。

**注**
1) 中多泰子，汐﨑順子，宍戸寛共著『児童サービス論』改訂，樹村房，2004，p.2-5　より一部転載
2) 同書，p.13-14　より一部転載

**参考文献**
・小河内芳子編『子どもの図書館の運営』日本図書館協会，1986
・ロング，ハリエット・G. 著『児童図書館への道』友野玲子訳，日本図書館協会，1966
・中多泰子，汐﨑順子，宍戸寛共著『児童サービス論』改訂，樹村房，2004

　　　　　　　　　　　　　　　　　　　　（中多泰子）

# 2章 児童図書館員の役割, 専門性, 資質, 司書職制度の確立

## 2.1 児童図書館員(司書)の役割, 専門性

### (1) 児童図書館員(司書)の役割と重要性

　児童図書館員は, 一人一人の子どもと本を適切に結びつけ, 本の世界の楽しさを広げ, 深めていくという役割を担っている。児童図書館を構成する4要素である, 利用者(主に児童。一般成人も対象), 児童資料, 児童図書館員(児童司書), 児童室・コーナー・独立児童図書館(建物, 設備)は, そのどれもが重要であるが, 児童図書館の成否に決定的な役割を果たすのは, 児童図書館を運営する児童図書館員, 児童司書である。児童図書館の運営について熟知し, 見識, 展望をもち, 子どもを子どもの本の世界へ誘うために, 子どもと子どもの本についてよく知っていて, 両者を仲介する児童図書館員の存在は不可欠である。

### (2) 児童図書館員の専門性

　児童図書館員は, 子どもを子どもの本の世界へ誘う。そのためには, a. 子どもを知り, b. 子どもの本(児童資料)を知り, c. 子どもと子どもの本(児童資料)を結びつける方法や技術を知っており, さらに, d. 児童図書館の経営(運営)について知っていることが, 児童図書館員(司書)の専門性

の要件とされる。従来,児童図書館界では,上記 a, b, c の 3 要件についてはよくいわれてきたが,さらに,d. 児童図書館の経営(運営)について知っていることを加えて 4 要件としてとらえることが必要である。

児童図書館員は,まず地域を知ること[1]から始まり,子どもを知ること,子どもの本を知ること,本の選び方を知ること,そのための書評の作成,活用の方法を知ること,子どもへの本の橋渡しの方法を知ること,そして,全体を見通してすべての子どもを子どもの本の世界へ誘うという過程を発展させる方法を考えること,児童図書館の組織づくりや運営の能力をもっていることが必要である。

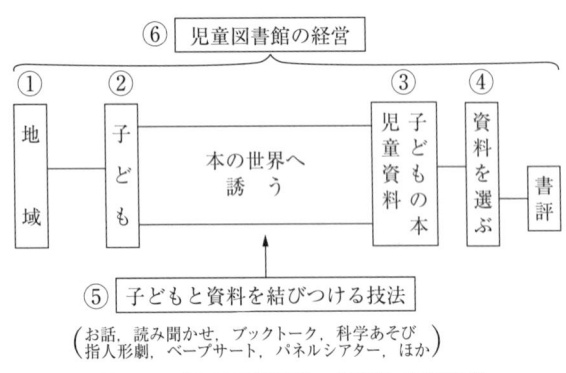

**図 2-1 児童図書館員の役割と専門性**[2]

① 地域を知る

児童図書館員になったら,まず子どもたちが住んでいる地域を知ることが必要である。子どもたちのおかれた環境を知り,地域や子どもたちに親しみを覚えることが,これからの図書館サービスをする上で大切になる。

② 子どもを知る

　児童図書館員としては，基礎的にはこれまでの子どもについての心理学的な研究成果の理解，および，現実の個々の子どもの観察から，子どもを一般的側面および個別的側面からとらえるよう心がける必要がある。心理学的な研究からは，子どもの発達段階，発達課題，読書興味，読書能力の発達段階などを[3]，あわせて知っていることが重要である。さらに重要なのは，実際に図書館にやってくる子どもたちをよく見，観察することである。また，一人一人の子どもとのかかわりや対話から，子どもが求めているものは何か，子どもの資料ニーズは何かを把握することが重要である。

③ 児童資料（子どもの本）を知る

　児童図書館員は，児童資料に精通していることが必要であり，そのことが求められる。資料知識なしに，子どもを子どもの本に誘い，適切に子どもの本と結びつけることは不可能である。「児童図書館にやってくる子どもたち，母親たち，教師たちと児童図書館員がわたりあうためのたった一つの武器［有力な手段］は，子どもの本についての知識だけ」[4]であるといわれている。そのためには，まず子どもに長い間読み継がれてきた本を幅広く，たくさん読むことが必要である。児童図書館員が子どもの本を読むことは，個人の教養のためとか，いま流行の児童文学の研究のためとか，親が子どものために読む読書や，教員が教材を選ぶために行う読書でもなく，児童図書館員に固有な非常に専門的な仕事である。「次の社会をになう子どもたちが読む本を，文化の遺産として継承し，豊かにし，新鮮にし，子どもの手に渡すために，仕事

として子どもたちと共に，絶えず読まなければならない」[5]ものなのである。また，児童用逐次刊行物，視聴覚資料，電子メディア等についても知っていなければならない。

### ④ 資料（本）を選ぶ

幾世代にもわたって読み継がれてきた本を基準に，新しい本を評価し，質が高く楽しい本・おもしろい本を選ぶことが大切である。このことは，子ども向き新聞・雑誌などの逐次刊行物や，紙芝居・音楽CD・ビデオなどの視聴覚資料，CD-ROM，DVDなどの電子メディアの選択についても同様である。国際図書館連盟（IFLA: International Federation of Library Associations and Institutions）の『児童図書館サービスのためのガイドライン』[6]では，資料を選ぶときの留意点として，

A　質の高いもの
B　年齢にふさわしいもの
C　内容が正確で，今日の状況に合っているもの
D　さまざまな価値観や意見を反映したもの
E　地域社会の文化を反映したもの
F　地球社会への扉をひらくもの

の6項目をあげており，国際標準のものとして参考になる。

### ⑤ 子どもと子どもの本を結びつける方法を知る

子どもは，図書館に人類の知識と経験と考えのあらゆるものが待ち受けていることを知らない。子どもと子どもの本を結びつける橋渡し役が児童図書館員であり，子どもの本の世界へ子どもを誘う方法・技術を知ることが必要になる。その技法として，ブックリストの作成，展示，本の案内（読書案

内），調べものへの援助・相談（レファレンスサービス）をはじめとして，お話（ストーリーテリング），読み聞かせ，ブックトーク（本の紹介），科学あそび，手遊び，折り紙，あやとり，工作遊び，指人形劇，ペープサート，パネルシアター[7]などがある。これらの技法を活用して子どもを，本の中によいものがあると信じる仲間になるように，また，情報の賢い使い手になるようにサービスを行う。特に，お話（ストーリーテリング）は児童図書館員の専門性をはっきり示すことができるものとしてたいへん重要であり，児童図書館員にとって不可欠な技法である。

### ⑥ 児童図書館の運営（経営）を知る

子どもを子どもの本の世界へ誘う過程を充実させるために，また，より多くの地域の子どもたちにサービスを行きわたらせるために，図書館の経営，特に児童図書館の経営について知っていることが必要である。

児童図書館員の管理経営の技能としては，次のことが求められる[8]。

A　児童サービスを代表し，かつ維持していくために，図書館のすべての計画立案の場に参加する。

B　児童サービスの長期および短期の到達目標，サービスの目的および優先順位を定める。

C　予算の増額を図ってその根拠を示し，予算を管理運用して評価するために，児童に対する図書館サービスの経費を分析する。

D　図書館の人事方針に基づき，他の管理職と協議しながら，職務分担を立案し，児童サービスに従事する人の面

接，訓練，継続教育への奨励・評価を行う。
- E　問題解決，意志決定および調停の手法を示す。
- F　権限を適切に委譲し，スタッフが意欲を起こすように運営する。
- G　図書館サービスを記録し，評価する。
- H　外部の機関や財団で，補助金を出すところを確かめ，申請書を適切に起草する。
- I　管理機能を充足し，かつその働きを助けるのに適切なツールを導入する。

前提として，児童図書館サービスが実施されており，児童図書館のサービスや管理運営を担う児童図書館員が配置されていることが求められる。

これを現実化させるためには，まず，すべての図書館に児童サービス担当者を配置することから始め，次に，児童図書館とは何かがわかっていて，子どもと子どもの本についてよくわかっている熱意のある児童司書の配置を実現する。そして，図書館内のグループとして児童サービス担当者会[9]を組織し，児童司書のさらなる質的レベルの向上を図る。さらに，現段階において児童図書館サービスを一歩進めるためには，児童部門の制度的な確立が必要である。その一つとして，ハリエット・G. ロング（Harriet G. Long）の児童図書館発展の3段階の考え方，すなわち「画期的な三時代」，

第1段階：児童図書館サービスの必要性の自覚の段階，
第2段階：公共図書館に児童室を設ける段階，
第3段階：児童部設置の段階

からみると，日本においては，その第3段階の児童部門の制度的な確立の段階にあるといえる[10),11)]。

この第3段階の始まりを1965年の東京・日野市立図書館の開室に求める考え方もあるが[12]，その時点ではまだ児童部門の制度的確立はなされていない。制度的な確立という点から見ると，市町村立図書館では，埼玉・浦和市立図書館（現・さいたま市立図書館）が1974年開館当初から児童奉仕担当を固定枠として2名配置していたが，1992年浦和市立図書館，南浦和図書館の両館に児童係（各館ともに係長を含め4人）を設置したときといえよう。そして，2007年4月には，さいたま市立図書館18館4分館のうち7館に，同年11月の中央図書館開館に伴い19館1分館のうち8館で児童サービス係を設置し係制をとっている[13],[14]。

　さらに，全国の市町村立図書館内に児童サービス係を形成し，児童サービス係長をその図書館全体の児童図書館サービスの中心的まとめ役，コーディネーターとして，ほかの児童図書館員と協力して児童図書館サービスを推し進めていくことが必要である。複数の図書館からなる図書館システムの場合は，中央図書館に全体の児童図書館サービスをつなぐ役割をする児童図書館サービス部を組織化し，そのまとめ役であるコーディネーター（課長職）を配置し，質の高いサービスを作り出していくようにするとよい。

　都道府県立図書館では，すでに1973年に東京都立日比谷図書館児童資料係[15]（係長以下専任司書5名ほか。現・東京都立多摩図書館児童青少年資料係）が設置されている。また，1974年には，埼玉県立浦和図書館に児童奉仕課（児童奉仕課長）が新設され，その前後に同県立図書館4館（浦和，熊谷，川越，久喜）に児童室が設置され，現在3館（浦和，熊谷，久喜）すべてに児童室があり，児童サービスの中心館機

能をもっている埼玉県立久喜図書館の児童担当グループの長として司書主幹[16]がおかれ、児童部門が形成されている。1996年には、大阪府立中央図書館子ども資料室（室長は主査、専任3名ほか）[17]が設置、運営されている。このように児童部門が運営されているが、児童部門の責任者としては、「組織上、責任と権限を有する課長職の配置が望ましい」[18]といえる。

公共図書館の中核である市町村立図書館とともに、市町村立図書館への支援機能と子どもへの直接サービス機能をもつ都道府県立図書館で、児童図書館サービスに責任をもつ児童部門の形成を推進していくことが、すべての子どもたちに読書の喜びを知らせ、よりよい図書館利用を促進するための環境づくりとなる。地道な努力が、児童司書の専門性の確立、児童司書職制度の形成につながっていくであろう。

## 2.2 児童図書館員の資質

児童図書館員にとって望ましい資質とはどんなものであろうか。ライオネル・マッコルビン（Lionel R. McColvin）は、児童図書館員の個人的な資質として、次の6項目をあげている[19]。

a 規律をおしつけるのではなく、よい行動が自然に生まれてくるような空気をかもしだすことで、規律が保持できるような人が必要である。

b 技術的な資格について。資料に精通し、子どもの好き嫌い、考え方、行動など多くのことを知っていなければならない。

c 性質や気質について。第1は、常識であり、ものをあ

るがままに受け入れ，それに適した行動をする能力，実際的で寛容で，その上実行力のあることである。第2は，落着きのあること，興奮したりとまどったり，心配症であってはならない。
d 心から子ども，図書，図書館というもの，そして自分の仕事に興味をもっていなければならない。
e 精神的に若々しくなくてはならない。若さというものは，年齢ではなく物の見方の問題である。
f 態度があまりにも真剣で，また人生における使命感をあまりにも露骨にあらわして，積極的に何かの意図を見せるような人柄であってはならない。

上述のbやcの項目は専門性と密接に関係するものであり，その他の項目も的を射た見解であり，児童図書館員としての望ましい条件として傾聴に値するものである。

## 2.3 児童図書館員の専門性と司書職制度の確立

今後の児童図書館界の方向性として，児童図書館員の専門性をさらに高めることと，司書職制度の確立が必要である。
児童図書館員の専門性の4要件については，上述した（2.1(2) 児童図書館員の専門性）ように，a. 子どもを知り，b. 子どもの本（児童資料）を知り，c. 子どもと子どもの本（児童資料）を結びつける方法や技術を知っており，さらに，d. 児童図書館の経営（運営）について知っていること，である。これらの内実をさらに高めていくことが必要であるとともに，専門職としての能力を培い，高めていくことが必要である。

児童図書館員の専門職としての能力について，アメリカ図書館協会児童図書館サービス部会は，次の7つをあげている[20]。

(1) 利用者層についての知識
(2) 管理経営の技能
(3) コミュニケーションの技能
(4) 図書館資料の充実（A 資料に対する知識，B 適切な資料を選択し，児童コレクションを充実する能力，C 利用者に適切な資料や情報を提供する能力）
(5) 企画立案の技能
(6) 児童図書館サービスの必要性の主張，PR，およびネットワークづくりの技能
(7) 専門性と専門的発展

日本においては，従来から利用者，資料，建物，児童司書の重要性・必要性がいわれ，本書では児童図書館の経営・企画についても強調しているが，それに加え，コミュニケーションや，児童図書館サービスの必要性の主張，PR，およびネットワークづくりの技能が加えられている。

ちなみに，コミュニケーションの技能として，次のことが示されている[21]。

A 管理職や他の図書館員，その自治体を含む広い地域の人びとが児童サービスの基礎を理解するために，児童が何を求めているかを明確にし，その人たちに伝える。

B 児童，両親，図書館のスタッフおよび地域の人たちとの会合で，人と気持ちよく話せる力を示す。

C 計画書，手続きの説明書，ガイドライン，新聞報道，覚書，レポート，補助金申請書，解説，書評などの印刷物および電子的手段を含め，すべての媒体からのさまざ

まな執筆要求にこたえる。
- D 個人に対しても，少数あるいは多数の人を含むグループに対しても，有効な話し方をする。
- E 積極的で上手な聞き手としての熟練した技能を使う
- F レファレンスデスクにいるときも，そうでないときも，利用者との効果的な話し合いができる。
- G 利用者に図書館の方針や手続をきちんと説明できる。

これらの項目については，自覚していた人もいるかもしれないし，無意識的に心得ていたかもしれないが，これからは，はっきりと意識して取り組んでいきたいことがらである。

さらに，児童司書の専門職としての能力を制度的に保証できるしくみを確立していくこと，つまり司書職制度の確立が，子どもたちによりよいサービスをしていく上で不可欠である。

日本図書館協会は，司書職制度の要件として，次の6項目をあげている[22]。

(1) 自治体ごとに司書有資格者の採用が確立していること
(2) 一定の経験年数と能力査定（昇任試験）のもとに司書独自の昇任の道が開かれていること
(3) 本人の意思を無視した他職種への配置換えが行われないこと
(4) 館長および司書業務の他の役職者も原則として司書有資格者であること
(5) 自主研修の必要性が確認され，個人・集団の双方にわたり研修制度が確立していること
(6) 司書その他の職員の適正数配置基準が確立していること

この司書職制度の確立は，図書館協会が率先して進めていくべきであるが，それとともにそれぞれの現場で図書館員が積極的に作り出していかなければならない。

　地域社会が協力しての子どもの読書推進や，子育て支援，学校図書館との連携などを円滑に進めるために，また，業務委託，指定管理者制度など公共図書館サービスに不適当な管理形態がとられないようにするために，そして，質の高い子どもへのサービスを継続的，安定的に提供していくためにも，児童図書館員の専門性や，専門職としての能力を高めつつ，司書職制度，ひいては児童司書職制度の確立に向けて力を尽くしていきたいものである。

**注**

1) 渡辺茂男「地域社会を知ること」小河内芳子編『児童図書館』新版，日本図書館協会，1976，p.16-17（シリーズ・図書館の仕事 25）を参照。
2) 土橋悦子講演のメモに補訂。
3) 簡潔にまとめたものの一つとして，次の文献を参照。
　・塚原博「子どもの発達段階と読書」長倉美恵子編『子どもの読書活動をどう進めるか』教育開発研究所，2003，p.30-33
4) 渡辺茂男「子どもの本を知ること」小河内芳子編『児童図書館』新版，日本図書館協会，1976，p.18-19（シリーズ・図書館の仕事 25）
5) 前掲 4) p.20
6) "Selection criteria" IFLA Libraries for children and young adults section. *Guidelines for children's libraries services*. IFLA. 2003. p.10
　日本語版は，「選択規準」IFLA 児童・ヤングアダルト図書館分科会編著『児童図書館サービスのためのガイドライン』国立国会図書館国際子ども図書館訳，国立国会図書館国際子ども図書館，

2007,p.10
7) 作り方等については,次の文献を参照。
   ・山本眞基子,平川静子著『おはなしを楽しむパネルシアター』児童図書館研究会,2001,82p,および下図33p
   なお,同著者,同出版者の『パネルシアター 初級編』(1997,絶版),および『パネルシアター 中級編』(1998)もある。
8) American Library Association, Association for Library Service to Children. *Compentencies for librarians serving children in public libraries*, 1989, rev, 1999, 2009. http://www.ala.org/ala/mgrps/divs/alsc/edcareeers/alsccorecomps/index.cfm (引用日 2011.1.29) および,アメリカ図書館協会(ALA)・児童図書館サービス部会「公共図書館・児童サービス担当図書館員の専門能力について＜改訂版＞」竹内悊訳『現代の図書館』Vol.40, No.2, 2002, p.114
9) 児童部会という名称を使用している図書館もある。次を参照。
   ――「文京区立真砂図書館児童書コーナーの運営：文京区立図書館・児童サービスの歩み」文部省編著『本はともだち：公立図書館の児童サービス実践事例集』第一法規出版,1996,p.38
10) ロング,ハリエット・G.著『児童図書館への道』友野玲子訳,日本図書館協会,1966,p.14-22
11) 清水正三「児童図書館の歴史（日本）：東京を中心として」『季刊子どもの本棚』No.7, 1973, p.13-22
    同論文は,清水正三著『図書館を生きる：若い図書館員のために』1995,p.95-110 にも収録されている。
12) 前掲11) p.22
13) 浦和市立図書館・南浦和図書館編『図書館要覧』平成4年度,浦和市立図書館,1992,p.5
14) 北浦和図書館編『さいたま市図書館要覧』平成19年度,さいたま市図書館,2007,p.28 および問合せによる。
15) 中多泰子「都道府県立図書館の児童サービス」日本図書館学会研究委員会編『児童・ヤングアダルトサービスの到達点と今後の課題』日外アソシエーツ,1997,p.62
16) 埼玉県立浦和図書館編『[埼玉県立図書館]要覧』平成17年度,

埼玉県立浦和図書館，2005，p.10, p.24-25, p.27
17)　大阪府立中央図書館［編］『要覧 1997』大阪府立中央図書館，1997，p.2 および添付資料「平成 9 年度の現況：組織」，「職員配置表」
18)　前掲 15)　p.69
19)　マッコルビン，ライオネル・R. 著『児童のための図書館奉仕』倉沢政雄，北村泰子共訳，日本図書館協会，1973，p.96-98
20)　前掲 8)　p.114-116
21)　前掲 8)　p.114-116
22)　日本図書館協会編『図書館はいま：白書・日本の図書館 1997』日本図書館協会，1997，p.152

（塚原　博）

# 3章 児童図書館の歴史と現状,諸課題

## 3.1 児童図書館の歴史

### (1) 児童図書館誕生の背景と先駆的な動き

　児童図書館の誕生と発展の様子は各国によってさまざまであるが,19世紀末より公共図書館活動の先導国である英米を皮切りとし,20世紀には日本をはじめとする各国で児童サービスへの本格的な取り組みが始まった。現在,多くの国々で児童図書館,つまり児童サービスを提供する図書館の機能は,公共図書館の一部門と位置づけられ,社会的な認知を得て,多様なサービスが展開されている。

　子どもを主たる利用者として,資料と情報を提供する児童図書館の誕生と歴史をたどるためには,まずこの「子ども」に焦点をあてる必要がある。第一に,子どもが各発達段階において独立した人格と人権をもつ存在であり,かけがえのない個であることが認識されなければならない。第二に,これを前提として一人一人の子どもが利用者としての資格と能力をもつこと,資料が十分に整い提供される状況にあること,読書が子どもにとって必要不可欠であり,その機会を保障することが社会全体の責任である,という認識が確立されなくてはならない。これが児童図書館誕生の要件である。

　各国で見られる児童図書館の先駆となる動きは,それぞれ

の社会的歴史的背景によるものが大きい。例えば,英米では近代化の進展に伴い,一般市民の教育,福祉,労働状況を改善しようとする動きの中で,子どもを対象とする図書館的な活動が芽生えた。イギリスでは,産業革命に突入した18世紀半ばより,労働に従事する子どもを対象に日曜学校が開かれ,本を提供した。アメリカでも,19世紀初頭より文化的経済的に恵まれない子どものために開かれた日曜学校が,彼らに本を手渡す場として機能した。これらはもっぱら慈善的な活動で,提供する資料は宗教的な色彩が強いものであった。

　アメリカで最初の児童図書館は1803年,コネチカット州でケレブ・ビンガム（Caleb Bingham）が私財を投じて設立した図書館であるといわれる。イギリスでは19世紀半ばに学校内への図書館設置が普及したが,これらも個人的な活動に負うところが大きい。このように英米では宗教的,個人的な活動が展開される中で,徐々に公共図書館における児童図書館の必要性が認識されるようになったといえよう。

## (2) 英米における児童図書館の誕生と発展

　英米は公共図書館の分野において最も早い発展を遂げ,指導者的な役割を果たしたが,必ずしも同じ歩調で子どもへのサービスが認知されたわけではない。児童図書館が組織的,制度的に確立されるまでには,子どもに本を提供することに強い使命感をもち,その発展と普及をめざした児童図書館員の先達者たちのたゆみない努力が必要であった。

### ① イギリス

　イギリスでは1850年に最初の公共図書館法が制定された。

初期の図書館の大部分では14歳の年齢制限があったが，1861年，マンチェスターの図書館にイギリス最初の子ども専用の読書室が開設され，以降いくつかの図書館では児童室を設け，子どもへのサービスが始まった。しかし，この中には子どもを大人から隔離する目的をもった図書館もあった。

あわせて注目すべきは，19世紀末から20世紀にかけてのイギリスの公共図書館のサービスが，学校との関係の中で展開したことである。この時期には，教師と図書館員双方に協力の意識の高まりが見られた。

20世紀初頭，児童図書館の大きな発展は見られなかったが，徐々に児童図書館の必要性を認識し，実践する図書館員が現れた。クロイドン図書館のセイヤーズ（W. C. Berwick Sayers）は，『児童図書館』（*The Children's Library*, Routledge, 1911）を著し，児童図書館の普及につとめた。ウェストミンスターの図書館長を務めたマッコルビン（Lionel R. McColvin）は，児童図書館を視野に入れた近代的な公共図書館の発展をめざした。マッコルビンは『児童のための図書館奉仕』（*Public Library Services for Children*, Unesco, 1957 倉沢政雄，北村泰子共訳 日本図書館協会 1973）の著者としても知られている。

1920年代に入ると，女性の児童図書館員が登場し，その活躍が始まった。中でも1926年にヘンドン図書館の児童図書館員となったコルウェル（Eileen Colwell）は，読書週間の設置やストーリーテリングをはじめとする多彩な企画を実施し，あわせて児童図書館員の組織化や教育にもつとめた人物として重要である。コルウェルは，セイヤーズが提案した児童文学賞の創設にも尽力し，1936年にカーネギー賞（The Carnegie Medal）が誕生した（表彰は1937年から）。さらに，1955

年には絵本賞としてケイト・グリーナウェイ賞（The Kate Greenaway Medal）が創設され（表彰は1957年から），以来両賞は児童書の質の向上に貢献している。このコルウェルの半生記『子どもと本の世界に生きて：一図書館員のあゆんだ道』（*How I Became a Librarian,* Nelson, 1956）は，1966～67年に石井桃子により訳出され（単行本化は，福音館書店 1968／日本図書館協会 1974／こぐま社 1994），当時児童図書館の道を探っていた日本の児童図書館員たちに感銘を与えた。

② アメリカ

アメリカで公共図書館設立の機運が起きたのは，19世紀半ばである。1854年にボストンに設立された公共図書館は，革新的な事業を開始し，以降各地で図書館が次々と新設された。この急速な発展にはカーネギー（Andrew Carnegie）をはじめとする富裕層の貢献が大きい。カーネギーは1886年から図書館建設の資金を提供し，以降20世紀にかけてピッツバーグをはじめとする多くの都市に公共図書館が生まれた。

1876年はアメリカ図書館協会（ALA: American Library Association）の設立，および報告書『アメリカ合衆国における公共図書館』（*Public Libraries in the United States of America*, U.S. Bureau of Education）が出された重要な年である。この報告書中には，フレッチャー（William I. Fletcher）が書いた「公共図書館と青少年」（"Public Libraries and Youth"）がある。これは子どもに対する公共図書館の役割を問う初めての論文であった。当時はまだ年齢制限があったが，ロードアイランド州のポータケットで1877年にサンダーズ（Minerva Sanders）が先駆けて，14歳以下の子どもにサービスを始めた。

ヒューインズ（Caroline M. Hewins）は、この時代に重要な役割を果たした先駆的な児童図書館員である。ヒューインズは1875年にコネチカット州、ハートフォード市の青年図書館（後に公共図書館となる）に就任し、子どものためのブックリストの編纂、学校との連携、児童室の開設などに取り組んだ。あわせて対外的にも児童図書館の普及および啓蒙の活動につとめ、1891年にはALAの副会長になった。図書館界における女性、児童図書館員の地位を高めた人物でもある。

ヒューインズの後、アメリカでは多くの児童図書館員が輩出したが、中でも際立った業績をもつのがムア（Anne Carroll Moore）である。ムアは、ニューヨークのプラット学院図書館学部を卒業後、1896年、学院に新設された図書館の児童室主任となった。先駆的な試みが許される環境で児童サービスの実践につとめるとともに、ALAでは1900年の児童図書館部会発足に尽力し、最初の会合では議長を務めた。

当初、プラットには児童図書館員の養成体制がなかったが、ムアは1898年に論文「児童図書館員のための専門的訓練」（"Special Training for Children's Librarians"）を発表し、翌年、児童図書館員のためのコースが加わった。同時期にピッツバーグのカーネギー図書館でも児童図書館員の専門的な訓練が始まっている。これらの動きはアメリカにおける以降の本格的な児童図書館員教育の流れをつくった。

当時、カーネギーの資金援助で国内最大の組織を築きつつあったニューヨーク公共図書館は、1906年にムアを招聘する。ムアは児童奉仕部長となって全館の児童サービスを統括し、その開拓に取り組んだ。同時に計画的な組織改革を行い、児童図書館員の専門的な訓練と職階制を導入した。

この頃はALAの児童図書館部会による児童文学賞（ニューベリー賞　The John Newbery Medal：1922〜），および絵本賞（コールデコット賞　The Randolph Caldecott Medal：1938〜）の創設，また，児童書の書評誌『ホーン・ブック』（*The Horn Book Magazine*, Horn Book, 1924〜）の刊行など，子どもの本への関心の高まりが見られる。ムアは積極的に書評活動を行い，各出版社の児童書部門の編集者と緊密な関係を築き，児童書の質の向上にもつとめた。

　これらムアの一連の取り組みは，同時代の児童図書館員たちの活動と結びつき，現在のアメリカにおける児童図書館の基盤となると同時に，広く国外にも影響を与えた。

　カナダのリリアン・スミス（Lillian H. Smith）は，1911年から1年間ムアのもとで働き，翌年トロント公共図書館の児童図書館員となった。スミスは，1922年に独立の児童図書館「少年少女の家」を開設し，優れた活動を展開した。その著書『児童文学論』（*The Unreluctant Years*, American Library Association, 1953, reprint 1991）は，日本でも1964（昭和39）年に翻訳出版され（石井桃子，瀬田貞二，渡辺茂男共訳　岩波書店），以来児童図書館員必携の書として広く普及している。

　戦後の日本における公共図書館の発展は，アメリカに負うところが多い。同様に児童図書館の活動もアメリカの理念と実践を学び，それを目標とした発展をめざしたといえよう。

(3) 日本における児童図書館の歴史
　① 戦前の児童図書館
　1) 先駆的な活動の始まり－明治時代の児童図書館
　英米において公共図書館は下からの動き，すなわち利用者

が主体となって発展した。しかし日本の場合は，明治維新以降，広く欧米の知識を学ぶ体制の中，英米の公共図書館，さらに児童図書館の活動を知った人々が，日本においてもその必要性を訴えたところから始まる。このため明治期の児童図書館は，一部の知識人の間での認識にとどまり，その普及や定着には至らなかった。一方で明治20年代以降には，子どもの人権を尊重する動き，巌谷小波らによる児童文学への取り組みの動きなどが見られるようになった。

　わが国で最初に児童図書室を設けたのは，1887（明治20）年に東京神田に開館した大日本教育会附属書籍館であった。有料で学校長による許可証や閲覧する本の指定などの制限があり，教育的な性格が強いものであったが，小学部を設けて公開した。多くが15歳以上を利用者としていた当時の図書館の状況の中では画期的なものであった。また1902（明治35）年には，私立大橋図書館が開館した。こちらも有料であったが，12歳以上の児童生徒に閲覧させ，お話会や映画会などの集会活動も実施した。

　公共図書館活動の中で児童サービスの重要性を認識し，その位置づけを行ったのは，1903（明治36）年に開館した山口県立図書館である。館長佐野友三郎のもと，開館当初から児童閲覧室を設け，児童書を備えて利用に供した。同年続いて，宮城書籍館に男児閲覧室が，1904（明治37）年には大阪府立図書館に少年閲覧室が開設，1905（明治38）年にはシカゴ大学で図書館学を学んだ湯浅吉郎が京都府立図書館館長となり，児童図書室を開設した。これらの活動は，緒についたばかりで児童図書館を普及させるまでには至らなかったが，次の本格的な取り組みにつながる動きであったといえよう。

## 2）本格的な取り組みへ―東京市立日比谷図書館の開館

　1908（明治41）年，東京市立日比谷図書館が開館した。図書館設立建議の冒頭で児童サービスの実施が明記され，当初より児童室が設けられた。この背景には当時東京市の教育課長であった戸野周二郎の功績がある。これに先立つ1906（明治39）年に千駄ヶ谷の自宅で私立竹貫少年図書館を開設していた竹貫直人は，その蔵書を寄付し，自身も嘱託となって児童室の運営にあたった。開館当初は有料であったが，子どもの利用は盛況を極めた。一時このことを批判する児童図書館有害論が起きたが，日比谷図書館の実績と，児童室設立の必要性などを述べた「小松原訓令」(1910) により下火となった。

　この後，1915（大正4）年までに市内に19館に及ぶ東京市立図書館が設立され，すべての館で児童サービスが行われた。また当時は，大正デモクラシーの動きの中で童心主義の児童文学活動の高まりが見られ，児童図書館の活動を後押しした。

　1915（大正4）年，東京市では日比谷を中核とする図書館体制が確立され，今澤慈海が日比谷図書館館頭となった。今澤は児童サービスをより重視した多彩な活動を行い，閲覧料の無料化と年齢制限の廃止を実施した。あわせて児童図書館の理念形成にも取り組み，セイヤーズの『児童図書館』をもとに，わが国初の児童図書館の研究書『児童図書館の研究』（博文館）を竹貫との共著で1918（大正7）年に出版した。これらは，以降の児童図書館活動の大きな指針となった。

## 3）児童図書館の停滞―戦時下の思想統制と戦災

　1931（昭和6）年の満州事変を契機に，日本では軍国主義が進み，言論・思想統制が強化される。1938（昭和13）年に内務省から出された「児童読物改善に関する指示要項」は，

児童書の検閲と発禁処分の根拠となった。1941（昭和16）年の太平洋戦争勃発後は，多くの図書館員が戦地に徴用され，人手不足と予算削減の状況下，児童室は真先に事業縮小および閉鎖の標的となった。終戦を迎える1945（昭和20）年には，空襲の激化により，日比谷図書館をはじめ，多くの図書館が焼失した。

② 戦後の児童図書館
1）児童図書館の発展前期－戦後の復興と図書館法の制定

戦後は占領軍の図書館政策により，アメリカの図書館理論が導入された。連合国軍総司令部（GHQ）が1945（昭和20）年から日比谷をはじめとして全国主要都市に設置したCIE図書館には，すべて児童コーナーがあり，アメリカの児童サービスの実例が示された。

1950（昭和25）年，図書館法が制定され，近代的図書館への改革の取り組みが始まった。法律では児童サービスの必要性について明確な言及がなされなかったが，施行細則により「児童に対する図書館奉仕」が司書科目の必修となった。

子どもの文化的な環境を整え，子どもを守ろうという社会の認識も生まれた。公共図書館の動きに先駆け，1947（昭和22）年，神田に開館した私設の再生児童図書館は，その一つの現れであった。また同年に児童福祉法，1951（昭和26）年に児童憲章が制定され，近代的児童観が明示された。

2）組織的な活動の始まり－児童図書館研究会の発足

1953（昭和28）年，児童図書館研究会が発足した。会長小河内芳子ら，児童図書館員を中心とした自主的な団体であり，児童図書館の普及と発展をめざして組織的に活動を始めた。

その働きかけで，1956（昭和31）年，日本図書館協会内に児童図書館分科会が設立され，1959（昭和34）年から「児童に対する図書館奉仕全国研究集会」が継続して開催されている。

　前後して1950年代前半の家庭文庫の芽生え，長野県の「PTA母親文庫」運動の開始（1950），鹿児島県の椋鳩十による「親子20分間読書運動」の提唱（1960）など，子どもの読書に関する運動が各地で生まれ，活発化していく。これらは，次の飛躍的な発展の時代につながる動きとなった。

### 3）飛躍的な発展へ－1965年の2つの契機

　1965（昭和40）年，児童図書館発展の契機となる2つの出来事が起きる。第一に東京・日野市が移動図書館による活動を始め，児童書の貸出を中心に目覚ましい実績を示す。第二に石井桃子がかつら文庫（1958年に開設）の経験を綴った『子どもの図書館』（岩波書店　1965（岩波新書））を出版する。その内容に啓発され，1970年代にかけて全国各地に数多くの文庫が誕生した。

　これらを背景に図書館界では，児童サービスを重視する動きが生まれる。1970（昭和45）年，日本図書館協会は中小図書館の指針書として『市民の図書館』を出版し，その中で貸出・児童サービス・全域サービスの充実を当面の重点目標としてあげた。同年東京都は『図書館政策の課題と対策：東京都の公共図書館の振興施策』を発表し，貸出と児童サービスを最重点施策として事業を進めた。活発化した文庫からは，図書館設置を求める住民運動が生まれた。これら一連の動きにより，公共図書館は飛躍的な発展を遂げる。1970年代後半には，市町村立図書館は1,000を超え，その7割以上に児童室が設置されるようになった。

### 4）質の充実への取り組み－児童図書館員と子どもの本

1960年代後半から図書館界では，量的な成果を求めることが主流となったが，小河内らを中心とする児童図書館員は，量と同時に児童サービスの質的な充実を求めた。

1950年代半ばから60年代にかけては，アメリカで図書館学教育を受けた友野玲子，渡辺茂男，大月ルリ子，松岡享子らが帰国し，その様子を伝えた。あわせて1960年代半ばからは，ロング（Harriet G. Long）の『児童図書館への道』（*Rich the Treasure: Public Library Service to Children*, American Library Association, 1953　友野玲子訳　日本図書館協会　1966）など，英米の児童図書館の理論や実践を紹介する本が翻訳出版され，児童図書館員の資質の向上と専門性の確立への意欲を促した。

また出版界では「岩波少年文庫」（1950），「岩波の子どもの本」（1953）を皮切りに，1950年代から優れた児童書を出版する動きが生まれる。1960年代には内外の児童文学や絵本が質量ともに充実し，子どもに提供されるようになった。

### 5）児童サービスの多様化－少子化と子どもの生活の変化

1980年代も公共図書館は順調な発展を続けるが，一方で少子化が進む中，図書館全体における子どもの登録者数，貸出冊数の比率が減少する。あわせて子どもの生活の変化，受験戦争の激化など，子どもをめぐる社会環境の問題が顕在化していった。子どもの図書館離れが危惧される中，乳幼児サービス，ヤングアダルトサービス，障害児サービスなど，多様なサービスで個々の要求に応えていこうという動きが起きる。この動きと平行して専門的知識と能力をもつ児童図書館員の養成を求める声が高まり，1980（昭和55）年に日本図書館協会が第1回児童図書館員養成講座を開催した。以後，継

続して開催され,高い評価を受けている。

1986(昭和61)年,東京で国際図書館連盟(IFLA),国際児童図書評議会(IBBY)の大会が開かれる。これら図書館および子どもの本に関する2つの世界大会の開催には,図書館関係者以外からも関心と注目が集まり,児童サービスの裾野が広がった。また,国際社会の中で日本の公共図書館と児童サービスがとるべき姿勢や立場に関する認識が生まれた。

### 6) 文庫との関係の変化－東京子ども図書館の設立など

当初,文庫は図書館ができるまでの過渡的な代替施設と考えられる傾向が強かったが,図書館数が増加した後も,家庭的で,身近な子どもに本を提供する場として機能する文庫も多い。子どもの生活の各側面に応じた読書環境を豊かにするため,両者の共存共栄の必要性も認識されるようになった。

1974(昭和59)年,石井桃子,松岡享子らは4つの文庫を統合して財団法人東京子ども図書館を設立する。以来,子どもへの直接サービスと平行して,出版活動,ストーリーテリングや書評の普及などの研修事業にも取り組むようになった。1997(平成9)年には独立館を開館し,現在も継続して子どもと子どもの読書に関する優れた事業を展開している。

### 7) 読書推進活動と児童サービス－2000年以降の動き

2000(平成12)年は衆参両院の決議で「子ども読書年」と定められ,5月5日に国立国会図書館国際子ども図書館が開館した。この年には,2,500を超える市区町村立図書館のおおむね9割に児童室が設置された。翌2001(平成13)年には,0歳児と保護者を対象としたブックスタートが子ども読書年の後継事業として本格的に始まり,12月に「子どもの読書活動の推進に関する法律」が制定される。以降,社会の関心

が子どもの読書環境の整備に向けられ，子どもにかかわる団体や住民によるさまざまな取り組みと運動が展開される。

　本来，この動きの中で児童図書館にはより大きな役割が求められるべきだが，一方では公共図書館の民間への業務委託や指定管理者制度の導入が急速な勢いで進んでいる。21世紀の現在は，児童図書館の存在意義と使命を再確認し，児童図書館員の専門性の確立および専任としての配置をめざして，進むべき方向を見出していく時代であるといえよう。

### 参考文献
【英米の児童図書館について】
・エリス，アレック著『イギリス青少年サービスの展開：1830-1970』古賀節子監訳，日本図書館協会，1991
・ロング，ハリエット・G. 著『アメリカを生きた子どもたち：図書館の果たした役割』古賀節子監訳，日本図書館協会，1983
・張替恵子「アメリカ児童図書館の先達：ヤグッシュさんの論文から」『こどもとしょかん』No.77，1998，p.2-19

【日本の児童図書館について】
・内藤直子，加藤節子「日本児童図書館の黎明期」『こどもとしょかん』No.78，1998，p.2-18
・清水正三「児童図書館の歴史（日本）：東京を中心として」『季刊・子どもの本棚』No.7，1973，p.13-22
・小河内芳子「資料東京の図書館　明治20年（1887）－昭和20年（1945）」『Library and Information Science』No.9，1971，p.209-229
・汐﨑順子著『児童サービスの歴史：戦後日本の公立図書館における児童サービスの発展』創元社，2007

【全般について】
・赤星隆子，荒井督子編著『児童図書館サービス論（新装版）』理想社，2010（新図書館情報学シリーズ 12）
・赤星隆子著『児童図書館の誕生』理想社，2007　　　　　　（汐﨑順子）

表 3-1　児童図書館年表（アメリカ・イギリス）

◇アメリカ◇

＊1775・独立戦争/1776・独立宣言＊

＊19世紀初頭より日曜学校の設置
1803　◇ケレブ・ビンガム，私設図書館開設
1854　◇ボストンに公共図書館誕生

＊1861～1865・南北戦争＊

＊19世紀末よりカーネギーの資金援助開始
1875　◇ヒューインズ，ハートフォード青年図書館に就任
1876　◇ALA設立
　　　◇フレッチャー，"公共図書館と青少年"発表
1877　◇サンダーズ，子どもへのサービス開始
1899　◇プラット学院に児童図書館員養成のコース開設
1900　◇ALAに児童図書館部会設立
　　　◇ピッツバーグ公共図書館に児童図書館員養成のコース開設
1906　◇ムア，ニューヨーク公共図書館児童部長に就任
1912　◇（カナダ）スミス，トロント公共図書館に就任

＊1914～1918・第一次世界大戦＊

1922　◇ニューベリー賞第1回授賞式
　　　◇（カナダ）少年少女の家開設
1924　◇ホーンブック刊行開始
　＊子どもの本出版への関心の高まり

1938　◇コールデコット賞第1回授賞式

＊1939～1945・第二次世界大戦＊

### ◆イギリス◆

### ＊産業革命の進展＊

＊18世紀半ばより日曜学校の設置

1850 ◆公共図書館法制定
　＊19世紀半ば～学校内への図書館の普及
1861 ◆マンチェスターで児童閲覧室開設

　＊以降，バーミンガム，バーケンヘッド等，各地で児童室開設

　＊19世紀末から20世紀にかけて，
　　学校と公共図書館の協力，地元の学校内への資料の設置など

1911 ◆セイヤーズ，『児童図書館』刊行

### ＊1914～1918・第一次世界大戦＊

　＊1920年代より女性図書館員の任命と活躍

1926 ◆コルウェル，ヘンドン図書館に就任

1936 ◆カーネギー賞創設（第1回授賞式は1937）
1937 ◆コルウェルら児童図書館員協会設立

### ＊1939～1945・第二次世界大戦＊

1955 ◆ケイト・グリーナウェイ賞創設（第1回授賞式は1957）
1956 ◆コルウェル，『子どもと本の世界に生きて』刊行
1957 ◆マッコルビン，『児童のための図書館奉仕』刊行

表 3-2　児童図書館年表（日本）

### 先駆的活動のはじまり

1887（明治20）■大日本教育会附属書籍館設立（小学部開設）
＊『こがね丸』（巌谷小波）等児童文学の誕生
1902（明治35）■私立大橋図書館設立
1903（明治35）■山口県立図書館に児童閲覧室開設
＊以降，宮城書籍館（1903），大阪府立図書館（1904），京都府立図書館（1905）等に児童を対象とする施設開設
1906（明治39）■竹貫直人，私立竹貫少年図書館開設

### 本格的な取り組みへ

1908（明治41）■東京市立日比谷図書館開館
1910（明治43）■小松原訓令
1915（大正4）■今澤慈海，日比谷図書館館頭に就任
　　　　　　　　児童室無料化，年齢制限撤廃
1918（大正7）■今澤・竹貫，『児童図書館の研究』刊行
＊大正デモクラシーと児童文学活動の高まり

### 児童図書館の停滞

＊満州事変（1931）からの思想統制と戦災
1938（昭和13）■"児童読物改善に関する指示要項"発表

### ＊1939～1945・第二次世界大戦＊

### 児童図書館発展前期

1945（昭和20）■CIE図書館開設
1947（昭和22）■私立再生児童図書館開設
＊児童福祉法制定（1947）
1950（昭和25）■図書館法制定
＊文庫の芽生・PTA母親文庫活動開始（1950）・児童憲章制定（1951）
＊子どもの本出版の動き～岩波少年文庫（1950～），岩波の子どもの本（1953～）など刊行開始

### 組織的な活動の開始

1953（昭和28）■児童図書館研究会発足
1956（昭和31）■日本図書館協会内に児童図書館分科会設立
1959（昭和33）■"児童に対する図書館奉仕全国研究集会"開始
　＊「母と子の20分間読書」提唱（1960）
1963（昭和38）■『中小都市における公共図書館の運営』刊行

### 飛躍的発展の時代

1965（昭和40）■日野市，図書館活動開始
　　　　　　　・石井桃子，『子どもの図書館』刊行
　＊各地で多くの文庫誕生
1968（昭和43）■「青少年の読書と資料」選択科目化
1970（昭和45）■『市民の図書館』刊行
　　　　　　　・『東京都の公共図書館の振興施策』発表
　＊貸出を中心とした公共図書館の発展
　　　　　　　・質を重視した児童図書館員の取り組み
1974（昭和49）■東京子ども図書館設立

### 多様化の時代

＊少子化・子どもの生活の変化・多様な児童サービスの取り組み

1980（昭和55）■「児童図書館員養成講座」開催
1986（昭和61）■IFLA東京大会，IBBY東京大会開催
　＊児童サービスの裾野拡大・国際的認識の高まり
1997（平成9）■東京子ども図書館新館開館
　　　　　　　・「児童サービス論」必修科目化

### 読書推進活動の活発化

2000（平成12）■「子ども読書年」・国際子ども図書館開館
2001（平成13）■ブックスタート本格開始
　　　　　　　・「子どもの読書活動の推進に関する法律」制定

## 3.2 子ども文庫の発展段階

　多くの人にとって「文庫本」を意味する「文庫」という語は，もとは，書物を納めるくら「ふみくら」に当てた漢字として生まれ，今でも「金沢文庫」「足利文庫」にその意味を残すが，今日の図書館界では，一般的に「子ども文庫」を指す。

　子ども文庫とは，ボランティアによって開設・運営されている私設の児童図書館で，個人の家，地域の集会所や公民館，また廃車になったバスや電車の車輌など，実にさまざまな場所で開かれる。一般に，個人の自宅に設けられたものを「家庭文庫」，集会所，公民館など地域の施設を利用して開かれるものを「地域文庫」と呼び，「子ども文庫」は総称として用いられる[1]。文庫を支える人の多くは女性である。

　子ども文庫は，地域の子どもを対象に，本の貸出，読み聞かせ，お話会，その他さまざまな行事を行う点では，公立図書館の児童室と同じである。しかし，ボランティアによる運営のため，本や棚などの購入に必要な経費は運営者自身が捻出しなくてはならない。また，私的な事情によって活動が中断する場合もありうる。この点，税金に支えられ，自治体によって恒久的に運営されている公立図書館とは異なり，企業や財団などから財政的な支援を受けて，専任の職員が常駐する私立の児童図書館とも区別されるだろう。

　子ども文庫は，その萌芽と呼べるものが明治後期からいくつか見られる[2]。中でも，1905（明治38）年に京都の修道小学校内に設けられた「私立修道児童文庫」と，1906（明治39）年に児童文学者の竹貫直人（号：佳水）が東京・千駄ヶ谷の自宅に開設した家庭文庫「竹貫少年図書館」は，よく知られ

た文庫であろう。「私立修道児童文庫」は，同校の職員室の一部を閲覧所として，同窓会員が持ち寄った本を子どもに公開したのが始まりで，その後，専用の建物を設けるまでになった[3]。博文館の雑誌『少年世界』の編集者でもあった竹貫の文庫の開館日には，同じく博文館で活躍した巌谷小波が訪れ口演童話を披露したとの記録がある[4]。

大正から昭和初期は，文庫にとって受難の時期であった。それは，1933（昭和8）年の図書館令の改正により，私立図書館の開設には政府の許可が必要となり，自由に文庫を開けなくなったからである。それでも1942（昭和17）年，小説家の山本有三が東京・三鷹の自宅で開いた「ミタカ少国民文庫」や，空襲の被害から比較的自由であった疎開先にも文庫はあったようで[5]，絶えることなく文庫は各地に存在していた。

終戦になると，まるで焦土の瓦礫から草が萌え出すように，新たな文庫が誕生した。日本図書館協会の『日本の児童図書館1957 その貧しさの現状』では，47の文庫や私設児童図書館が紹介されているが，その中には，本を買ってもらえない子どものために戦災引揚者寮内で始めた文庫，フィリピン島から帰還した従軍医が病院で始めた文庫など，設立経緯にも時代の影を読み取ることができるものが多い[6]。

ところで，終戦を境に，文庫の担い手が男性から女性へと移る。調べた限りでは，戦前の子ども文庫はほとんどが男性によって開かれているが[7]，『日本の児童図書館1957』の47の文庫には，福島県郡山市で金森好子が開設した「クローバー子供図書館」，東京都の世田谷で土屋滋子が始めた「土屋児童文庫」など運営者が女性であるものが少なくない。これ以後，文庫の主な担い手は女性となっていく。

1965（昭和40）年に出版された石井桃子の『子どもの図書館』（岩波書店）[8]は，その後の文庫の急増に大きな影響を与えた。石井が1958（昭和33）年に自宅で始めた「かつら文庫」の様子と，北米やイギリスでの優れた児童図書館サービスについて紹介したこの本は，決して，子ども文庫の開設を訴えてはいない。むしろ石井は，ボランティアの手で文庫を維持することが困難であり，税金によって永続的に運営される公立図書館の必要性を訴えている。しかし，たいへん具体的に，そして魅力的に文庫の日常を描いたこの本は，多くの人の心に火をともし，文庫開設へと向かわせる原動力となった。なお，石井は文庫開設の前年，土屋滋子，村岡花子とともに，家庭文庫研究会を発足させている。同会は，各地の文庫の人たちが相互に連絡し合い，文庫や子どもの本について研究する場となっていたが，その後1964年に活動を休止し，翌年児童図書館研究会と合流する。

　1960年代から1970年代以降，文庫数は急増する。日本図書館協会の全国子ども文庫調査報告書『子どもの豊かさを求めて3』によると，1974年では，その数2,064，1980年では4,406となっている[9]。1975年当時，公立図書館は文庫の約半分の1,000を少し超える程度で，全国の市の約70％，町村の約10％ほどしか図書館を設置しておらず[10]，児童へのサービスも十分でなかった。こうした地域の読書環境整備の遅れに対し問題意識をもった女性たちは，自らの手で子どもに本を手渡そうと，手づくりで文庫を設立しはじめていった。

　全国的に文庫活動が活発になったこの当時は，まだ近くに図書館や児童書を備えた書店がない地域も多く，文庫が子どもと本との唯一の接点であった。そのため，どの文庫にも，

多くの子どもがやって来ては,棚に並んだ本が瞬く間になくなるという状況が見られた。こうした状況は,文庫の人にとって,歓迎すべきものであると同時に,本来自治体が行うべき地域の読書環境の整備を個人のボランティアで担うことの限界に直面する契機ともなった。1970年代に入る頃,東京都の東村山市では「くめがわ電車図書館」,「バス図書館(久米川子ども図書館)」の女性たちが中心となり,文庫への財政援助や市立図書館建設を求め,市や議会に請願や陳情を粘り強く続け,その実現を見ることになった[11]。この後,全国各地の文庫の女性が中心となって,図書館設置や団体貸出や助成を求め,自治体や議会に働きかける活動が活発になっていった。

　一方,この時期には1969(昭和44)年に発足した「ねりま地域文庫読書サークル連絡会」をはじめ,多くの文庫連絡会が形成されていった。連絡会は,文庫同士が連携し情報交換する場としてだけでなく,団体貸出や図書館設立の要望などを自治体に働きかける足場ともなっていった。地域での交流が広まる中,1967(昭和42)年に日本親子読書センター,1970(昭和45)年に親子読書・地域文庫全国連絡会が結成された。文庫と同じく,民間の人々によって運営されているこれらの組織は,それぞれ機関紙の発行や交流会,研修会などを行い,全国的な子ども文庫の連絡組織として大きな役割を果たしている。そして,1974(昭和49)年には,先述した石井,土屋の家庭文庫,そして松岡享子の「松の実文庫」を母体として(財)東京子ども図書館が設立された。同図書館は,財団法人の私立図書館として,児童室や資料室の運営に加え,機関紙の発行,講座や研修の実施など,文庫だけでなく児童図書館の世界にも大きな貢献をしている。

こうして，全国で活発になった文庫活動であったが，1980年代に入り，塾やお稽古事に通う子どもの増加，さらに少子化などにより，文庫に通う子どもが激減した。やがて，1990年代頃からは，子どもがいる幼稚園や学校などへ出向いて，お話や読み聞かせをする出前の活動へと重点をおきはじめる人々も増え，「おはなしグループ」が各地で増加する傾向が見られはじめた。一方，2000（平成12）年になる頃，高知の「高知こどもの図書館」や岩手の「うれし野こども図書室」など，文庫から特定非営利活動法人（NPO法人）としての活動へと移っていく文庫も見られた。

　近年，「子ども読書年」の実施や「子どもの読書活動の推進に関する法律」の制定，さらに，都道府県や市町村での子ども読書推進計画の策定など，子どもの読書にかつてない大きな関心が払われはじめている。ただ，社会的に読書推進の機運が高まり関連する大きなイベントも開催される一方で，図書館の設置や司書職制度の確立が進まない自治体もいまだ多く，長年，文庫活動を続けながら図書館の設置や改善を求めてきた人々に戸惑いも見られた。推進計画の策定委員には，文庫やお話会の女性がかかわっていることも多く，今後，地域の読書環境の改善につながるよう，自治体とこうした人々との効果的な連携が求められるだろう。

　子ども文庫は，その一つ一つの姿は異なるものの，地域の子どもたちに一冊でもよい本を手渡したいという願いのもと，各地の女性たちによって地道に続けられてきた。その成果を具体的に数値にして示すことはできないものの，子どもと本とをつなぐことにおいて他の国では類を見ないほど大きな成果を残してきたことは疑いようもなく，図書館の知識を

もたない人々が自ら学び，手づくりで生み出してきた文庫からは，公立図書館の児童サービスに携わる者にとっても，学ぶことは多い。

表3-3 子ども文庫年表

|  |  |  |  | 文庫数（調査年） |
|---|---|---|---|---|
| 戦前 | 明治・大正 | 1905年(明治38) | 京都「私立修道児童文庫」 |  |
|  |  | 1906年(明治39) | 東京千駄ヶ谷「竹貫少年図書館」 |  |
|  | 昭和 | 1933年(昭和8) | 改正図書館令　私立図書館の認可制が採用される |  |
|  |  | 1942年(昭和17) | 山本有三「ミタカ少国民文庫」開設 |  |
| 戦後 | 昭和 | 1957年(昭和32) | 家庭文庫研究会発足 (1964年まで) | 60 (1958年) |
|  |  | 1958年(昭和33) | 『日本の児童図書館 1957 その貧しさの現状』に47の文庫・私設児童図書館が挙げられている |  |
|  |  | 1958年(昭和33) | 石井桃子「かつら文庫」開設 |  |
|  |  | 1965年(昭和40) | 石井桃子『子どもの図書館』(岩波書店) 出版 |  |
|  |  | 1967年(昭和42) | 「日本親子読書センター」発足　「日本子どもの本研究会」発足 |  |
|  |  | 1969年(昭和44) | 「ねりま地域文庫読書サークル連絡会」発足 |  |
|  |  | 1970年(昭和45) | 「親子読書・地域文庫全国連絡会」発足 |  |
|  |  | 1970年(昭和45) | 「東村山市地域児童図書館補助金交付規程」制定される | 265(1970年) |
|  |  | 1972年(昭和47) | 東村山市の図書館設置のため「東村山市立図書館専門委員」発足，同委員会には文庫の女性も参加，翌年「市立図書館建設基本計画」策定 |  |
|  |  | 1974年(昭和49) | 「(財) 東京子ども図書館」設立 | 2064(1974年) |
|  |  | 1979年(昭和54) | 「国際児童文庫協会 (ICBA)」発足 | 4406(1980年) 3872(1993年) |
|  | 平成 | 1999年(平成11) | NPO法人「高知こどもの図書館」(高知県) 発足 |  |
|  |  | 2000年(平成12) | NPO法人「うれし野こども図書室」(岩手県) 発足 |  |

**注**

1) 子ども文庫はその形態や活動内容が多様で一般的な姿を伝えにくい。文庫の総称も「子供文庫」「こども文庫」「児童文庫」などいくつか種類があり「家庭文庫」「地域文庫」を総称として用いている例も見かける。

2) この時代の文庫や私設児童図書館の歴史については,石井敦の次の文献を参考にするとよい。

　石井敦「児童に対するサービスの開始 (11)」『ひびや』Vol.133, 1983～「児童に対するサービスの開始 (17)」『ひびや』Vol.139, 1990

3) 石井敦「児童に対するサービスの開始 (12)」『ひびや』Vol.134, 1985, p.27-31

4) 『国民新聞』明治39年10月9日

5) 池田正孝は,戦争中,小学生であった頃の思い出として,疎開先で出会った文庫のことをこう綴っている。

　「その当時,同じ町の住人だった久保貞次郎氏（美術評論家）が私たち小学生のためにお店の一角を開放して本を貸出してくれた。私は大きな蔵構えのお屋敷に毎日のように通いつめて,せっせと本を借りたものである。」（池田正孝「私は文庫一期生」『こどもとしょかん』Vol.69, 1996春）

6) 日本図書館協会公共図書館部会児童図書館分科会編『日本の児童図書館1957・その貧しさの現状』日本図書館協会, 1958, p.8-11

7) 現在までに調べた限りでは,戦前,女性による文庫としては,石井桃子が,犬養毅邸で開いた「白林少年館」だけである。もう少し調べれば,いくつかあると思われる。

8) 石井桃子著『子どもの図書館』岩波書店, 1965（岩波新書）

9) 全国子ども文庫調査実行委員会編『子どもの豊かさを求めて：全国子ども文庫調査報告書3』日本図書館協会, 1995, p.72

　なお,子ども文庫については,過去3度日本図書館協会が全国的な調査を実施している。

・全国子ども文庫調査実行委員会編『子どもの豊かさを求めて：全国子ども文庫調査報告書』日本図書館協会, 1984

・全国子ども文庫調査実行委員会編『子どもの豊かさを求めて：全国子ども文庫連絡会等調査報告書2』日本図書館協会，1989
10) 日本図書館協会図書館白書編集委員会編『図書館はいま：白書・日本の図書館1992』日本図書館協会，1992，p.40
11) 「特集・ある図書館づくりの記録：都下東村山市の場合」『現代の図書館』Vol.11, No.4, 1973

(高橋樹一郎)

## 3.3 児童図書館の現状

### (1) 公共図書館における児童サービスの位置づけ

　公共図書館は，地域住民すべてに対して図書館サービスを無料で提供する図書館である。公共図書館は公開性とともに，その利用が無料であり，地域住民の税金である公費によって運営され，法的根拠（図書館法）を有するものと理解されている[1]。また図書館法では，法で規定する図書館のうち，地方公共団体が設置する図書館を公立図書館と位置づけている。

　公共図書館は，地域住民すべてを対象に図書館サービスを提供するが，児童サービスは公共図書館サービスのうち，最も重要で基盤となるサービスである。それは，

① 児童サービスの対象者である0歳から13，14歳までの子ども時代は，人間形成において最も重要な時期であるということ。

② 読書習慣を身につける上で，子ども時代は最も大切であるということ。また，インターネットなどによる情報を獲得する方法＝インフォメーションリテラシーを学ぶ上でも重要な時期であるということ。

③ 公共図書館のサービスのうち，児童サービスは地域資

料サービスと並び，地域社会とのかかわりが強いということ。(子ども時代の生活は行動範囲が限定されている上に，保護者，近隣住民，市民グループ，地域の保育所，幼稚園，学校などとのかかわりが強い。このことは，地域社会に立脚する公共図書館にとって重要である。)
④ 児童サービスが対象とする利用層が継続して利用することは，公共図書館サービスの長期的な展開において不可欠であるということ。

現在，公共図書館サービスは多様化し続けているが，その中にあって児童サービスは，以上のようなことから地域社会の中で最も基盤となる図書館サービスと位置づけることができる。

## (2) 児童図書館の数，利用の状況の推移

日本で初めて全国の児童図書館調査を実施したのは，1956年であった。調査は児童図書館研究会により行われ，調査結果は，『日本の児童図書館1957 その貧しさの現状』[2]としてまとめられている。1956年の児童室設置状況は，公共図書館数725館中，児童室を有するのは213館，29.3％と少なく，年間受入図書冊数も299冊以下が74.5％というように，児童サービスの状況は，報告書の副書名のとおり「貧しさの現状」であった。

### ① 図書館数と児童室・児童コーナー

日本図書館協会では，全国の公共図書館の状況を把握するため，毎年公共図書館調査を実施している。対象は都道府県立図書館，市区立図書館，町村立図書館，市町村広域圏図書館，私立図書館である。

図3-1，表3-4は1980年から2008年までの図書館数と児童室・児童コーナーの設置状況を示している。図書館数は1980年1,320館から2008年には3,126館と着実な伸びを示している。児童室・児童コーナーの設置は，ほぼ70％から90％弱の間で推移している。1995年が76％と低い値を示しているのは，その年の調査項目が児童室・児童コーナーの設置の有無ではなく，児童サービスの実施の有無を質問したことによる数値の変化である。2008年は71％と低い値となっているが，今後の推移をみていく必要があろう。

図3-1

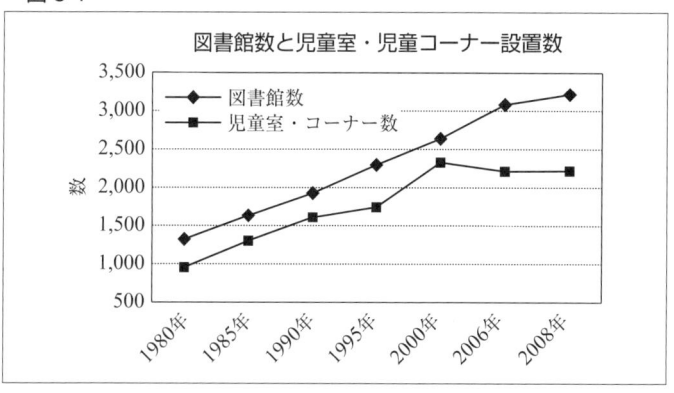

表3-4

|  | 図書館数 | 児童室・コーナー数 | 割合（％） |
|---|---|---|---|
| 1980年 | 1,320 | 953 | 72.2 |
| 1985年 | 1,633 | 1,302 | 79.7 |
| 1990年 | 1,928 | 1,610 | 83.5 |
| 1995年 | 2,297 | 1,745 | 76.0 |
| 2000年 | 2,639 | 2,330 | 88.3 |
| 2006年 | 3,082 | 2,214 | 71.8 |
| 2008年 | 3,126 | 2,219 | 71.0 |

② **全蔵書冊数と児童用蔵書冊数**

公共図書館調査全体の蔵書数は，1980年7231万8千冊から2008年3億6534万9千冊と5.1倍に増加している。内訳の児童用蔵書冊数は，1980年1417万9千冊から2008年9072万2千冊と6倍に増加している（図3-2，表3-5）。館数の増加とともに公共図書館全体の蔵書数，児童用蔵書冊数も増加しているとみてとることができよう。

図3-2

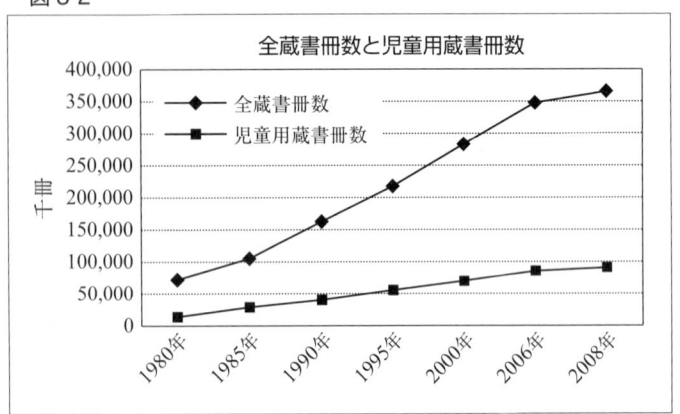

**全蔵書冊数と児童用蔵書冊数**

表3-5 (単位：千冊)

|  | 全蔵書冊数 | 児童用蔵書冊数 |
| --- | --- | --- |
| 1980年 | 72,318 | 14,179 |
| 1985年 | 105,309 | 29,170 |
| 1990年 | 162,643 | 40,443 |
| 1995年 | 217,690 | 55,431 |
| 2000年 | 283,003 | 69,778 |
| 2006年 | 347,789 | 85,585 |
| 2008年 | 365,349 | 90,722 |

③ 全登録者数と児童登録者数

　図3-3，表3-6は，全体の登録者数とその内訳としての児童の登録者数を表している。公共図書館全体では，1980年763万3千人が2008年4515万人と5.9倍に増加し，児童の登録者は，1980年325万1千人から547万9千人と1.7倍の増加にとどまっている。1985年以降は500万人から600万人で推移している。このような児童登録者の推移は，少子化が大きく影響していると考えることができる。

図3-3

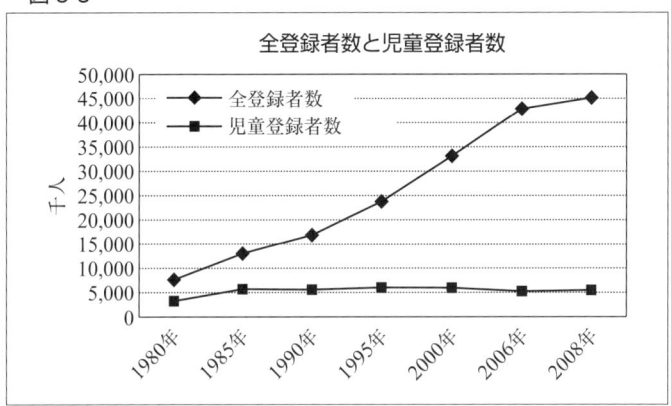

**全登録者数と児童登録者数**

表3-6　　　　　　　　　　　　　　　　　　　　　　（単位：千人）

|  | 全登録者数 | 児童登録者数 |
| --- | --- | --- |
| 1980 年 | 7,633 | 3,251 |
| 1985 年 | 13,028 | 5,716 |
| 1990 年 | 16,861 | 5,595 |
| 1995 年 | 23,777 | 6,026 |
| 2000 年 | 33,143 | 5,969 |
| 2006 年 | 42,863 | 5,258 |
| 2008 年 | 45,150 | 5,479 |

### ④　全貸出冊数と児童書貸出冊数

　図3-4，表3-7は，公共図書館全体の貸出冊数とその内数である児童書の貸出冊数を示している。公共図書館全体では，1980年1億3040万冊が2008年6億2442万7千冊と4.8倍に増加，そのうち児童書の貸出は，1980年6261万4千冊から2008年1億7373万6千冊と2.8倍に増加している。貸出冊数は登録者の人数と連動する調査項目であるが，登録者の伸びよりも，貸出冊数の伸びの方が大きいことから，児童登録者一人当たりの貸出冊数は増加していることを示している。

　1980年と2008年の児童書貸出冊数を児童登録者で除すると，1980年19.3冊から2008年31.7冊と増加し，一人の児童登録者が1年間で借り出した冊数は，1.6倍に増加している。このことは，図書館利用者となった子どもは，多くの本を読むようになったことを示していて，子どもの読書環境を考える際，公共図書館の果たす役割が，以前より有効に機能していることを数値として裏づけている。

　以上のように，ここでは，日本図書館協会『日本の図書館』の統計から，ほぼ30年間の変化をみてきた。図書館数，蔵書数，登録者数，貸出冊数が大きく拡大していることを読み取ることができるが，子どもの生活圏は小さく，すべての子どもたちが児童図書館サービスを享受できる状況にはいまだなっていない。今後も児童図書館の数的な拡大が求められているといえよう。

図 3-4

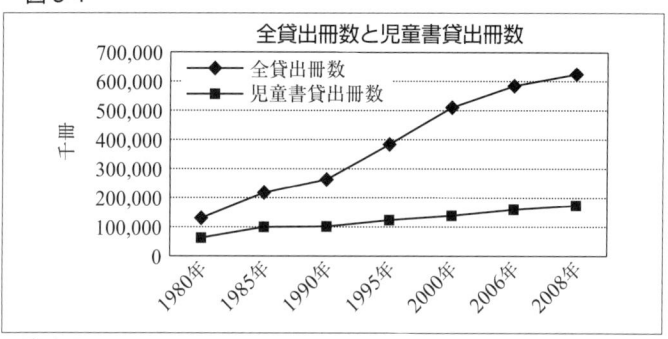

**全貸出冊数と児童書貸出冊数**

(千冊)

表 3-7　　　　　　　　　　　　　　　　　　　　　(単位：千冊)

|        | 全貸出冊数 | 児童書貸出冊数 |
| --- | --- | --- |
| 1980 年 | 130,400 | 62,614 |
| 1985 年 | 217,337 | 99,840 |
| 1990 年 | 263,049 | 101,387 |
| 1995 年 | 383,790 | 123,375 |
| 2000 年 | 510,306 | 138,510 |
| 2006 年 | 584,202 | 159,713 |
| 2008 年 | 624,427 | 173,736 |

<注>
* この項での数値は，日本図書館協会『日本の図書館』の公共図書館集計に基づいている。対象は，都道府県立図書館，市区立図書館，町村立図書館，市町村圏広域図書館，私立図書館である。
* 児童室・児童コーナーの設置のうち，1995 年は児童サービスの実施の有無の回答結果。
* 児童用図書の冊数，利用数は内訳の割合で表示されている年がある。その際は，割合を再集計し数値を記入している。また，児童用図書の冊数は 1995 年から都道府県立図書館の数値が加わっている。すなわち，1990 年以前は集計されていない。
* 1995 年以降は，公共図書館集計のうち，「『児童』についてのデータ〔再掲〕」の数値を用いている。
* 5 年ごとの数値を用いているが，「児童」の詳細調査は隔年で行われるようになり，2005 年は詳細調査の行われなかったため，2006 年と 2008 年の調査結果を採用した。

## (3) 子どもの読書活動, 児童図書館にかかわる社会状況

児童図書館サービスを考えるとき, 社会が子どもの読書活動をどのように考え, 推進しようとしているのかを把握することは重要となる。1950年代, 全国各地に少しずつ子ども文庫が設立され, 1980年には全国で4,406文庫が活動するに至っている[3]。このことは, 地域の人々が子どもの成長にとって読書が必要なものであると考え, 図書館活動が未成熟な状況の中, 自らが自らの力を寄せ合い図書館活動を実践していったととらえることができる。日本における子どもの読書活動の推進は, このように地域の子ども文庫や親子読書会などの活動を通して行われ, それが全国レベルにまで拡大したのは, 1990年代に入ってからである。ここでは, 1990年代からの状況を把握する。

### ① 2000年子ども読書年まで

1993年, 深刻化しつつある子どもの本離れ現象に対し, 子どもの読書に関心をもつ父母, 学校図書館・公共図書館の関係者, 全国の読書運動グループ, 児童文学者・児童画家たちの団体, 児童書の出版社などの個人, 団体が加盟し, 「子どもと本の出会いの会」が結成された。この会は学校図書館予算の増額を要請し, 1995年には同会が中心になり「国立の国際子ども図書館設立を推進する全国連絡会」を設立した。これらの運動を受けて, 国立国会図書館は, 1997年1月支部上野図書館に「国際子ども図書館準備室」を設置, 1998年6月には, 「国際子ども図書館サービス実施計画」, 「国際子ども図書館電子図書館実施計画」が作成された。

1999年4月には, 国会議員, 関係省庁, 民間団体で構成

する「国際子ども図書館設立推進議員連盟・総合企画プロジェクト」が発足した。設立の目的は2000年の国際子ども図書館開館記念行事,「子ども読書年」の活動,子ども基金の創設を国会・官・民による国家事業として推進することである。その後,「子ども読書年実行委員会」と名称を変え,8月には衆・参両議院本会議で2000年を「子ども読書年」とすることが全会一致で決議された。国立国会図書館国際子ども図書館は,「子ども読書年」の2000年5月5日に開館式典が行われ,翌6日から一般公開された。「子ども読書年」の主な活動は,普及・啓発事業として,ポスター,ビラ等による子ども読書年シンボルマークのアピール,『子ども読書年NEWSLETTER』1〜6号の発行,公共広告機構の「読み聞かせのすすめ」キャンペーンをテレビ,ラジオ,新聞等で行う,などである。推進事業では,日本国際児童図書評議会(JBBY)主催「本をひらけばたのしい世界2」,日本児童出版美術家連盟の企画構成による「ドキドキワクワク子どもの本ワールド」,「子どもの心を育てる読書活動推進全国大会」などが開催された。

② ブックスタート

2001年4月,読書推進運動協議会,日本図書館協会,JBBYなど14団体の参加で新たに「子ども読書推進会議」が発足した。目的および事業は,「子ども読書年」における読書推進運動の成果を21世紀につなげていくこと,「子どもの読書環境整備・中長期計画」の策定,「ブックスタート・プロジェクト」の法人化設立への支援・協力,民間の力の結集などである。

ブックスタートは1992年イギリスで始まった識字教育を

目的とする図書館利用推進・健康推進・読書推進運動の一つで，図書館（児童司書），保健所（保健師），大学（乳児心理学者）の専門職集団と財政支援をする民間企業による共同事業で，乳幼児健診に来た母親に絵本を渡し，読み聞かせを普及し，乳幼児期から本に親しんでもらい，児童図書館の利用促進を図るものである。日本では，2001年4月にNPOブックスタート支援センターが発足し，各地の運動の立ち上げを支援し，継続した取り組みをサポートしているが，イギリスのブックスタートを変形したものとなっている。

### ③ 子どもゆめ基金

国際子ども図書館設立推進議員連盟は，「子どもの未来を考える議員連盟」に組織改正し，子どもの読書を含めた活動を行った。その結果，2001年度，独立行政法人国立オリンピック記念青少年総合センターに「子どもゆめ基金」が創設されることになった。この事業は，民間団体が青少年に対して行う活動に助成を行うものである。助成対象は，1）子どもの自然体験活動，社会奉仕体験活動等の振興を図る活動，2）子どもを対象とする読書会，その他，子どもの読書活動の振興を図る活動，3）インターネット等で利用可能な子ども向けの教材を開発・普及する活動，である。

### ④ 子どもの読書活動の推進に関する法律

2001年6月，子どもの未来を考える議員連盟は，読書活動の推進を国の責務として，子どもの読書の日を制定するなどを柱とした「子どもの読書活動推進法案」をまとめた。法案は12月参議院で可決・成立，「子どもの読書活動の推進に

関する法律」(以下,推進法)として12日に公布された。

　同法は,「子どもの読書活動の推進に関する施策を総合的かつ計画的に推進し,もって子どもの健やかな成長に資すること」(第1条)を目的とする。第2条の基本理念では,読書活動を「子どもが,言葉を学び,感性を磨き,表現力を高め,創造力を豊かなものにし,人生をより深く生きる力を身に付けていく上で欠くことのできないもの」と位置づけ,「環境の整備」が推進されなければならないとする。

　第3条では,国の責務として,「子どもの読書活動の推進に関する施策を総合的に策定し,及び実施する責務」を有しているとし,第4条では,国と同様に地方公共団体にも施策と実施の責務を求める。

　第5条では,事業者の努力として,「子どもの健やかな成長に資する書籍等の提供に努めるもの」とする。

　第6条では,保護者の役割として,「子どもの読書活動の機会の充実及び読書活動の習慣化に積極的な役割を果たす」ことを求めている。

　第7条では,関係機関等との連携強化として,子どもの読書推進の施策が円滑に実施されるよう,学校,図書館などの機関,民間団体との連携の強化,その他必要な体制の整備につとめるとする。

　第8条では,政府が子ども読書活動推進基本計画を策定することを,第9条では,地方公共団体が子ども読書活動推進基本計画を策定することを求めている。

　第10条では,子ども読書の日を4月23日とすることとし,第11条では,「国及び地方公共団体は,子どもの読書活動の推進に関する施策を実施するため必要な財政上の措置その他

の措置を講ずるよう努める」とする。

　以上の11条からなる法律であるが、可決にあたっては、6項目の附帯決議がされ、政府はこれらに対して配慮すべきであるとした。

1　本法は、子どもの自主的な読書活動が推進されるよう必要な施策を講じて環境整備していくものであり、行政が不当に干渉することのないようにすること。

2　民意を反映し、子ども読書活動推進基本計画を速やかに策定し、子どもの読書活動の推進に関する施策の確立とその具体化に努めること。

3　子どもがあらゆる機会とあらゆる場所において、本と親しみ、本を楽しむことができる環境づくりのため、学校図書館、公共図書館等の整備充実に努めること。

4　学校図書館、公共図書館等が図書を購入するに当たっては、その自主性を尊重すること。

5　子どもの健やかな成長に資する書籍等については、事業者がそれぞれの自主的判断に基づき提供に努めるようにすること。

6　国及び地方公共団体が実施する子ども読書の日の趣旨にふさわしい事業への子どもの参加については、その自主性を尊重すること。

　国が「健やかな成長に資する書籍等の提供」を事業者に求めたり、「保護者にも読書活動の習慣化に積極的な役割」を親に求めたりすることに対する批判もあるが、2002年以降の子どもをとりまく読書の動きは、この推進法を軸に動いていくことになった。

### ⑤ 国による「子どもの読書活動の推進に関する基本的な計画」

推進法が成立した翌2002年8月,推進法第8条に基づく「子どもの読書活動の推進に関する基本的な計画」(以下,推進計画)が閣議決定された。計画の策定にあたっては,図書館界,出版界等からの意見を求めるとともに,計画案に対するパブリックコメントを募集し修正を行った。

推進計画の基本的方針の1点目に,「子どもが読書に親しむ機会の提供と諸条件の整備・充実」を掲げ,国は,子どもの自主的な読書活動の推進に資するため,子どもが読書に親しむ機会の提供につとめるとともに,施設,整備その他の諸条件の整備・充実につとめる,とした。2点目は,「家庭,地域,学校を通じた社会全体での取組の推進」で,家庭,地域,学校を通じた社会全体での取り組みが必要であるとして,学校,図書館などの機関,民間団体,事業者等が連携・協力し推進することを述べ,必要な体制の整備につとめるとした。3点目は,「子どもの読書活動に関する理解と関心の普及」の必要性を述べ,子どもの読書活動の意義や重要性について,国民の間に広く理解と関心を深めるために,普及・啓発を図るとした。

2008年3月,第一次の計画の取り組み・成果を受け,課題を整理する中で,第二次の推進計画を閣議決定した。主な改定点は,主要施策の数値目標化,国,地方公共団体,関係機関等の連携体制の強化などである。公共図書館関連では,情報化の推進,図書館にかかわる人材の養成として,図書館ボランティアの増加,司書に対する研修の充実を掲げている。

⑥　各地に広がる「子どもの読書活動の推進に関する基本的な計画」

　推進法第9条第1項では，都道府県は当該都道府県における子どもの読書の推進に関する施策について計画を策定するようつとめなければならないと位置づけ，第2項においては市町村においても計画策定につとめなければならないとしている。

　全都道府県では推進計画が策定されているが，市町村での策定が進んでいない。市町村で手続きを経て策定される子どもの読書推進計画は，行政計画の分野別計画と位置づけることができ，政策決定上意味をもつことは言うまでもない。

　国の推進計画が策定された直後，2002年8月31日には，日本図書館協会の主催により，「『子どもの読書活動の推進に関する法律』を考えるシンポジウム」が開催された。日本図書館協会の松岡要は，推進法は子どもの読書環境の充実を求めていることから，推進計画の策定では，子どもの読書の条件整備として，子どもたちが読書をできる場，豊かな資料，子どもに読書への誘いができる専門的職員の要素が必要であり，それがどの程度，いつまでに実現するかということが重要であると指摘する[4]。

⑦　「文字・活字文化振興法」の制定

　2003年7月，超党派の国会議員による「活字文化議員連盟」が発足した。活動内容は「国及び地方公共団体が学校図書館，公共図書館の充実に努め，国民の読書環境を整備するよう奨励する」ことなどである。2005年7月には超党派による議員立法「文字・活字文化振興法」（以下，振興法）が制定された。

振興法は，文字・活字文化の振興に関する施策の総合的な推進を図り，心豊かな国民生活および活力ある社会の実現に寄与することを目的としている。

　施策の推進にあたっての基本理念は，①すべての国民が，その自主性を尊重されつつ，生涯にわたり，地域，学校，家庭その他のさまざまな場において，等しく豊かな文字・活字文化の恵沢を享受できる環境を整備すること，②振興にあたっては，国語が日本文化の基盤であることを考慮すること，③学校教育では，教育課程の全体を通じて，読む力および書く力ならびにこれらの力を基礎とする言語に関する能力（言語力）の涵養に配慮することとしている。

　では，文字・活字の振興とはいったい何を行うのか。地方公共団体は，その振興が円滑に実施されるよう，図書館，教育機関その他の関係機関および民間団体との連携の強化その他必要な体制の整備につとめるものとし，関係機関との連携強化を位置づける。

　地域における振興としては，①必要な数の公立図書館を設置し，および適切に配置するようつとめるとし，②国および地方公共団体は，公立図書館が住民に対して適切な図書館奉仕を提供することができるよう，司書の充実等の人的体制の整備，図書館資料の充実，情報化の推進等の物的条件の整備など公立図書館の運営改善および向上のために必要な施策を講ずる。③国および地方公共団体は，大学その他の教育機関が行う図書館の開放などについて必要な施策を講じるようつとめる。④文字・活字文化の振興に資する活動を行う民間団体の支援その他の必要な施策を講じるとしている。

　2007年10月には，子どもの読書活動推進法，文字・活字

文化振興法を具現化する団体として,財団法人文字・活字文化推進機構が発足した。また,2008年6月には,衆参両院全会一致で国民読書年に関する決議が採択され,振興法の制定・施行5周年にあたる2010年が国民読書年と制定された。

### ⑧ 地方公共団体と児童図書館

ここまで,1990年代以降の子どもの読書活動にかかわる全国的な動きや推進法,推進計画,振興法などを概観してきた。

国レベルの法整備や計画づくりが進行する一方,「子どもと読書」という非常に小さなコミュニティで成立する関係を支えることができるのは,地方公共団体である。地方公共団体は「子どもと読書」にとって中心的な働きをなす公立図書館や学校図書館を設置,運営する。しかし,地方公共団体はバブル崩壊後,減量経営を強いられている。三位一体の改革,地方行財政改革,北海道夕張市にみる財政破綻など,今,疲弊する団体が増え続けている。ここからは,個々の図書館の設置母体である地方公共団体の動きについて述べる。

### 1) 市町村合併

この10年ほどの間で,地方公共団体をとりまく最も大きな動きは,地方分権と市町村合併であろう。ここでは市町村合併についてみてみたい。合併が求められる理由として総務省では,地方分権の推進,高齢化への対応,多様化する住民ニーズへの対応,生活圏の広域化への対応,効率性の向上を掲げているが[5],合併に踏み出した最も大きな理由は,地方交付税や補助金が減額されることによる財政基盤の悪化が予測されることではないだろうか。

市町村合併は明治以降,何度も繰り返されてきたが,今回

行われたのは,「市町村の合併の特例に関する法律の一部を改正する法律」(1995年3月,同法は2005年失効)に端を発した。1995年4月,地方公共団体数は3,234団体だったものが,2010年3月末1,727団体へと大きく減少した。

総務省では,市町村合併のメリットに係る事例一覧を公表しているが,図書館に対するメリットとして,「図書館の蔵書,利用者情報を一元管理するシステム整備により,インターネット活用で住民利便性向上」,「図書館情報提供システムを整備し,図書館がなかった旧町においてインターネット等で蔵書検索や貸出予約などが可能に」,「図書館の分館を設置」などを紹介している。地方公共団体の規模が合併によって大きくなれば,電算機の活用による蔵書管理の一元化などのメリットがある一方,行政面積の拡大は,児童図書館サービスのように子どもの生活圏で行われることが大切なサービスでは,なかなかメリットがみえてこないだろう。

### 2) 指定管理者制度

公立図書館でのカウンター業務の委託は,1980年代から公社,財団等への委託に始まり,1990年代に入ると,民間企業へ委託する例が現われはじめた。

現在,財政難,行財政改革の中で公共サービスの見直しが続いている。特に2003年地方自治法の改正で制度化された指定管理者制度は,地方公共団体が設置する公の施設の管理を民間事業者にも行わせることができるという制度で,今までの委託の形を大きく変えるものとなった。

指定管理者制度は,「収益性のない図書館事業はもともと市場化になじまない性質のものであり,PFI方式や指定管理者制度の導入は,メリットとは裏腹にさまざまな問題を発生

させ，図書館の社会的公共的役割を阻害するおそれが強い」ばかりか，図書館法との関係の中で，今日的状況は異様な状況であるとの指摘がある[6]。市民の要求変化，資料の変化，情報化の進展などを通して図書館サービスは変化するものである。それを委託（仕様書）という枠にはめることは，変化しない図書館を作り上げることであり，結果的に図書館の社会的役割を喪失しかねない状況を作り上げるのではないか。

ここでは市町村合併，指定管理者制度をみてきたが，これらとは別に進行しているのが，地域間格差である。地方交付税は地域間の財政格差を水平化することを目的としているが，三位一体の改革による地方交付税額の削減は地域間格差に連動する。今までの国・地方との違いだけでなく，地方の中での違いが今後，ますます顕在化する[7]。

### ⑨ 新たな独立児童図書館の増加

新たな動きとして，独立の児童図書館の増加をあげることができる。

埼玉県大里郡花園町は 2006 年 1 月 1 日，1 市 3 町の合併により，深谷市となった。旧花園町では，2004 年度林野庁「木のある生活空間づくり事業」により木造の児童図書館を開館した。現在，「花園こども情報交流図書館アクロス」として，各種講座，講演会，文学・歴史散歩なども行われている。

また，福島市では，2005 年福島駅東口に福島市子どもの夢を育む施設「こむこむ」が開館している。「こむこむ」は，楽しみながら学べる教育文化複合施設で，子どもたちに豊かな出会いを提供することを目的に建設された。1 階には，福島市立図書館の分館として「子どもライブラリー」という名

称で児童図書館が設置されている。金沢市，前橋市，柏市などの地方公共団体においても，独立の児童図書館が設置，運営されている。

## 注
1) 日本図書館協会図書館ハンドブック編集委員会編著『図書館ハンドブック』第6版，日本図書館協会，2005，p.4-5
2) 児童図書館研究会編『日本の児童図書館 1957：その貧しさの現状』日本図書館協会，1958，46p
3) 児童図書館研究会編『年報こどもの図書館』1981年版，日本図書館協会，1981，p.142-340
4) 松岡要「『法』と『計画』を活かすために：日本図書館協会の見解を踏まえて」『「子どもの読書活動の推進に関する法律」を考えるシンポジウム記録』日本図書館協会編，日本図書館協会，2002
5) 総務省「今なぜ市町村合併？」
http://www.soumu.go.jp/gapei/gapei102.html（引用日：2007.7.21）
6) 山口源治郎「公立図書館の法的環境の変化と図書館の未来」『図書館雑誌』Vol.99, No.4, 2005, p.225
7)「(3) 子どもの読書活動，児童図書館にかかわる社会状況」の項では，次の文献を参考。
・島弘「子どもたちの現在：児童図書館を考えるために」『年報こどもの図書館』2002年版，日本図書館協会，2003，p.8-19
・島弘「児童図書館サービスの現状と展望：『連携・協力』の推進」『年報こどもの図書館』2007年版，日本図書館協会，2008，p.150-159

（島　弘）

# 4章 子ども

　一般的に「子ども」といえば，成人に達する前のヒトを意味するとしてよいであろう。では，成人とは何歳からで，何歳までが子どもといえるのかという疑問になるのだが，これはさまざまである。アリエスが指摘したように，ヨーロッパにおいて「子ども」という概念は歴史的なものであって，時代によって意味するところは違っていた[1]。日本においても事情は同じである[2), 3)]。あるいは，世界の中には，いまだに子どもを単なる安価な労働力としてしかとらえていない地域もある。つまり，子ども自身が生きている社会との関係で，「子ども」という存在が規定されてきたのである。

　今，児童図書館サービスを展開するときに必要なことは，自らの「子ども」観を確認し，どのような児童図書館サービスを行おうとしているのかをしっかりと意識することである。また，仮に児童図書館サービスの取り組み方の違いがあった場合には，その根底に「子ども」観の違いがないかを確認した上で，子どもたちにとっての最善の利益とは何かということを真摯に考察し，サービスに取り組む必要がある。

　ただし，社会がどうあれ，一般的に「子ども」特有なものは存在する。子どもの大きな特徴は変化，成長の可能性が大人よりも大きいということにある。人の変化，成長は一人一人違っていて，非常にゆっくりとした変化をする人もいるが，

子どもは一般的に大きく変化する可能性をもっている。また，子どもは社会的な能力および身体的な能力において，大人よりも劣っていることが多い。この点において配慮を要する。しかし，子どもは大人のミニチュアではなく，大人とは違った独自の人格として，その存在を保障されなければならない。

## 4.1 子どもを知る

### (1) 子どもをとりまく地域を知る

　子どもたちは地域社会に生きている。子どもたちはそれぞれ，家族を単位として暮らし，家族が存在する地域社会の中で生きている。したがって，地域社会のことを知ることが子どもたちを知る第一歩となる。

　まず，児童図書館サービスの担当者は配属された図書館が担当する地域を歩いて観察してみることが大切である。どのような人が暮らしているのか，どのような道があり，どのような建物があるのか。どのような施設があり，どのような自然があるのか。都会であればどのような商店があるのか，農村地帯であれば何を作っている地域なのかなど，子どもたちを育てている人たちがどのように暮らしを支えているのか，その地域の経済を支えている主要な産業は何なのか，想像しながら歩いてもらいたい。そして，それぞれの家族の生活に思いをはせることである。例えば，現代の日本では，夫婦共働き家庭やひとり親だけの家庭が増えている[4),5)]。その結果，子育ての悩みを相談する時間がとれずに，ブックスタートのときなどに相談を受けることがよくある。家庭の中での子どもたちの姿を思い描いてもらいたい。

あるいは，子どもたちの遊ぶ場所はどこにあるのか。外遊びのできる空き地や公園はないのか，野球やサッカーのできるグラウンドはないのか，ゲームセンターなどの娯楽施設はあるのか，町の書店はどういうところにあり，どんな本をおいているのかなどということにも注意を払っておきたい。

　そして，子どもたちが一日の大半を過ごす保育所，幼稚園，小学校，中学校などがどこにあり，どれくらいの規模なのか，どのような方針で運営されているのかということも，おさえておきたい。

　子どもたちが放課後を過ごす児童館や学童クラブのような施設，さらに病気の子どもたちが暮らしている病院などは，どのようなところがあるかを知ることもまた大切である。それらの施設で，子どもたちの読書環境がどうなっているか，確認しなければならない。特に，小・中学校の図書館にどの程度資料がおいてあるのか，司書教諭や学校司書の配置状況など，個別に訪問して実情を把握しておく必要がある。また，子ども文庫はどれくらいあり，どのように運営されているのか，実際に訪ねてみながら確認できるとよい。中には，学習塾に簡単な文庫が設けられている例もある。子どもの生活を考えながら，想像力をたくましくして地域を訪ねてほしい。

　特に，子どもたちに読書をすすめるための読み聞かせなどの活動をしている人々が，地域にどれくらいいるのかということは知っておかなければならない。直接的に，子どもの読書活動推進にかかわらなくても，待合室に児童書をおいている病院など，少なからず子どもの読書に関心をもっている人々がいる。子どもの読書活動を推進する母体になるような地域の人々とのつながりをつくることもまた，児童図書館員

の務めである。

## (2) 子どもについて知る

　児童図書館サービスを実施していく上で大切なことは，今の社会に生きている子どもたちの現実を知ることである。図書館員は子どもたちがよりよい方向に成長するよう本を提供するのが務めだが，子どもたちにそれを受け入れる土壌がなければ何の役にも立たない。この意味で，子どもたちの現実を知ることはきわめて重要である。

　子どもたちは一人一人，生まれも育ちも違っている。障害をもっている子どももいるし，そうとは見えない普通の子どもでもさまざまな生きにくさを抱えているのが現代の子どもたちである。児童図書館員は，図書館にやってくる子ども一人一人の現実をそのまま引き受けることはできないかもしれない。しかし，同じ時代を生きているという共通性を手がかりにしながら，子どもたちを支える本を手渡すことができる可能性をもっている。例えば，不登校の子どもが図書館の児童室にやってくるということはよくあることである。児童図書館員はその子が学校へ行かないということを否定はしない。その子の気持ちに寄り添いながら，事実を受け入れるところから始めるのである。受け入れることが相手との共感をよび，理解を可能にする。この意味で，子どもたちの現実を知る努力を怠ってはならない。

　また，本は子どものための文化の一つであるが，子どもたちの中に現実に広がっている文化はテレビなどのマスメディアをはじめとして，マンガ，ゲーム，ファッションなど，あるいはわらべうた，伝承的な遊びまで，多様な側面をもって

いる。児童図書館員はそれぞれの文化の実態に関心をもち，その中に子どもの心理を理解する手がかりを得ることが大切である。例えば，子どものファッションは，どのような子どもに育ってほしいのかという，親の願望を表していることが多い。子ども自身が親の期待をどのように受け入れているか，彼らの気持ちに思いをいたしながら，本を手渡していきたい。

最近の子どもたちをめぐる事件は，現代の社会が本当に子どもを豊かに育てようとしている社会なのかを問いかけている。子どもの遊びが外遊びから内遊びに変化し，自然と直接ふれあう機会が減り，子ども一人一人が孤立化している。三沢直子は，描画テストの結果から子どもの心性が攻撃的になってきており，子どもたちの心の成長が9歳で止まっていると指摘している[6]。

ただ，注意しなくてはならないのは，このような子どもたちの変化は大人の現実の反映であることが多い。子どもの文化も，大人が消費者としての子どもを対象にした戦略の結果生まれてきた側面が強い[7]。子ども自身がもっている豊かな可能性を信頼して，それを花開かせることを児童図書館サービスはめざさなければならない。

注
1) アリエス，フィリップ『〈子供〉の誕生』杉山光信［ほか］訳，みすず書房，1980，395p
2) 河原和枝著『子ども観の近代』中央公論社，1998，220p
3) 小山静子著『子どもたちの近代』吉川弘文館，2002，183p
4) 2008年6月に厚生労働省が発表した『平成19年度　母子家庭の母の就業支援施策の実施状況』によれば，母子世帯数は2000年の625,904世帯から2005年には749,048世帯と，19.7％増加し

ている。また，このようなひとり親家庭における貧困の対策は日本では遅れていて，それが学力差につながっている可能性もある。
5) 山野良一著『子どもの最貧国・日本』光文社, 2008, p39（光文社新書）を参照。
6) 三沢直子著『子どもたちはなぜ，9歳で成長が止まるのか』実業之日本社, 2004, p.55, 73
7) ショア, ジュリエット・B. 著『子どもを狙え！』中谷和男訳, アスペクト, 2005, 309p

(坂部　豪)

## 4.2 子どもと読書

### (1) 子どもをとりまくメディア環境

　現代の社会はマスメディアによって情報が流され，その影響のもとに大量の消費が行われる社会となっている。大人だけでなく，子どもたちもまたマスメディアの影響下にある。それが経験の少ない乳児であれば，より大きな影響を及ぼす可能性がある。特に子育ての過程で，乳児が集中して見ている，興味をもって見ているという理由から，テレビの前に座らせてばかりいて親子の交流が不足すると，かえって言葉の発達に遅れが生じるのではないかという指摘がある[1]。テレビの視聴は送り手側からの大量のメッセージを受け取るだけで，双方向のコミュニケーションになっていないという問題をはらんでいる。

　厚生労働省が2001年に開始した「21世紀出生児縦断調査」の第3回の結果によれば，2001年に生まれて2歳6か月になった乳児のふだんの遊びで最も多いのはテレビであった。テレビを見る時間数は2時間未満が45.7％だが，4時間以上見

る子も9.6％とかなりの割合で存在する。ちなみに，絵本の読み聞かせは男子で5位，女子で4位であった[2]。また，文部科学省の委託でNPO子どもとメディアが行った「子どものメディア接触と心身の発達に関わる調査・研究」（2004年度）によると，平日6時間以上メディア（テレビ，ビデオ，テレビゲーム，携帯用ゲームなど）接触をしている子どもが小学生で26％，中学生で24.2％にもなるという。なお，この調査で「生命が失われた後でも生き返ることがあると思いますか」という問いに，「はい」，「どちらかというとはい」と答えた子どもが小学生で41.4％，中学生で38.8％も存在していたという[3]。メディアの長時間接触との相関関係があると明らかになっているわけではないが，子どもたちが，さまざまな生の体験に触れていないのではないかと，思わせる結果である。

　日本小児科医会では，子どものテレビやビデオ，テレビゲームなどへの早期接触や長時間接触が「親子が顔をあわせ一緒に遊ぶ時間を奪い，言葉や心の発達を妨げ」るとして，5つの提言をしている。①2歳までのテレビ視聴は控える，②授乳中，食事中のテレビ視聴は止める，③テレビ等のメディアへの総接触時間は1日2時間まで。テレビゲームは1日30分まで，④子ども部屋にはテレビ，ビデオ，パーソナルコンピュータを置かない，⑤保護者と子どもでメディア利用のルール作りを，という5つである[4]。ただし，この提言に対して，日本小児神経学会はメディアの影響はまだ科学的に証明されたわけではないと指摘している[5]。

　ここで議論になっているテレビ，ビデオ，テレビゲーム，携帯用ゲームなどのメディアは，いずれも機器によって情報が伝達される媒体であり，①言葉によって情報が伝達される

のではなく，直接的に感覚に訴える，特に視覚によって伝達される情報量が多い，②媒体そのものは器でしかなく，作品はコンテンツ（いいかえればソフト）として供給され，コンテンツはさまざまな手法を駆使して，アトラクティブに（刺激的に）作成されている，③メディアを受容している受け手のコミュニケーションが機器を通してのみの関係になり，生のコミュニケーションにならない，④メディアとの接触が長時間化する傾向が強く，現実生活での自然や人との接触が希薄になりやすい，という特徴を抱えている。

　人と人とのコミュニケーションは本来息遣いの聞こえる，言葉はもちろんだが，それだけでない生々しいものである。生々しいがゆえのトラブルもあるにはあるが，それを補う暖かい感情の交流が可能なのだ。共感することによって人はわかりあえる，理解しあえるのである。図書館サービスの根底には，この人と人とが理解しあえる可能性に期待する精神がなければならない。

　テレビなどに代表される新しいメディアは，このような人と人とのコミュニケーションを希薄にする可能性がある。無論，それらのメディアは現代の社会生活にしっかりと根づいているのだから，無視することはできない。そこで，児童図書館員は子どもたちのメディア環境にも注意を払い，どのようにさまざまなメディアとうまく接していくのか，その方法を探る必要があるだろう。

## (2) 子どもにとっての読書

　読書は現代のメディア環境の中で一般的にどのような意味をもっているのであろうか。大人と子どもを対比しながら考

えておきたい。

　まず、情報収集としての読書があげられる。本は過去からの情報が最も蓄積された情報源であり、適切に探せばさまざまな情報にたどりつくことができる。大人にとっては、図書館を使う最も大きな意義がそこにある。例えば、旅行に出かけようというとき、大人は旅行ガイドだけでなく、その土地の歴史や民俗などさまざまな観点から資料にアプローチし、旅行する土地を深く理解することができる。また、各種の旅行ガイドを比較して、適切な情報を取捨選択することができる。つまり、多様な情報の比較検討を読書が可能にするのである。

　子どもたちにとっても情報としての読書が必要な場合がある。例えば、子どもたちが友だちと近くの遊園地に行きたいというときに、その遊園地の入園料や食事の場所、交通手段、時刻表などを聞いてくることがある。あるいは、将来の職業を選ぶのに、それぞれの職業についての情報を知りたいという読書もあるだろう。また、折り紙やあやとりのしかたを確認したいという読書もある。もちろん、修学旅行で出かける地域について調べるということもある。この点ではインターネットなどによる情報収集も有効な手段ではある。

　いずれにしても、子どもたちが知りたい情報を的確に把握して、子どもたちが自ら情報源としての資料から該当の個所を見つけ出せるよう手助けすることが、図書館員に求められる。そのときに、資料によってどのような違いがあるのか注意を喚起することが大切である。

　次に、楽しみとしての読書があげられる。読書は音楽や絵画と同じように、人の心をくつろがせる力をもっている。そ

の楽しみを求めての読書である。読む本は人それぞれさまざまである。ユーモアにあふれたエッセイであったり，推理小説であったりするが，大人の場合には小説の愛好者に楽しみとしての読書をする人が多く見られる。例えば，同じ作家をしらみつぶしに徹底して読んでいったり，一つのジャンルばかりを読んだりする読者である。これは，自らの嗜好が確立してから始まる読書だが，子どもの場合にも好きな作家がいたり，恐竜の本が大好きであったり，電車の本ばかりという子どもが存在する。だからといって，電車の本しか読まないと心配するほどではない。それぞれの年齢や生活に応じた好みが存在するのであって，年を経るにつれて好みも変わってくるものである。

　では，子どもにとって楽しみとしての読書はどのような意味をもっているのであろうか。子どもといっても，乳児から児童まで幅のある年齢層では，それぞれの発達段階で異なる意味をもっているが，一つだけ大きな点をあげるとすれば物語を読むことの意味である。人は自分の心の中に秘められた感情に突き動かされて訳もわからずに行動することがある。しかし，我を忘れるような感情の発露は思慮が浅く，よい結果をもたらさないことが多い。人は成長するにつれて，感情にとらわれずに，自分を見失わないで行動することを学ばなければならない。子どもにとって，物語を読むことは，物語の世界を追体験することによって，自分の中に秘められた強い感情の存在に気づき，それを見つめることのできる機会を与えてくれる。自分自身の中に，無意識のうちに，怒りだとか，悲しみだとか，恐れといった感情が存在していることに気づかせてくれるのが物語の読書である。さまざまな感情に

名前を与えることにより，その感情を自分のものとすることが，感情にとらわれない第一歩となるのである。

### (3) 読書の喜び

現代は過剰なまでに情報があふれている時代である。道を歩いているだけでも，さまざまなコマーシャルが間断なく商品を買えと訴えかけてくる。本もまた情報という点では同じである。ただし，本は情報の受け手がいつでも投げ出すことができる，つまり，情報の受け入れを受け手自らが取捨選択できるメディアなのである。その点が決定的に違うし，逆に弱点にもなる。さまざまなコマーシャルの多くは受け入れを拒否したいと思っても，思わず受け入れてしまう力をもつように送り手が工夫をこらしている。

したがって，それらの情報と対抗して本が受け入れられるようにするには，①強烈な刺激を作り出す，②強制的に受け入れさせる，③適切な動機づけをする，④読書する喜びを体験させる，などの方法が考えられる。①は子どもの本でいえばテレビの番組などに基づいた本がそれにあたるだろう。しかし，人はたとえどんなに強烈な刺激でも慣れてしまえば，それに麻痺しておもしろくなくなり，より強烈な刺激を求めるものである。②は一時的には効果があっても，結局は身につかない。③と④が残る道である。

ここでは読書する喜びについて触れておきたい。読書は先に述べたように，楽しみとしての読書である場合が多いが，その楽しみ方は人によって違っている。甘いケーキを食べるのと，おいしい料理を食べるのとでは，楽しみの種類が違うように，読書の楽しみにも2種類あるのではないだろうか。

ハーレクインの恋愛小説のように，ストーリーの結末に悩む必要のない小説も一つの楽しみとしては悪くはない。しかし，人が生きていく上で，悩み，苦しみ，考えることを促すような本を読むことは，深い喜びにつながるのである。例えば，ファンタジーの傑作『指輪物語』などは，多少むずかしくても読み通せば，深い喜びを与えてくれる。それは読者の世界観や人生観を，物語の世界を通して変革する契機をもっているからだ。つまり，優れた物語は，それを読むことによって自らが現在おかれている立場に新たな光，新たなパースペクティブ（視点）を与えてくれる。それが深い喜びをもたらすのである。

たしかに，人は食べ物を食べなければ生きていけないが，本は読まなくても生きていける。しかし，読書の深い喜びを知った人は，読書なしには生きていけないのである。そんな読書の喜びを子どもたちに伝えることをめざしたい。

## (4) 子どもの発達段階と読書

人が成長するにあたって，言葉の獲得は非常に大きな課題である。なぜなら，言葉は人が最も人たる所以であり，物を考えるときの素材，手段になるのが言葉であるからである。

人の言葉はまずコミュニケーションの手段である。生まれて間もない乳児は言葉をもたないが，自らの生存への意思表示の手段として，母親などの養育者に自分の望みを伝えるために，言葉を獲得するのである。もちろん，言葉を発する以前に乳児はさまざまな手段でコミュニケーションをとろうとしている。例えば，笑いもそうである。養育者からの働きかけに応じて笑うという行為は，積極的なコミュニケーション

であり，大人は赤ちゃんの笑いに喜びを見出して，いっそうの働きかけをするのである。

このようなコミュニケーションへの意思はまず他人を意識するところから始まるのだが，乳児の場合でもすでに新生児の段階から始まっている。口唇探索（Rooting）といって，新生児が頬や口元に触れられたときに，触れられた方を向いたり，口を開けたりする反応があるが，たまたま自分の手が触れた場合と，他人が触れた場合とでは，明らかに反応に差があって，他人が触れたときの方がよく反応する[6]。つまり，人間はコミュニケーションなしには生きていけない動物であり，そのコミュニケーションを可能にするのが言葉である。

他人とのかかわりを前提に言葉が生まれるのだが，言葉はまず音として子どもに意識されるのである。子どもはすでに母親の胎内にいるときから，外界の音が聞こえている[7]。生後間もない段階では，聴覚と触覚が主要な感覚であり，視覚はまだ十分には発達していない[8]。したがって，乳児の読書はまず耳から入る読書となる。つまり，わらべうたとか，絵本でも言葉の繰り返しの多い絵本が好まれる。肝心なことは絵本を通して，養育者と乳児との精神的な交流，コミュニケーションがなされることである。ブックスタートなどで，乳児に絵本をすすめる場合，4か月児ぐらいでプレゼントするケースがあるが，発達段階からすると，まだ視覚は十分には発達しきっていないということを注意しなくてはならない。

言葉の発達は聞くだけでなく，話すことによってさらに深まる。生後10か月ぐらいからの1語文の時期には養育者への明確なコミュニケーションが始まる。2歳前後から2語文の時期が始まり，3歳ごろには大人との会話も十分に可能に

なってくる。この時期に言葉がしっかりとできあがることによって，子どもたちは他人とのコミュニケーションを確かなものとすることができ，しっかりと物を考える力を手に入れる。特に，記憶が確かなものとなってくることは大きい。記憶は言葉によって脳の中に記録される。視覚の情報をそのまま記憶する人もいるが，視覚の情報量は非常に大きいために，一般的には言葉による記憶の方が物を考えるには効率的である。もう一つ大きいのは，言葉によって自分がどうしたいのかということを明確に伝えることができるようになることである。それが自我の目覚めである。

　この発達の過程で重要なことは，言葉の基礎になる数多くの体験を重ねることである。「イヌ」という言葉一つでも，その背景には多種多様なイヌの存在があって，それらのさまざまなイヌのイメージの代表として「イヌ」という言葉が使われるのである。言葉の土台となるイメージが豊かなことが必要である。したがって，実際に経験したことを想起させるような読書体験，再認絵本と呼ばれるリアルな絵による絵本体験は言葉の発達にも寄与するものと考えられる。

　3歳から5歳までの学齢前の子どもたちは，一番子どもらしいエネルギーに満ちた子どもたちではないだろうか。この時期から絵本やさまざまなお話が本当におもしろいと感じられるようになる。例えば，空想と知りつつ，お話の世界を素材に遊ぶことができる。日常生活の中に，お話の中の言葉やフレーズ，あるいは設定を取り入れて遊んだりすることができる。テレビの子ども向けアクションドラマを見て，身振りを真似して楽しむのも，この時期である。

　お話を楽しむという意味では，「行きて帰りし物語」を楽

しむことができるようになる[9]。「行きて帰りし物語」は子どもの物語の最も基本的なパターンである。主人公が旅に出て，さまざまな冒険を経験して故郷に帰ってくるというものであるが，身体的にも成長して行動する生活圏が徐々に広がっていく子どもたちにとっては，魅力的な話なのである。

　小学校へ入学すると，生活圏が飛躍的に広がり，子どもの成長は著しい。次々と新しいことを覚え，今まで知らなかった大勢の人たちと出会う。何もかもが新鮮な驚きに満ちた体験だ。それまでの家族を中心とした生活から，学校が大きな位置を占める生活へと変わっていく。

　小学校の6年間は本当に変化の著しい6年間である。小学校の低学年1，2年はまだ幼児期の特性が残っているが，高学年の5，6年になると，もう思春期の入口に立っている。個人差はあるが，5，6年生の興味や嗜好は大人の社会へ向かっている。人は大人になれば，誰も自分なりの人生を生きていかなければならない。つまり，この世の中で自分が生きていくことができる居場所を見つけることが必要なのである。

　小学校低学年という時期も実は学校社会へのデビューという意味では，大人の社会へと出ていくのと同じような課題を抱えている時期である。大勢の人とかかわり，互いの利益を調整することを学び，自分の生き方のモデルを，例えば兄弟のように身近なところに見つける時期なのである。

　また，小学生の時期は自分の所属すべき集団を見つけることが特に重要である。自分自身が何者なのかを知り，その一員としての自分を見つけ出すことが大事なのである[10]。もっとも，この課題は，その後一生続く課題であるのだが。それは一般的には友達，仲間を見つけるという形で現れる。ただ

し，最近の日本の社会では，特に学校のクラスなどの小さな社会ではみんなと同じであることが集団として求められる傾向が強いために，友達という人間関係が逆にストレスになる場合もある。そのようなときには，他人とは違ってもよいのだということ，自己を大切にする力を子どもたちは学ぶ必要がある[11]。

### (5) 子どもの図書館利用の実態（二極化，低年齢化）

OECD（経済協力開発機構）の41の国または地域で2003年に実施されたPISA（学習到達度調査）の結果，日本の高校1年生15歳の読解力の成績が2000年の8位から平均値の14位に下がったことが，2004年12月に報じられ，教育関係者にショックを与えた。この結果で注目すべきなのは，日本は下位の成績の割合が平均よりわずかではあるが多いということである[12]。これは学力の二極化の表れではないかと推測される[13]。図書館の利用でも，読む子は読んでいるが，読まない子どもたちは図書館にも来ないという二極化が進んでいるのではないかと考えられる。このことは，読書だけにとどまる問題ではないと考えられる。文化的な享受能力というか，さまざまな文化的教養を豊かに受け取ることのできる能力の面でも二極化が進んでいるという指摘がある[14]。

また，一方で図書館のお話会に，乳児が参加する傾向が強くなって，乳児向けのお話会が開催されるようになってきている。これまでも，幼児がお話会に参加する場合は，一人でお話が聞ける年齢からといって受け入れることが多かった。乳児の図書館利用は大いに歓迎されるところであるが，お話会ということになると，他の年齢の子どもたちと一緒にする

ことはできない。「あらためて，乳幼児のためのお話会——正確には絵本の読み聞かせの会であるが——を企画する必要が出てきたものである。乳幼児期にコミュニケーションに基づいた言葉の体験をたっぷりと積むことは子どもの言葉の発達に欠かせないが，それは絵本やお話，あるいはわらべうたなど，さまざまなバリエーションが存在する。図書館においても，図書館利用の広がりに応じて，子育てを広く支えるという観点からも，わらべうたの会などの図書館活動の充実につとめていかなければならない。

## 注

1) コモ編集部編『ドキッ!?　テレビに子育てをまかせていませんか？』主婦の友社，2004，158p
2) 『第3回21世紀出生児縦断調査（平成15年度）』厚生統計協会，2005，478p
3) 「『子どもとメディアに関する実態調査』結果概要から」NPO子どもとメディアホームページより
 http://www16.ocn.ne.jp/~k-media/2004monkasyo.html（引用日：2008.12.15）
4) 「『子どもとメディア』の問題に対する提言」日本小児科医会，2004.1.26　前掲1) などに収録されている
5) 「提言：『子どもに及ぼすメディアの影響』について」日本小児神経学会，2004.7.16　日本小児神経学会ホームページより
 http://child-neuro-jp.org/visitor/iken2/5.html（引用日：2008.12.15）
 日本小児神経学会が「今後，平成16年度から始まった独立行政法人科学技術振興機構が行う子どもの長期研究『日本の子どもの認知・行動発達に影響を与える要因の解明』などによって科学的な成果が得られることを期待する」とした研究は平成20年度に終了し，その報告書が2009年3月に出されている（『日本の子どもの認知・行動発達に影響を与える要因の解明　研究成果報告書』

独立行政法人科学技術振興機構社会技術研究開発センター)。この中で,「乳幼児コホート研究の質問票データの解析から:子どもの認知・行動の発達に寄与する諸要因の分析」という研究で,テレビの平均視聴時間について取り上げている。ここでは,18か月児,つまり1歳6か月の子どもと,30か月児つまり2歳6か月の子どもの問題行動にテレビの視聴時間は影響を与えるかという問題が取り上げられている。結論は,18か月児のテレビの視聴時間は多動・注意欠陥問題と,向社会性に優位な関連を示したが,30か月児では,多動・注意欠陥問題とのみ関連があるという結果であった。特に,18か月の子どもで4時間以上の子どもは3時間未満の子どもと比べて多動問題得点が優位に高く,向社会得点が低い結果であったという。

6) 板倉昭二著『「私」はいつ生まれるか』筑摩書房,2006,p.34-36(ちくま新書)

7) 渡辺茂男著『心に緑の種をまく』新潮社,1997,p.10-13

8) 山口真美著『赤ちゃんは世界をどう見ているのか』平凡社,2006,p.18-19(平凡社新書)

9) 瀬田貞二著『幼い子の文学』中央公論社,1980,p.4-32

10) 小学生の時期でも,10歳のころの重要性が注目されている。「特集 10歳のころ:世界がひらかれるとき」『臨床心理学』Vol.6,No.4,2006,p.448-452などを参照

11) 菅野仁著『友だち幻想』筑摩書房,2008,p.11(ちくまプリマー新書)

12) 国立教育政策研究所編『生きるための知識と技能 2』ぎょうせい,2004,p.151-154

13) 福田誠治は『競争やめたら学力世界一』(朝日新聞社,2006,p.31(朝日選書))で,日本は低学力の層が増える傾向にあると指摘している。

14) 内田樹,名越康文著『14歳の子を持つ親たちへ』新潮社,2005,p.78-81(新潮新書)

(坂部　豪)

# 5章 児童図書館サービスの実際

　実際の児童サービスを行うには,図書館それぞれのおかれている状況や地域の特性,さまざまな制約等を考慮する必要がある。都会のビジネス街にある図書館と郊外のベッドタウンにある図書館,地方の中小都市にある図書館や島嶼部の図書館などによって,それぞれの児童サービスの実際は違ったものとなる。また,予算や規模,ロケーション,組織構成,運営主体の違いによっても,実際のサービスは異なってくる。

　したがって,各図書館の児童サービスは,その図書館の目的,ニーズ,利用実態等を踏まえて実施されるものである。言葉を換えれば,各図書館が理想の形を求めて実際のサービスを行うことになる。子どもの読書の権利を保障し,資料を最も効果的に提供するためには,さまざまなアプローチのしかたがあるので,それをどう実際に行うかは,児童図書館員の肩にかかっている。

　最善の児童サービスを行っていくためには,子どもを知り,本を知り,地域を知っていることのみならず,与えられた条件をきちんと分析,把握し,その中で一番有効なサービスを組織することが必要である。また,サービスを行う上では,周りに理解を求め,個人ではなく組織（チーム）としてサービスをしていくという視点が欠かせない。ただし,与えられた条件の中だけでは十分な児童サービスができないよう

なら，その問題を解決できるよう努力し続けることが肝要である。

## 5.1 利用登録

### (1) 利用登録の意義

　幼いときに優れた本に触れた経験は，子どもの一生の宝物になる。本の中で遊び，想像し，心の羽を伸ばすだけでなく，まわりの世界や世の中のしくみを理解する上でも，本のもつ力は非常に大きなものがある。

　子どもは自分の読みたい本を自分自身でたくさん買えるわけではないので，読書の機会を保障することはとても大事である。子どもの登録資格に年齢制限を設けると，子どもから読書の機会を奪ってしまうことになる。幼い子どもの本に対する需要は非常に高いので，貸出冊数に制限のある図書館では，親が1枚の自分のカードで，自分の本を全然借りられなくなったり，あるいは親が自分の好きな本を借りて，子どもが読みたい本をちっとも借りてくれないということもある。こうした状況を防ぎ，子どもに読書の権利を保障し本に触れる機会を確保するためには，0歳から登録ができなければならない。赤ちゃんからお年寄りまでという図書館の理念を体現するという意味からも重要であり，理解されやすい。

### (2) 登録は契約である

　一方で，登録とは利用者と図書館との間で行われる一種の契約行為である。利用者は図書館の規則を理解し遵守する代わりにサービスを受けることができるようになり，図書館は

5章　児童図書館サービスの実際………89

利用者のプライバシーを守ると同時に各種のサービスを行う義務を負うことなる。こうした契約行為を相互のきちんとした了解の下に結ぶためには，子どもが自分一人で図書館に来ることができ，なおかつ契約内容を理解できる年齢に達していることが本来は必要である。個人差はあるが，少なくとも6歳以上，現実的には小学校就学後というのが妥当と思える。

　0歳からの登録をしている図書館では，こうした契約行為が曖昧になってしまう。子どもにしてみれば一人の人格としてきちんと図書館に向き合うことなく，いつの間にか利用カードを手にしてしまうので，図書館の規則や利用法について知識が不十分なことも多い。

　そこで，こうした子どもたちに対しての組織的なガイダンスが求められる。図書館と一人一人の子どもとの契約関係を再確認する作業である。効果的なのは，小学校に入学した全1年生を対象に，クラスがある程度落ち着いてくる6月以降に学校に出向いていって，図書館の説明と利用案内を行うことである。図書館をまだ利用したことのない子どもたちへのPRにもなる。説明に来た図書館員は子どもたちにとって「未知の大人」ではなくなるので，子どもたちが初めて図書館に出かけたときに尻込みせずにすむ。

### (3) 登録資格

　子どもの登録資格については，自治体の地域による制限というもう一つの問題がある。まだ多くの自治体で，登録資格を在住・在学に限っているが，この制限はできるだけ早く撤廃したい。たしかに，自治体の図書館が税金で運営されている以上，その税金を払っている人に対してサービスを提供す

るのは自明のことである。けれども，子どもは自分の住む自治体を自分では選べない。行政区域が複雑に割り込んでいる地域や，区域の端に住んでいるような場合は，身近にある図書館が他の自治体の図書館だけということもよくある。

　近くに図書館があり自分の読みたい本もあるのに，貸出をしてもらえず悲しい思いをする子どもたちを放置する図書館は，本当に子どもの心を大事にする図書館とは言いがたい。

　すべての子どもに読書の機会を提供するという，「子どもの読書活動の推進に関する法律」の精神からも，読書環境を奪われている子どもが目の前にいるのなら，その現実の解消に努力するのは児童図書館員としての責務である。まずは隣接する自治体同士で協定を結び，共通貸出，広域利用など，お互いに開放するしくみを追究することから始めたい。

## (4) 登録・貸出カウンターでの心得

　さて，不運にも大きくなるまで利用カードをもつ機会を得られなかった子どもたちが図書館から資料を借りる場合，まずカウンターにいる「未知の大人」に向かって登録の意思表示をし，住所や名前を書いて利用カードを手に入れなければならない。子どもにとっては大きな関門である。親が一緒に来館しているなら，字が書けない乳幼児と同じように代わりに書いてもらうということもできるし，友達や兄弟と一緒なら勇気づけられもする。しかし，子どもが一人で来た場合，カウンターの図書館員に声をかけられなかったり，住所などを言えなかったりしてつまずくことも多い。

　子どもに声をかけてもらえる図書館員になるには，常日頃から笑顔を心がけるとよいが，それ以前にいくつか注意し

ければいけないことがある。一つは，カウンターに仕事を持ち込むと，子どもへの注意がおろそかになりやすいということである。子どもへのサービスをきちんとしたいと思えば思うほど業務量が増え，カウンター業務の間にもこなさなければならないといった現実があるとしても，仕事に没頭するあまり，目の前の子どもに気づかないようでは元も子もない。カウンターでの仕事は子どもたちに影響を与えない範囲内でするようにしたい。

　実際，カウンターにいる職員が忙しそうにしていたり，他所を向いていたりすると，なかなか子どもたちは声をかけてこない。カウンターで本を読みふけっていたり，おしゃべりをしていたりするのは論外であるが，仕事上やむを得ずそのような光景に見られてしまう場合もある。自分がどう見られているかを常に意識し，片手間にサービスをやっているような印象を子どもたちにもたれないようにしたい。

　次に注意する点は，子どもたちにはできるだけ声をかける，ということである。貸出，返却の際はもちろん，カウンターの近くに寄ってきた子どもたちには必ず声をかけるようにしたい。声をかけられたことがきっかけで，子どもたちからの発信が始まることも多い。また，不必要に子どもに迎合しないこと。子どもを大人と同じ権利をもつ存在として扱うことも重要である。

### (5) 登録時の対応

　子どもの登録に関しては，仮登録と本登録という二段構えの考え方が必要である。住所などがわからない場合，学校やクラスがわかるならそれで仮登録をして貸し出すようにした

い。貸し出した本と一緒に登録申請の用紙のコピーを渡し，後日回収して本登録する。その用紙に保護者への図書館案内があればなおよい。登録ができないからといって追い帰してしまい，図書館利用のきっかけを摘み取るようなことはするべきではない。

　登録は図書館とのかかわりの第一歩である。図書館での規則，貸出期間，冊数，開館時間やブックポスト，リクエスト，資料の配置や探し方，コンピューターの使い方など子どもに伝えたいことは多岐にわたる。が，一度に聞いても子どもは覚えきれない。登録時の利用案内は，わかりやすいパンフレットや「としょかんカレンダー」などを使って簡潔にし，むしろ，図書館としての姿勢，子どもの登録をとても喜んでいることや今後の利用に期待していること，いつでも手助けをすること，本はみんなのものであるといったことを伝えることが一番大事である。笑顔で行いたい。

（永野浩二）

## 5.2 排架とフロアワーク

### (1) フロアワーク
#### ① フロアでの仕事は図書館で一番重要な業務

　図書館で働くからには，自分の仕事場はフロアにあるとまず位置づけたい。なぜならば，フロアでのさまざまな仕事は図書館で一番重要な業務の要素をもつからである。

　図書館の本質的な業務は，利用者にとって最も有効なコレクションを作り上げ，維持し，その質をさらに高めていくことを土台に，実際にそのコレクションと利用者を結びつけて

いくことである。それゆえ、コレクションと利用者とが直接出会う現場であるフロアこそ、図書館員がいなければいけない場所であるはずである。

しかし、実際にはカウンターに出ている時間以外は内部の仕事をし、フロアに出るのは排架や書架整理の短い時間だけという図書館が多い。内部の仕事に追われる側面もあるが、フロアでの業務の本質を組織としてきちんと理解できていないと、なかなかフロアに職員がいるような体制はとりにくい。

そこで、"フロアでのさまざまな仕事は図書館で一番重要な業務"の一つであることを、館長を含めて職員全員で話し合い、確認しておくことが必要である。

図書館の業務は選定・検品などの内部作業やカウンターでの登録・貸出・返却、排架・書架整理、リクエスト、レファレンスなど個々に細分化されて、それらがあたかも図書館のすべてであるかのようなとらえ方をされがちであるが、これらはみなコレクションと利用者を結びつけるために派生した個々の業務である。書架がとんでもなく乱れていたり、入りきらない本がぎゅうぎゅうに押し込まれている棚があったり、魅力のない本が買い換えられることもなく平然と並んでいたりするフロアを放置したまま内部作業をしているとしたら、図書館として本末転倒である。

利用者が来たときに、自信をもって見せられる状態に棚を整えておくことは、図書館として最低限必要なことであり、フロアワークの体制がとれないなら、せめて開館前の書架整理や、排架の時間を延長して、本の引き抜きをしたり、本を見せる工夫をしたりすることが求められる。

② 子どもに手助けをする図書館員の配置

一般的に「フロアワーク」という言葉は,「カウンターワーク」と区別して使われることが多い。排架,書架整理,利用者へのブックトークなど,カウンターにいてはできない仕事を包括的に言う。

実際,子どもからの質問はカウンターにいるときよりフロアにいるときの方がずっと多い。大人でも店に入ったとき,棚の商品などに対するちょっとした疑問をフロアにいる店員に聞いてみるというのはあっても,サービスカウンターまでわざわざ出向いて聞く人は少ないように,図書館でも多くの疑問はフロアで生まれ,そこに図書館員がいなければ,そのまま埋もれていってしまう。

子どもは大人以上に図書館員に声をかけることに臆するし,自分の疑問をきちんと説明する力も不足しているので,児童担当者には子どもが声をかけやすい職員を優先的に配置し,フロアで特別な手助けができるような体制を設けたい。また,子どもたちに積極的に声をかけることも必要である。ただし,本人が声をかけてもらいたくないようなときにまで声をかけてはいけない。

③ 子どもへの本の案内（ガイド）

フロアでの仕事を大別すると,施設的なガイド,利用ガイド,本のガイド,運営上の管理,排架や書架整理などがある。が,一番大事なことはコレクションと利用者とを結びつけることである。

借りたい本を事前に決めて図書館に来る子は少ない。多くの子どもたちは,図書館に来てから書架の間を散策して,そ

の日借りていく本を慎重に選び出す。蔵書が少なければ、めざす本を選び出すのにそれほどの時間は要しないし、次に来たときに借りていく本の見定めまでできるかもしれない。けれども何万冊もある図書館になると、子どもが自力で自分に一番適した本を選び出すのは不可能に近い。そこでは図書館側からの子どもに対する本のガイドが必要となる。

　フロアにいつも図書館員がいて、子どもが「おもしろい本なんかない？」と聞いたとき、いつでも子どものレベルに応じた何冊かの本を瞬時に選び出し、簡潔なブックトークをしてくれるというのが理想である。大人からも「うちの子に何を読ませたらいいか」とか、「小学校での読み聞かせに向く本はどれか」というようなことは日常的に聞かれる。普段から、さまざまなケースを想定してすすめたい本をリスト化しておくと同時に、その本の内容を簡潔に説明できるよう練習しておくとよい。

　フロアに常時いるのがむずかしい場合は、各種のおすすめ本や新刊書のリストを作っておいたり、簡単なブックトークを書いた紙を本の隣においておいたりする必要がある。図書館としてすすめる本について、背表紙や表紙のどこかに子どもにも目印となるシールを貼っておくことも有効である。

## (2) 排架

### ① 排架は図書館員の仕事

　図書館では、本は貸したら返ってくる。その本を書架に戻す作業が排架である。排架を子どもたちにしてもらうと、本がとんでもないところに入って後で探せなくなったり、子どもたちがしまう場所を探すのに時間をとられて自分の本を選

ぶ時間を奪ってしまうことにもなるので,「一日図書館員」とか「図書館クラブ」といった事業以外は,排架のルールやおくべき本の場所をわかっている児童図書館員が行うべきである。返却された本の一時置き場のようなものをつくり,そこまでは自分で本をもっていってもらうということは考えられるが,その場合返却された本のチェックは甘くなる。

　また,排架は,児童図書館員がその本が図書館のどこにあるかを具体的に覚える絶好の機会でもある。ある本が図書館のどの棚におかれているかを具体的に知っていれば,排架に要する時間は格段に短縮されるし,何よりも子どもたちに聞かれたとき,すぐにその本を手渡すことができる。

　なお,排架をこまめにするか,時間を決めて行うかは,それぞれの図書館の規模や実情に応じて変わってくる。カウンターに利用者が来ないときなら,フロアワークをかねて一回り排架をしてくるということもできるが,カウンターに一人しかいないときに入口やカウンターが見えない位置まで排架に行くことはなるべく避けたい。


② 書架を最適に保つ作業

　排架に行くと,本がすでにいっぱいで入りきらない棚があったり,逆にがらがらに空いている棚があったりする。子どもたちはすべての棚からいつも一定の割合で借りていくわけではなく,そのときどきの関心で借りていく本の中身は変わっていくので,資料が足りなくなる書架と,あふれる書架がどうしても出てくる。また,購入した本の数だけ本が増えるのだから,子どもたちに人気のある著者の本を次々と買っていけば,その棚だけでは絶対に収まらないというようなこと

が日々起こってくる。

　排架とは単に本を棚に戻すというだけではなく，こうした不均衡を是正し，いつも書架を最適に保つという作業でもある。棚がいっぱいだったら，無理やり押し込んだり横にして並べてしまうのではなく，間違って排架されている本はないか，上下左右に空いているところはないかなどを確認した後で，本をずらしていかなければいけないし，逆に棚ががらがらになってしまっていたら，ストックしてある本を補充したり一時的な展示棚として活用するといった発想が求められる。

　本をずらしても，なお棚がきついと思われる場合には，その周辺を含めて一番評価が低いと思われるものから順に引き抜く作業をしなければならない。このとき，本の評価がきちんとできないようであると，本当は必要な本を抜いてしまったり，全体のバランスを崩してしまったりする。よくある安易な例としては，単純に利用数だけで判断したり，複本を減らしたりすることである。蔵書構成やニーズなども考慮して行うことが必要であり，自分の選書基準[1]（standard：本に対する総合的な判断力）を確立しておきたい。

　児童担当者が排架に携わることは，今どんな本がよく利用されているのかを分野ごとにチェックできるし，書架の状態とあわせて図書の補充計画や，まとまった書架整理の算段をするのにも役立つ。

### (3) 書架整理

　書架は何も手を入れなければどんどん配列が乱れ，本が逆さまになっていたり分野違いの本が侵入していたりして，最終的には本が探し出せないことが頻繁に起こるようになる。

例えば，五十音順の配列が重複したり，同じ分類のはずなのに何か所もの棚に分かれていたりする。ほころびが小さいうちは日常のちょっとした作業で修復できるが，いったん大きくなってしまうと大規模に手を入れないとどうしようもなくなってくる。

　書架が乱れれば本を探すのによけいな時間をとられるし，何より利用者が迷惑する。排列を元に戻すのにかかる時間のことも考えれば，事前のちょっとした作業で防げることに労力を惜しむべきではない。書架は毎日乱れるので，毎日の作業に必ず書架整理を組み込んで，ほころびを大きくしないよう心がけたい。

　大規模な書架整理をすることになったり，蔵書割合の変化から棚の位置替えをしなければならなくなったときは，なるべく利用者のいない時間にすることが求められる。位置替えは大きな音を出すだけでなく，不意の来客や電話などで中断することがあり，本をブックトラックに載せたまま，あるいは床や机に積み上げたままという状態で放置するような場合もあるからである。

　書架整理の基本は，本を本来あるべきところにおくということと，棚をできるだけ魅力的に見せるという2点である。シリーズものは順番に並んでいるようにしたいし，上中下巻なども逆にならないようにしたい。本をただ単に見た目にきれいに並べることにばかり力を注いでしまうと，時として味も素っ気もない書架になってしまうことがある。日曜日の夕方などの子どもの利用実態を見ていると，書架整理が追いつかず本が横になったような棚の方を，子どもたちがより魅力的に感じていると思われる場面に出くわすことがよくある。

子どもによっては，どこもかしこもきちんと整頓されたピカピカの部屋より，ちょっと散らかっていても生活感のある部屋の方が落ち着くらしく，あまりに整然とぎっしり本が並んでいる棚より，少し崩れていてもそれぞれの本が主張している棚の方がずっと魅力的に見えるのだろう。そこで，本を厳密に並べることばかりに神経を使うより，背表紙が引っ込んでしまっている本や，棚の中で主張が消されてしまっている本を見せる工夫に力を入れたい。子どもが探せなくなるのは困るが，利用の動きが感じられる生き生きとした棚の方が子どもたちにとっては数段魅力的に感じられるはずである。棚に対して7～8割の本の数にしておき，空いたところに1冊おすすめ本を飾っておくなどの工夫もよい。

注
1) 友野玲子［ほか］共著『青少年の読書と資料』樹村房，1981，p.116-117

(永野浩二)

## 5.3 貸出サービス

図書館の使命は資料提供にあるとして館外貸出を最も重要な柱に位置づけて以来，日本の公共図書館における資料の貸出は飛躍的に増大し，今では貸出といえば館外貸出というのが当たり前になっている。貸出方式もコンピューターが主流となり，ICチップを使う方式の図書館も現れてきた。けれども，貸出冊数ばかりに目がとらわれている間に，その中身において日本の図書館は大きなひずみを抱えてしまったよう

に思える。

　コンピューターでの貸出は，カウンターでの業務を大きく変えた。傍目にはただ，ピッピッと本をこすっているだけのように見え，カウンター業務など誰にでもできるのではないかという考えも強くなった。たしかに単純化された部分だけを取り上げれば，そこに専門性は見えてこないだろう。けれども，カウンターに来る子どもたちは一人一人違った名前と顔をもつ生身の人間であり，決して番号だけの存在ではない。それぞれの子どもに応じたサービスをきちんと行っていくためには，どうしても直接的にふれあう関係が欠かせない。

　カウンターで行う業務は，貸出・返却・登録だけではない。リクエスト，レファレンス，読書相談をはじめ，一人一人の子どもたちがどんな本を借りていて，どんな要求をもっているのかを把握し手助けする現場でもある。言ってみればカウンターは，子どもに対して総合サポートをする窓口なのである。

　近年，カウンター業務を委託する動きが見られるが，子どもたちと直に触れる機会を単純に減らしてしまうとしたら，お互いにとって大きな損失である。図書館側にとっても，子どもたちの情報を直に仕入れる機会を失うことになる。委託されている図書館では，カウンターから情報を吸い上げ，蔵書管理やサービス内容の改善にきちんと反映させていくしくみがどうしても必要であるが，委託は請負契約であり，管理形態上，自治体直接雇用職員と委託会社契約社員などとの仕事が二重構造に分断されているため，そのしくみをつくることは非常に困難である。

## (1) 個人貸出と読書案内

### ① 個人貸出

　貸出冊数の上限は図書館の蔵書の規模と資料費，サービス対象の人口によって決まってくる。利用者側にしてみれば制限はできるだけ緩い方がよいと思うだろうが，その結果自分が借りたい本がいつも書架にないようなら元も子もない。図書館は自らのサービスに支障がない範囲の上限に貸出冊数を決めればよい。大規模な図書館で資料費も潤沢にあるようなところは，制限を設けない方が家族の券を使って本を借るといったことがなくなり，借りた本人の自己責任を明確化できるだろう。

　ただし，貸出冊数の上限にかかわらず，基本的な本は必ず複本をそろえ，いつでも書架にあるようにすることは言うまでもない。修学旅行など，学校の課題で一時期に利用が集中するような本は，何冊か複本をもっていたとしても，何人かの子どもがまとめて借りていってしまうと他の子は利用ができなくなるということが往々にして起こりうる。こうした場合は，カウンターに別置して一人1冊に制限したり，全部を一時的に館内閲覧用とするなどの対策が求められる。図書館の使命が，来た子すべてに情報提供することである以上，遅れてきた子にもきちんと資料提供ができなくてはならない。そのためには，これは学校の課題だと見抜くセンスも必要であるが，ふだんから学校のカリキュラムを把握しておくこと，また，学校の先生と密接に連絡を取り合える関係をつくっておくことが望まれる。

　近年，開館時間の延長や開館日の拡大を図る図書館が増えてきた。いつでも本が借りられるというのは，図書館の理想

の一つであり悪いことではないが，それに見合った体制が組まれないようならサービスの質を落とすことになる。図書館には来たけれども，子どもの本に詳しい人が誰もいないというような事態は望ましくない。開館時間や開館日の設定にあたっては，図書館としての責任をきちんと果たせる体制を考え，もし無理な場合は安易な拡大は避けたい。

② 読書案内

カウンターにいると，子どもたちのさまざまな形が見えてくる。短時間で容易に読めるような本ばかり借りている子もいれば，分厚いファンタジーにはまっている子もいる。お母さんに言われて不釣合いな本を借りていく子もいるし，何度も同じ本を借りていく子もいる。

子どもたちが借りていく本の種類や中身を見ながら，「今度こんな本を買ったんだよ」とか「これと似た本でこんなものもあるけど。どう？」といった読書案内が，直接的にできるのがカウンターの強みであり，醍醐味でもある。できれば，読書レベルに応じたおすすめ本をカウンターの近くに用意しておきたい。

何冊かを紹介した「こんな本もおもしろい！」といったパンフレットを数種類つくり，カウンターで借りていく本の中身に応じて手渡すのもよい。子どもたちが返却に来たときに，「この本とってもおもしろかった」と言ってくれれば，信頼関係が生まれ，その後の読書案内は非常に楽になる。

③ 督促

返却日を一定期間過ぎたら督促をする。予約が入っている

本については返却期限後すぐに督促をすることもあるが，督促の際に注意しなければならないことは，子どもは故意に返却を遅らせているわけではなく，そこには必ず来館できない何らかの事情が存在するということである。単に忘れている場合は注意すればすむ。けれども友達がもっていってしまっていたり，遠方のため自力では図書館に来られなかったり，破損してしまって困っていたりということもある。

督促の際には本の所在だけでなく，返せない事情についても確認するようにしたい。

小学生以上についてはプライバシーの保護が原則である。督促は基本的に本人に対して行う。ただ，親が子どものカードで借りている場合もあり，責任の明確化という点では本人以外のカードを使えなくするかわりに，貸出冊数制限を緩めることが有効である。

### (2) 予約・リクエスト

子どもの予約・リクエストは，大人と同様に保障されなければならない。それがどんな本であったとしても，子どもを一人の人格としてとらえ，その権利を守ることは図書館の責務である。

図書館としての収集方針からはずれる本に関しては，提供できない理由をきちんと説明する必要がある。一方で，子どもの人気がある本について，なぜ子どもたちが夢中になるのかをきちんと分析し，その時期の子どもたちにとって本当に必要な情報であるのなら，収集方針自体を見直す必要がある。また，自館の選書規準[1]（criteria：共同で選書する際に，全員が共通にチェックすべきポイントを示すもの）に満たない本の場合

は，購入したとしても，別の棚におくことも考えられる。

　実際には子どもたちが予約やリクエストをするには，大人よりずっとハンディがある。子どもは本の出版流通情報に触れる機会が大人より格段に少ない。また，書名，著者，出版社といった書誌事項について，きちんと理解していない場合が多い。何よりも，自分がどんな本を求めているのかがはっきりわかっていない場合が多い。

　そこで，子どもにいくつか質問をして，自分が何を求めているのかを明確にしてやる作業がまず必要になる。特定できれば，予約・リクエストカードに記入することになるが，ここでも手助けが必要である。

　予約が集中するものの中には，学校の推薦図書だったり，宿題の課題だったりするものもある。図書館の収集方針と合わないものについては学校側と話し合いをする必要があるし，一時期だけの利用なら，複本をたくさんそろえる必要もない。

　予約・リクエストは，子どもたちの間でどんなことが流行っているかを知るよい機会である。また，棚に欠けている本や，弱い分野を把握するのにも役立つ。予約された本の複本数が適当かどうかもチェックできる。その本がいつも棚にあってほしい本だったり，予約数が多い場合には複本の購入を考えなければいけないが，単純に数でもって複本数を決めるのではなく，今後の利用動向を推測しながら，書架上のバランスを考えて必要数を決めていきたい。予約が殺到すると予想されるような本は，最初から何冊も買ってしまった方が，小出しに買い足すより後が楽である。

　近年はインターネットを使って，家庭から予約をする子ど

もも増えてきた。館内にある端末から自分で予約する子ども
も多い。便利な反面, 直接対話することなく予約が行われる
ために, ときには見当違いの本を予約している子も見受けら
れる。こうした子どもたちが本当はこういう本がほしかった
のではと推測して本を集め, 連絡をとってみることも必要で
ある。

　一方で, ただ予約という行為をしたいだけのために片っ端
から予約をする子どもがいる。たいていは長続きしないもの
であるが, 何度も繰り返すようなら図書館の資料がみんなの
ものであり, 予約棚に置かれている間は他の子が利用できな
くなってしまうことを, きちんと説明しなければならない。

　予約の本が用意できたとき, 用意できたことを子どもが知
らない場合には電話連絡をする。なにも子どもにまでという
考え方に対しては, 子どもだからこそ大人以上に連絡が必要
なのだと言っておきたい。子どものときの1日は大人よりず
っと長いものだ。興味が移るスピードも大人より何倍も早い。
本は子どもがほしがったときに上手に手渡すことが鉄則であ
り, 子どもが関心を失った頃に手渡しても意味をもたない。

## (3) 移動図書館における貸出

　利用者のもとへ資料をもって出かけていく移動図書館は,
図書館の原点ともいえる業務である。ところで, 夏は酷暑,
冬は厳寒の中でのサービスとなり, 雨や風にも左右されるの
で, 利用者にとっても図書館員にとっても快適な図書館サー
ビスとは言いがたい。それにもかかわらず, 移動図書館が果
たせる役割とその可能性は非常に大きいものがある。

　移動図書館での貸出や予約は, 本・分館と同じシステムの

中で行いたい。どこでも借りられるし、どこでも返せるしくみである。すべてがオンラインで処理されることが理想だが、タイムラグがあるバッチ処理の場合には、そのしくみを利用者にきちんと理解しておいてもらうことが必要である。もし可能なら、せめて蔵書検索だけでもリアルタイムで行いたい。

　図書館のネットワークが整備されていない場合、移動図書館は地域館や分館の代替サービスとしての性格をもつので、1か所で何千冊も貸し出すような状況が生まれ、どうしても大型車が求められることがある。ときには2台以上で同じ場所に行くことさえある。だが、地域館や分館が整備されてきて、ネットワークから外れる地域をこまめに回り100冊、200冊と貸し出すなら、狭い道も入れる車の方が使いやすい。

　量に差があるにせよ、移動図書館ではもっていける資料の量が限られており、1か所あたりの駐車時間も短いというハンディがある。そこで、限られた時間、量の中でどのようなサービスができるかという、利用者と図書館との真剣なやりとりが必要となる。

　移動図書館の書架に積める本に限りがある以上、資料構成は商品見本の展示市のような性格をもたざるを得ない。1冊の本から他のさまざまな本へと利用をつなげるような資料構成がほしい。また、毎日出かける前に駐車場の性格にあわせて、その日の手持ちの中で一番よいコレクションを作り上げる必要があるが、コレクションを作り上げる上で核となる部分を豊富に所蔵していないと、どうしても貧弱な書架となってしまう。基本的な本や人気のある本は、特定の駐車場だけで回転してしまって終わらないよう十分な数をもつようにしたい。

移動図書館では短い時間の中で，利用者が今どんなジャンルに興味をもっているかを把握するとともに，次に来るときまでにその興味がどう変化していくかを予測し，次回のコレクション構成につなげていくことが求められる。できれば駐車場ごとのファイルをつくり，利用の記録や分析をメモしておくとよい。少なくとも各駐車場の年齢構成や，利用者の分布状況などは把握しておきたい。こうした情報を継続的に収集し活かしていくには職員が交替制だとむずかしいので，少なくとも一人は専任とし，援助に入る職員も特定の駐車場について責任を負うなどのしくみが必要である。

　利用者一人一人の興味の対象はそのときどきで違ってくる。どの駐車場でも同じ本が借りられるというものではないし，同じ駐車場でいつまでも同じ傾向の利用があるというものでもない。利用者と図書館とはお互いに成長しながら変化し続けていくのである。

　移動図書館における本の排架は，通常の図書館とは別に考える必要がある。子どもが借りていくものと返してくるものは同一ではない。本の排架場所を固定的に考えてしまうと，移動図書館では，ある棚はがらがらになったのに他の棚は入りきらないまま次の駐車場に向かうということになる。夏休みなど返却に対して貸出は3倍ということもある。秋にはその逆のことが起きる。飛び出し防止のゴムベルトを使用していても，車の振動やカーブを曲がる際に本が落ちないようにするためには，本の排列を崩すか，空いたところに入れる本のストックを用意しておくしかない。

　移動図書館に積んでいく本の量に限りがある以上，子どもたちが10分程度で本が選べるような蔵書分けができていれ

ば十分である。棚の高さにあわせて,「えほん(大)」,「えほん(小)」,低学年読み物,高学年読み物,ノンフィクション,趣味実用,シリーズものなどといった大雑把な配置を決め,それと別に入口の近くで新刊を含めた「今日のおすすめ本」コーナーをつくってはどうだろうか。どこまで細分化するかは本の量によって決まるが,請求記号順に本を並べることに神経を使うより,いま実際にどんな本が車に乗っているのかを把握しておく方がはるかに重要である。

　ゆとりがあるのなら,移動図書館でも50冊程度のミニ展示を行いたい。コンテナやブックトラックをうまく使って,人目をひくポスターや小道具をセットし青空展示を行うのである。普段はもってこられない分野の本がよい。中央図書館などの援助が必要であるが,退色したり汚してしまったりすることがあるので,もっていく本の範囲などはよく相談しておきたい。

　移動図書館の巡回頻度は,雨や行事,家の都合などで子どもが来られない日があることや,予約本の取り扱いの観点からもできれば2週間単位で運行したい。巡回個所が多く,とても2週間では回りきらないようなら,体制に応じて3週間あるいは4週間とし,最長でも1か月を超えないようにしたい。どの場合でも,次に来る日が子どもにわかりやすいことが必要である。雨や雪の日は,途中でやむこともあるし,現地では降っていないこともあるので安易に中止せず,駐車場まで行くようにし,できればパラソルやタープなどを張って雨の中でも貸出できるようなことを考えたい。ただし,本当にひどい雨のときや突然の夕立など,本を濡らしてだめにする率が限度を越えるときは早めに中止の決断をすることも必

要である。その場合，子どもたちには一時的な中断なのか，終わりなのかを明確に説明しなければいけない。

　巡回日や巡回時間は，子どもが来られる日や時間を考えると，土曜・日曜や，午後3時以後が主になってくる。これらの時間帯をどこまで勤務するかはそれぞれの図書館の問題であるが，どう割り当てるかは，子どもの数や貸出数の順に考えるのではなく図書館から遠い地域，サービスのより希薄な地域に優先して割り当てたい。午後の早い時間や午前中は図書館に比較的近いところや，お年寄りや幼児の多い場所を中心に回ることになる。最初から幼稚園や保育園，高齢者用の施設などをコースに組み込んでいる図書館もある。

　駐車したいサービス地域に，公園など広い場所がなく，民間の空き地や駐車場，ときには路上に停めざるを得ないことがある。この場合，使用許可を土地の持ち主や警察署にきちんととっておく必要がある。また，車を停めてテーブルやコンテナ，ブックトラックなどを降ろしても，予期せぬ車があったり水たまりがあったりと，そのときどきの条件によって配置する位置が変わるので，必ず車の出入り口が見える場所にテーブルをセットし，利用者の導線と安全を十分に考えて店を広げるようにしたい。駐車場の近くに頼める人がいるなら，明日この場所に移動図書館が来ますといった予告看板を渡しておくことも有効である。

　本は建物の中にあるときよりずっと汚れるので，定期的に拭く作業を組み込みたい。土ぼこりのひどい日には，駐車中だけでなく帰ってきてからも本や棚を拭く作業が必要である。

## (4) 団体貸出

　一個人の私的な利用ではない目的で，まとまった資料を一定期間必要とする団体に対し資料提供をするのが団体貸出である。子どもの読書環境を整備し豊かにしていく上で，団体貸出は非常に有効である。児童関連では，小学校，保育園，幼稚園，児童館，学童保育，地域文庫，子どもの本の勉強会などのほかに，病院の待合室や健康診断の会場，種々の講座の際の保育室，自主的な幼児サークルなど，子どもたちが集まる場所すべてが対象となる。

　団体貸出の登録は，団体名，活動場所，責任者，連絡先，団体種別などとし，利用カード上も識別できる方がよい。貸出リストは簡単に打ち出せるようにし，統計も別に出せるようにしておきたい。団体の場合は責任者が1年で代わることが多いので，有効期間は1年に限定しておくとよい。

　団体貸出の上限冊数は，蔵書数とのかねあいによって決まってくる。例えば学級文庫への貸出は，10数校に貸出をするとそれだけで何千冊もの本が必要となる。貸出をした結果，図書館の開架フロアのサービスに支障が出るようなら，冊数制限をしなければならない。1クラス50冊，1団体の上限300冊程度を基準として，実際にどのくらいの資料が貸し出せるのかは，個々の図書館の事情によって決めておくとよい。無論，足りない場合は資料費を確保する努力をし続けたい。

　期間については，頻繁な入れ替えはお互いに労力がかかるし，学校は学期が一つの単位となっているので，3か月が一つの目安となる。しかし，複本のストックが十分にない図書館では基本的な本が長期にわたって欠本となることが考えられるし，大きな図書館でもノンフィクションの本は1冊しか

もっていないことが多い。そこで，期間についても適宜決めることが必要である。例えば，百科事典なら1日だけ，特定のジャンルの本すべてというときは数日間というように，利用者とよく相談して決めていきたい。基本的には，団体貸出用の資料は専用のストックからとし，開架の資料はふだんの利用と同じ条件にしておく方が間違いが少ない。

　団体貸出は，図書館のサービスが届きにくい場所にいる子どもたちの読書環境を援助するという意味合いももつ。代表者が直接図書館に来て本を選ぶ場合にのみ団体貸出をするのではなく，図書館側から団体の要望を聞いたり，そこにいる子どもたちに不足している分野を推測して，見つくろって配本するということも必要である。本の配送手段をもたない団体もあり，資料提供は図書館の責務であるという観点からも，本を現地まで届けられるような体制をとれるようにしたい。

　利用者が直接図書館に来て本を選ぶ場合には，図書館として貸出できる資料の範囲をきちんと説明し，前もって理解しておいてもらうことが必要である。選んでしまった後で，この本は困ると図書館に言われても快く思う人は少なく，お互いの信頼関係を壊すことになる。また，返ってきた本が土ぼこりでざらざらに汚れていたり，紛失・破損があったりと，借りた側の管理責任が問題となることもある。こういったことを防ぐために，団体貸出のしおりをつくって，借りられる資料の範囲，冊数，期限，受渡し方法を明記しておき，借りる上での条件や守ってほしいことを注意書きにして貸出の際に手渡すことが望ましい。例えば，「本は大事に扱って直射日光の当たらないところに置いてください。床ではなく，きちんと掃除した棚に保管してください。破損した場合はセロ

テープで補修しないでください。予約が出た本はお返しいただくことがあります」などである。

学校は4月になると先生も子どもも換わってしまうことがある。3月は早めに返却日を設定し，本を回収するための余裕期間を設けておかないと，年度を越えてしまってお互いに苦労するので注意したい。

注
1) 友野玲子［ほか］共著『青少年の読書と資料』樹村房，1981，p.116-117

（永野浩二）

## 5.4 情報サービス

ここでは，情報サービスとは，市民から図書館に寄せられるさまざまな問い合わせに対して，図書館のもつ資料や機能を駆使して図書館員が調査し，情報を提供する活動とする。これまでは，レファレンスサービスと同義語として理解されていたが，インターネットの発達と普及により，印刷媒体以外の情報源から情報を見つけ出し，提供することからレファレンスサービスと区別されることがある。しかし，公立図書館の現場ではレファレンスサービスという用語が一般的に用いられている。また，貸出サービスの一環として読書案内という業務もある。図書を借りに来館した児童が求める図書を館員が探し出して，貸出を支援する。読書相談も含め広い意味でレファレンスサービスの範疇に含まれよう。

『公立図書館児童サービス実態調査報告　2003』によれば，

都道府県立図書館の児童担当者が最も重要と思うサービスとして参考業務・読書案内がトップにあげられている[1]。学習指導要領の改訂をうけて 2002 年 4 月に新設された「総合的な学習の時間」新設の影響もあって、調べ学習のため教育現場から図書館への期待は高い。とりわけ児童、生徒を対象としたレファレンスサービスは、児童図書館におけるサービスの重要な基盤の一つにしていかねばならない。

## (1) 子どもに対するレファレンスサービス

子どもから図書館へ寄せられるレファレンス質問は実にさまざまである。「トンボの幼虫、ヤゴにはどんなえさをあげたらよいのか」、「サンタクロースは本当にいるのでしょうか」、「透明な氷の作り方を教えて」、「ハリーポッターシリーズの最終巻は、日本ではいつ頃発売か、定価も知りたい」等々、質問を受けた館員が一瞬、戸惑うこともしばしばある。児童、生徒からの問い合わせの傾向は

① 学校の宿題（学習課題）にかかわること
② 自分の趣味、コレクション、ペットの飼育にかかわること
③ 自分が探している図書の所蔵の有無
④ 日ごろ、自分が疑問に感じていることの解決のため

などに集約できよう。子どもからの質問は漠然としてわかりにくい場合が多いので、正確な質問の意図を把握するためにもレファレンスインタビューが欠かせない。

① **レファレンスインタビュー：質問内容の正確な把握**

来館によるカウンターでの面談はいうまでもなく、電話に

よる問い合わせでも，館員が質問を受けるやいなや「少々お待ち下さい」と言っていきなり書架へ走っていく姿が，ときたまみられる。利用者，とりわけ子どもがどんな情報を探しているのか十分に聞き出し質問内容を把握した後，行動を開始すべきである。レファレンスインタビューのポイントとして，何を調べたいのか，どんな回答を求めているのか，どの程度の範囲と量で足りるのか等，十分に聞き出さなければならない。

　レファレンスインタビューを成功させるためには，コミュニケーションに長けた能力が求められる。気軽に話し合え，本人自ら語れるような雰囲気づくりが大切である。時折，相づちをうち，聞き上手であることが必要である。信頼関係を醸成しながら質問内容を把握し，本人に確認してみせる。こうした過程を経て本格的な情報探索へ着手する。

② 情報探索の実行

　子ども，大人の区別なく利用者からの質問を内容から区分けすると4つに分けられよう。所蔵の有無，事実調査，出版・書誌情報，それと文献調査である。具体例をもとにレファレンスツールをあげながら考えてみたい。

1) 所蔵の有無

　子どもが所蔵有無の質問を寄せてくる場合，まず半数は疎覚えの書名を言ってくると心得ておきたい。検索して出てこないときは，著者名やいつ頃出版されたのか，あるいはどこで聞いたのか，確認すべきである。現在では，ほとんどの図書館でカード目録に代わって Web OPAC が完備されているので解決されやすくなった。ただし，目次の最初に出てくる

作品が書名に採用され，後の作品が内容注記に収録されている場合（連作，短編集等），アクセスポイントとして分出されていない場合が多い。『東京都立日比谷図書館児童図書目録書名索引　vol.1～6』（同館編・刊　1992）は全集を中心に分出してあるので役に立つツールである。

　実例として「ふしぎなはいのう」という作品の所蔵を照会された場合，書名で探しても見つからない。しかし，上記の日比谷図書館の目録で探すと『ものいうなべ：デンマークのたのしいお話』（M. C. ハッチ文　渡辺茂男訳　岩波書店　1964）に収録されていることが判明する。OPACでも検索可能である。

### 2）事実調査

　クイックレファレンス（quick reference）またはファクトファインディング（fact finding）といわれている。人名，地名，駅名の読み方，世界の主な湖沼の周囲の長さや深さ，主要都市間の距離，動物別の平均寿命，人口等々をきかれるケースである。児童用の資料に固執せず，大人向けの参考図書も活用したい。地質や天文学関連では，『理科年表』（国立天文台編　丸善）は優れたツールである。『朝日ジュニア百科年鑑2008』（朝日新聞社）も調べ学習に役立つ。

### 3）書誌情報

　「2007年に映画化された，創作児童文学『テラビシアにかける橋』は日本ではいつ，どこから刊行されたか，まだ入手が可能か，教えてほしい」といった書名，出版社，出版年，定価等の書誌情報を照会してくるレファレンスも多い。『日本書籍総目録』のWeb版「Books.or.jp」で容易に調査できる。

### 4）文献調査

　手間と根気を要するが，レファレンスの真骨頂の業務であ

る。「そろばんの作り方が詳しく出ている本を教えてほしい」,「象さんが主役の物語絵本をできるだけ多く見たい」,「ペネロピーという名の女の子が主人公で昔のイギリスを舞台にしたファンタジー,書名を調べて」等である。これらは『どの本で調べるか:小学生のための図書館活用ブックガイド』,『テーマ別絵本リスト:絵本の住所録』,『本選び術　中学校版』等で調べられる。

### 5) レファレンスを担う児童図書館員が守るべき原則

レファレンスサービスは最も人間的な仕事である,といっても過言ではない。対象は,生命力あふれ,心身ともに成長過程にある子どもたちである。レファレンスを担う児童図書館員が守るべき原則として,アメリカの図書館学者,ラグスデール(W. Ragsdale)の「児童に対する参考事務」提言が役に立つ[2]。

(1) 子どもの質問を尊重しなければならない。どんな質問であろうと,質問者その人の価値に,判断を下すことはできない。

(2) 答が出なかったために,子どもを,図書館から,去らせることがあってはならない。(中略)館員は,州立図書館や,どこか他の図書館から,資料を借りて,提供することもできるのである。

(3) 子どもの,よけいな質問は,はっきりさすべきである。

(4) 資料を調べるに当り,一歩一歩確実なやり方を,いつも念頭に持ちつづけるべきであり,順次に,論理的な時点で,問題を解き始めるのがよい。

(5) 広い観点,想像力,独創力,この三つが,子どもの質問に答えるときに必要となる。

## 図 5-1　レファレンスサービスの 5 段階

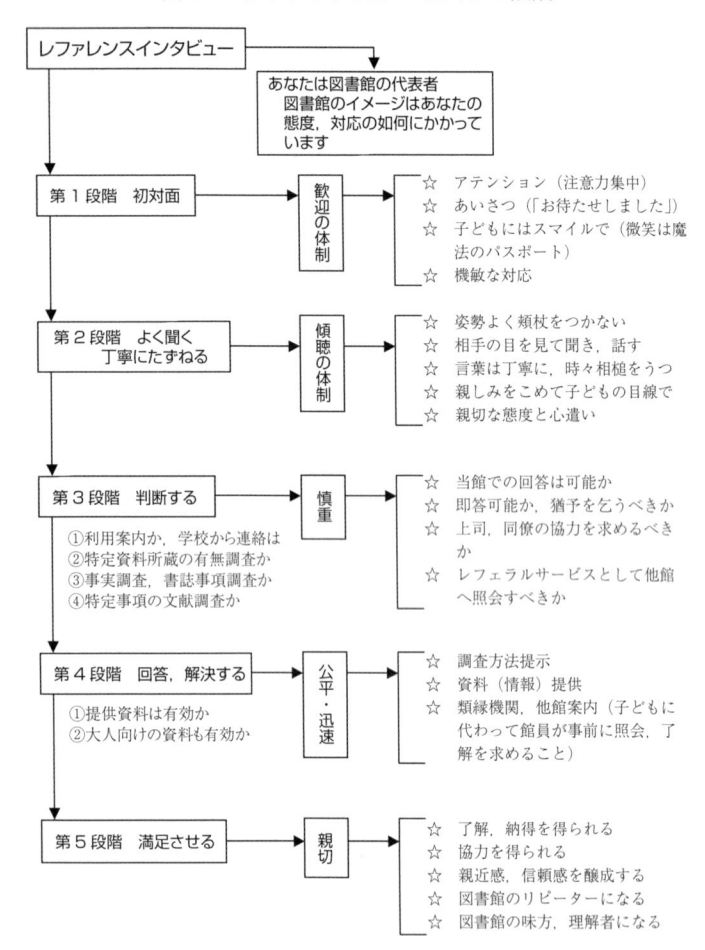

```
┌─────────────────────┐
│ レファレンスインタビュー │────┐
└──────────┬──────────┘    │
           │        ┌──────▼──────────────────┐
           │        │ あなたは図書館の代表者    │
           │        │ 図書館のイメージはあなたの │
           │        │ 態度，対応の如何にかかって │
           │        │ います                   │
           │        └─────────────────────────┘
           ▼
```

**第 1 段階　初対面** → 歓迎の体制 →
- ☆ アテンション（注意力集中）
- ☆ あいさつ（「お待たせしました」）
- ☆ 子どもにはスマイルで（微笑は魔法のパスポート）
- ☆ 機敏な対応

**第 2 段階　よく聞く　丁寧にたずねる** → 傾聴の体制 →
- ☆ 姿勢よく頬杖をつかない
- ☆ 相手の目を見て聞き，話す
- ☆ 言葉は丁寧に，時々相槌をうつ
- ☆ 親しみをこめて子どもの目線で
- ☆ 親切な態度と心遣い

**第 3 段階　判断する** → 慎重 →
①利用案内か，学校から連絡は
②特定資料所蔵の有無調査か
③事実調査，書誌事項調査か
④特定事項の文献調査か

- ☆ 当館での回答は可能か
- ☆ 即答可能か，猶予を乞うべきか
- ☆ 上司，同僚の協力を求めるべきか
- ☆ レフェラルサービスとして他館へ照会すべきか

**第 4 段階　回答，解決する** → 公平・迅速 →
①提供資料は有効か
②大人向けの資料も有効か

- ☆ 調査方法提示
- ☆ 資料（情報）提供
- ☆ 類縁機関，他館案内（子どもに代わって館員が事前に照会，了解を求めること）

**第 5 段階　満足させる** → 親切 →
- ☆ 了解，納得を得られる
- ☆ 協力を得られる
- ☆ 親近感，信頼感を醸成する
- ☆ 図書館のリピーターになる
- ☆ 図書館の味方，理解者になる

## (2) 児童資料にかかわる社会人へのレファレンスサービス

　児童資料を研究する社会人へのサービスも，公共図書館の大きな使命である。子どもの本を研究する学生，子ども文庫関係者，保育士，教員，児童書編集者，絵本・児童文学作家，現場の児童図書館員など，サービス対象者は多岐にわたる。児童サービスに力を入れている図書館では児童室に隣接して内外の児童図書，研究書，児童文学関連の資料を豊富にそろえ，ベテランの児童司書を配置している。

　国立国会図書館国際子ども図書館が発表した「国際子ども図書館の奉仕の拡充に関する調査会答申」(2005年3月) によると，今後，「児童書専門図書館としての機能（大人へのサービス）」については，「資料・情報センター機能の高度化」，「調査研究機能の推進」，「子どもの読書に対する新たな役割」を核に，情報提供サービスの高度化を目標にしている。国立国会図書館国際子ども図書館を活用し，支援していくためにも，都道府県立，市区町村立図書館での児童サービスもともに向上，発展していかねばならない。

### ① レファレンスサービスの実際

　社会人から寄せられる質問は，当然ながら高度で，難問が多い。海外の参考図書に頼らざるを得ないケースは間々ある。とりわけ子どもの本とかかわる編集者や研究者，児童司書からの質問は手間がかかる。例題として，

　① アメリカの女流絵本作家，ブランデンバーグ・アリキが1979年に創作した *Mummies Made In Egypt*（邦訳『エジプトのミイラ』アリキ文・絵　神鳥統夫訳　佑学社　1981）は発表当時，米国内ではどんな評価を受けたか知りたい。

② オーストラリアの児童文学作家,クリストベル・マッティングレイ(Christobel Mattingley)女史の経歴,作品論等について詳細に知りたい。掲載資料と女史の作品を所蔵している図書館も調査してほしい。

について検討する。調査にあたっては,日本の資料では解決が困難で海外の文献に頼らざるを得ない。

①は,シカゴ大学から刊行の月刊書評誌 *Bulletin of the Center for Children's Books*(Vol.33, No.6 1980年2月)に,[R]のマークが書名の冒頭についた,詳細な書評が記されている。「[R]:Recommended」は,推薦という評価を意味し,*Mummies Made In Egypt* にはこのマークが付されており,高い評価がされていることがわかる。

②は,*Something about the Author: Facts and Pictures about Authors and Illustrators of Books for Young People*, Vol.1〜214(2010年現在 Gale, Cengage Learning)の各巻ごとに間をおいた索引で調べると Vol.85, p.112〜119に,スナップ写真も添えられて Mattingley 女史について詳述されている。他に *Twentieth Century Children's Writers 4th ed.*(St. James Press 社 1995)に詳細な作品リストも掲載(p.648〜651)されている。

また,Web OPAC の東京都内横断検索から,都立多摩図書館が原書を9点,港区立みなと,町田市立中央,豊島区立中央等,6館が各1点ずつ所蔵していることが判明した。日本の他の児童文学関連の事典類では回答を見つけ出せない。

## (3) 情報検索サービス

冒頭,情報サービスでも触れたように,IT技術の発展は図書館界にも大きな変革をもたらした。MARC Ⅱの開発に始

まり，書誌ユーティリティから発信される目録データの共有化である。情報の検索も，書誌をはじめとするレファレンスツールがデータベース化され，CD-ROM，DVDを活用するディスク検索やインターネットによるWeb検索が文献調査の中核になりつつある。

　児童室の現場でも，児童用インターネット接続可能な端末を設置している館が増えてきている。都道府県立図書館では47.8％，市区町村図書館では17.8％である[3]。台数は提供率も考えるとまだ十分とはいえない。

　インターネットによる情報源の特徴は，活字媒体では得られない最新，大量，多様なもので，既存の情報源とは異なる。検索技能に長けていればいるほど貴重な情報を得られるが，公序良俗に反する情報源に遭遇するという落とし穴もある。プライベートに発信される情報源には注意が肝要だが，社会的に信頼のある組織，団体のホームページからの情報は有益で信頼できる。インターネットに接続可能なパソコンを子どもが利用する際は，館員が付き添い，一緒に検索するようにしたい。

① **利用例**

A　友達から杏をたくさんもらった。この杏でジャムの作り方を知りたい。→「YAHOO! JAPAN」入力検索語：杏　ジャム　作り方の手順が写真入りで説明されている丁寧なサイトへアクセスできる。

B　バナナの皮でできた絵本があると聞いた。あれば書名，著者，発行所等を教えてほしい。→「YAHOO! JAPAN」入力検索語：バナナ　絵本　回答は『ミラクルバナナ』

（ルイジアーヌ・サン・フラン絵　ジョルジュ・キャストラ他作　加古里子文　学習研究社　2001）である[4]。
C　元 NHK 記者の池上彰氏が，ニュースで取り上げられる国のことを書いた4巻からなる本を近々出版されると聞いた。出版者と書名を知りたい。→「YAHOO! JAPAN」入力検索語： 池上彰 　 児童書 　 ニュース 　 4巻 　回答は『ニュースに登場する国ぐにのかげとひかり』（4巻　さ・え・ら書房）。この種の質問は「これから出る本」（日本書籍出版協会）を冒頭に検索語として入力したが不明であった。

②　情報源としての注意点

　貴重なデータや報告書を検索した際は，検索語と検索エンジンをメモしておくと便利である。ハードコピーを紛失した場合，検索語を忘れている場合が多いからである。しかも，特定の情報源のうち個人の発信している情報は不安定なので，必要に応じてダウンロードして保存しておけば安心である。

　なお，情報源の信頼性の判断が困難な場合があるので，個人が発信するサイトへのアクセスは細心の注意が肝要である。

(4)　コピーサービスと著作権

　図書館における複写サービスは，著作権法第31条および同法施行令で定められた図書館等で，一定の規制の下で利用者に対して提供される。コイン式複写機を館内におき利用者が自由にコピーすることは問題があり，著作権法第30条（私的使用のための複製）に限られる。「個人的に又は家庭内そ

の他これに準ずる限られた範囲内」という規制がある。したがって，図書館内でのコイン式複写機を設置するときは，複写機の前に著作権法に基づく規定を掲示し，利用者に遵守するよう管理しなければならない。また，雑誌等定期刊行物の最新号の複写は，原則として次号が発行されるまで（一記事の半分以下までは可能）禁止されていることを見過ごしがちである。

逆に図書館側がペープサートや利用案内等を作成する場合，勝手に特定の絵本作家のイラストをコピーして利用することも複製権に抵触するので許されない。作者の事前の了解が必要とされる。

**注・参考文献**
1) 日本図書館協会児童青少年委員会編『公立図書館児童サービス実態調査報告　2003』日本図書館協会，2004
2) Ragsdale, W.「小公共図書館における児童奉仕」[*Children's service in small public library.*] 友野玲子訳『現代の図書館』Vol.2, No.1, 1964, p.30-31
3) 前掲 1)
4) 高崎市立図書館の事例を参考に再構成した。

（宍戸　寛）

## 5.5 展示と掲示，置物

図書館にまた来たいと思ってもらうためには，そこが，子どもにとって居心地のよい空間であり，楽しいことやわくわくするような刺激が待っている場所であることが求められる。展示や掲示をする場合，また置物を置く場合は，図書館

のこうしたコンセプトを崩さないような配慮が求められる。無責任な使い方は、かえって子どもたちの信用を失うということも起こりうる。

　図書館に来る子どもたちが、図書館内でどのような場所に行くのか観察・調査をしてみよう。子どもたちの利用の妨げにならないよう注意をしながら、子どもたちが図書館のどの場所にいるかを 30 分ごとにチェックするなどの方法もとれる。1 か月ほどかけて子どもたちの回遊図をつくってみると、図書館内で子どもたちがよく集まる場所と、なかなか子どもの行かないポイントが見えてくる。ときには、不自然な流れを解消するため、書架配置自体を見直さなければならないこともわかってくる。

　子どもの視線が集まる場所は、当然展示や掲示の一等地でもある。逆にほとんど子どもの視線が集まらない書架は、棚自体に問題がないかをチェックしなければならない。本がびっしりと並んでしまってはいないか、子どもの目をひくための掲示や置物が古くさくなってはいないかなどである。

　目的意識をはっきりともたずに図書館に来た子どもの様子を見ていると、目についたものの中から選んでいく傾向が強い。表紙が見えている本、目線の高さにある本、他の本より目立っている本など、真っ先に目につく本がよく借りられていく。カーノフスキーが、主題興味がなくても図書の PR（書評による好意的な紹介など）がある、つまり宣伝（advertising）があると本が読まれるといっているように[1]、どのような本を表紙を向けておくか、展示するかが重要になってくる。

## (1) 展示

　展示には1冊の本を見せるだけのことから，何百冊の本を並べる大規模なものまで種々の形があり，図書館内のすべてが展示場所になりうるが，前に述べた観察・調査で得られた子どもたちが集まる一等地を中心に，展示用の書架，テーブル，掲示板，ショーケース，その他使えるものを有効に配置して展示を行いたい。展示場所は多ければ多いほどよいが，日常的に管理できる範囲にしておかないと失敗する。

　基本的に，展示してある本は図書館のおすすめ本であると利用者に思われるので，特に書架の上を展示架にしている場合などにはこまめなチェックが必要である。いつのまにか朝に並べておいたおすすめの本がなくなって，代わりに子どもたちがおいた別な本がおかれていたりする。といって，いつ来ても同じ本が並んでいるようであると，変わり映えのしないつまらない図書館であると思われてしまうので注意したい。

　展示の規模や期間は，テーマとそれに対して用意ができる資料の量によって決まってくる。「今日は何の日？」という展示であったら，期間は当然1日だし，季節をテーマにしたら期間は1か月くらいは可能である。用意できる本が10～15冊なら，なくなり次第終了というミニ展示になる。子どもたちに気づかれずに埋もれてしまっている資料に光を当てたテーマも考えたい。年間を通した計画を前もって決めておくことが望ましいが，タイムリーな展示ができるように，担当を決めた上で臨機応変に対応できるようにしておきたい。

　本にはそれぞれ個性がある。展示する際はその個性を存分に見せられるような配慮をしたい。同系統の主張をもつ本を隣り合わせに並べると，お互いに個性を打ち消しあってしま

う。本のサイズや色，書名，内容，絵，字体などを含めて全体の美的バランスも考えながら本を並べるようにしたい。

## (2) 掲示

　図書館内の掲示は周囲と調和した形で，なおかつ雰囲気を悪くしない配慮が求められる。規則やお知らせを貼る場合も，ただ字だけを羅列した文章ではなく，親しみのもてるイラストを添えるなどの配慮がほしい。貼る位置についてもただ漫然と貼るのではなく，周りの基準線にあわせて横と縦の位置を合わせることが必要である。色彩も統一感が求められる。夏と冬の基調色を決めておくとよい。色の使い方によって広がりを感じたり，圧迫感を感じたりするし，落ち着きや温かみなど子どもが感じるさまざまな心理的度合いが変わってくるので，無計画に掲示物を貼ることはよくない。

　図書館にはさまざまなポスターやチラシの掲示依頼が来る。それを片っ端から貼っていくと，いたるところに掲示物がある状態となり見栄えもよくない。第一，本当に必要な掲示物が埋もれてしまう。多くの図書館ではもともと掲示物を美しく貼ることのできる場所が限られている。いわば美的な飽和量があるわけで，図書館として掲示するものの優先順位を決めておき，限界以上に掲示しないよう常に注意するようにしたい。

## (3) 置物

　図書館内の置物には観葉植物，絵画，ぬいぐるみ，模型，モビール，工作物，各種サイン他さまざまなものがある。それなりに主張するものなので，調和された雰囲気を損なわな

いようにしたい。センスのよい置物は硬くなりがちな図書館の雰囲気をやわらげ，本の魅力を引き出すのにも非常に有効な手段となる。逆に，美的にどうかと思うようなものや，粗雑なものを飾っている図書館は，自らのセンスの悪さと質の低さをさらけ出していることになる。

　置物はどんなに優れたものでも図書館の中ではあくまでも脇役であることに注意していないと，最初は少なくても，だんだん増えてうるさくなってくる。ひどい場合，主役の本が目立たないほど置物の展示場化することがある。その置物が何年もおかれ続け，変色したり埃をかぶっていたりすることは避けたい。

　置物が本や子どもの目線の邪魔になっているようだったら，思い切って外した方がよい。人からもらったりしてなかなか捨てきれないときは，展示するものを限定して一定期間ごとに入れ替える措置も考えられる。

注
1) 河井弘志著『アメリカにおける図書選択論の学説史的研究』日本図書館協会，1987，p.289

（永野浩二）

## 5.6 ホームページの作成

　インターネットが普及した現在，家庭から図書館の本を検索・予約したり，図書館からのニュースやさまざまな情報を見ることができるようになってきた。また，図書館のホームページ上から関連のサイトに瞬時に移動し，必要な情報を手

に入れることも可能になった。インターネットは、図書館という建物に来る人だけを対象としたいままでのサービスの枠を大きく変え、ホームページを見ることのできる人たちへのより効果的なサービスが求められるようになった。

　施設的にゆとりのない図書館でも、インターネット上では自由に仮想掲示板や仮想展示架をつくることができる。つくったものは蓄積され、退色したり汚れることもないので、将来にわたってのデータベースとなっていく。間違いに気がつけば改変は容易だし、記事の古くなった部分だけ更新することも可能である。図書館になかなか来られない人たちでも、図書館に最近どんな本が入ったかがわかり、家にいながらにしてレファレンスをすることも理屈の上では可能になった。

　しかし、図書館にとっては、利用者の顔が見えないところで情報発信することになるため、ともすれば一般的で無難な構成になりがちである。独自にコンテンツを加工しようとしても、作業量の問題から、とても魅力的とは言いがたい文章だけのものになることが多く、力を入れてつくったページでも、利用者の要求とは微妙にずれた図書館側の自己満足に終わってしまう場合もある。

　ホームページの作成にあたっては、まず、どんなコンテンツをどのように載せたいのかを整理しておくことが必要である。更新にかかる作業時間をどれだけ確保できるかも検討しておきたい。また、自分の図書館がサービスする対象となる人たちがどんな要求を図書館に対してもっているのかもきちんと把握しておきたい。

　多くの図書館は業者にフレームをつくってもらい、必要部分を自分たちで加工する方式をとっているが、自由になる部

分が少ないといつも同じようなお決まりの画面で,工夫のない味気ないものになってしまう。新刊案内,ニュース,お知らせ,本の紹介,テーマをもった特集ページなどさまざまなコンテンツも,システム上簡単にできること以外に自分たちで独自に展開しようとすると制約があることが多い。また,更新作業は思ったより時間がかかるものであり,タイムリーで魅力のあるホームページを維持しようとしたら,専任のシステム担当が必要になってくる。最近では,専門的知識をあまり必要としないシステムも開発されているが,まだ自由度が少なく魅力的とは言いがたい。

　また,ホームページを更新するためには基本的に情報を管理する部署の承認が必要となるが,その書類を起案して決裁を受けるまでのシステムに時間がかかるようだと,タイムリーな更新はまず不可能である。些細な変更は現場にまかせ,変更記録をまとめて後で報告するようにし,大きな変更もせめて図書館長の承認ですむようにしたい。システム障害で予約ができないなど,緊急時に流すメッセージについても,事前に承認をとっておきたい。こうした臨機の処置や即時の更新のためにも,できればサーバーは図書館単独のものとしておきたい。

## (1) 子ども向けのホームページ

　トップページから子ども向けホームページへのリンクは,わかりやすく目立つ場所におき,ひと目でそれとわかる,子どもに魅力ある入口としたい。画面構成はデザイン的に統一され見やすいことが大事である。やわらかで楽しい感じがほしいが,動きのあるものは毎回見ても気にならない程度のも

のとしたい。視覚障害者が使う音声読み上げソフトに対応することも配慮したい。

子ども向けということで，無理にやさしくした表現やひらがな，ふりがなを多用する例も見られるが，行き過ぎて子どもが馬鹿にされているように感じることは避けたい。とはいえ，小学校の1年生と6年生では理解力に大きな差があり，どちらも同じように満足させられる内容をつくるのは不可能である。基準となる対象は小学校の3年生くらいに設定しておき，コンテンツによって程度を使い分けるとよいのではないか。いずれにしても，それぞれの年齢の子どもの目線から見た，本当に質の高い文章を書くように心がけたい。

子ども向けのコンテンツとしては，
① 図書館の紹介（図書館見学に使えるもの）
② 利用案内
③ おすすめ本や新刊など本の紹介
④ お話会やイベントなどの情報
⑤ 図書館からのニュース
⑥ 子どもからの情報発信
⑦ レファレンスのデータベース
⑧ テーマ特集
⑨ 相談受付
⑩ リンク集
⑪ その他（クイズ，ゲーム他）

などが考えられるが，更新頻度を考えて決めていきたい。相談を受ける場合は必ず回答する体制をとらないと信用を失うし，回答の決裁をとるなどの手間もかかるので，始める前にきちんと考えておくことが必要である。ただ，ホームページ

は子どもからの声や疑問を吸い上げる一つの有効な手段であり，やがてはどの館でも当たり前のサービスとして行われるようになってほしい。なお，不特定の人間から誹謗中傷の意見が入らないよう，利用者番号と暗証番号の設定も必要である。

　本の画像を使用する場合は著作権の処理が必要である。出版社に問い合わせればだいたい表紙の画像はすぐ許諾が下りるし，画像自体も送ってくれることが多い。書名，著者，出版社などの書誌事項は必ず入れなくてはいけない。イベントの写真などで利用者が写っている場合は，より注意が必要である。写真を撮る際に前もって断っておくだけでなく，個人が特定できるような場合は実際の写真を見せて許諾をとることも必要である。

　図書館におけるデータは市販の機械可読目録（MARC）に依存しているところが多いので，子どものページでどんなにわかりやすくしても，検索でつまずくことが多い。子ども向けのデータをつくっている MARC がないため，検索するといきなり大人と同じ画面になってしまう。「オー・ヘンリー」の読みを「ヘンリー，オー」としているような MARC を加工すると，書誌がどんどん分かれていくことなり，子どもには複雑で，わけがわからなくなってくる。子どもの場合，書誌事項をきちんと理解していることは少なく，書名，著者，出版者という語句にもなじみがない。検索の際に，日本とだけ入力したり，"あし"とか"あめ"とか短い単語で検索して膨大な数をヒットさせてしまい途方にくれていることもよくある。そこで，子どもに対しては，検索機能を使いこなすための利用指導が必要になってくる。ただ，助詞の"を"，"は"，

"へ"を"お"、"わ"、"え"と読んだり、私を"わたくし"、十匹は"じっぴき"と読むような検索の際の決まりごとについては、画面上で誰でもすぐわかるようにしておきたい。

　子ども向けのホームページを開設している図書館は確実に増えている。栃木市図書館や三鷹市立図書館の児童専用ホームページはよく工夫され、親しみやすい。栃木市図書館のホームページはシンプルであり、低学年用の子どもを視野においている。アクセスポイントとなるメニューは「本をさがす」、「おやすみの日」、「おはなしひろば」、「りようあんない」の4つに絞り、大きな文字にイラストをそえて使いやすくしている。

　三鷹市立図書館はメニューが5つのたまごで表され、触れると卵が割れてかわいらしい動物が顔をのぞかせるという親しみやすいトップ画面から、次々にサブページに入っていけるだけでなく、どのページからも他のページに行けるようにアイコンが配置されている。機能的、デザイン的に洗練されており、これからの子どもページの可能性を感じさせる。

### (2) 大人向けのホームページ

　子どもページには、多くの大人が訪れる。子どもの本が好きな大人もいれば、自分の子に読ませたい本を探しに来る大人もいる。学校の先生や保育園・幼稚園の先生もいる。こうした大人たちを対象にしたコンテンツを充実させることも今求められている。具体的には、

① 自分の子どもの読書に関する相談に応えられるもの。
　年齢別のおすすめリストや、読書に関する考え方、本の与え方の指導など

②　学校での読み聞かせや朝読書などに関する相談に応えるもの。読み聞かせのしかたやおすすめ本，朝読書に向く本などの紹介
③　高齢者施設での絵本や紙芝居を使ったサービスに関する相談に対してのもの
④　図書館からのお知らせ。子どもの読書にかかわるさまざまな研修や講座，子どもの本の読書会，大人向けのお話会，読書ウィークでのイベント，その他子どもと子どもの本に関するさまざまな情報
⑤　学校図書館の情報
⑥　市内の文庫やサークルの案内

などがあげられる。

　できれば講座の申し込みなどはオンラインでできるようにしたいし，理想をいえばさまざまな相談も一方的にリストなどを見てもらうだけでなく，メールでやりとりできるようなしくみがほしい。会員制のページをつくり，団体貸出の配本日程の調整や，学校の授業で使う本の時期調整などに使用することも考えられてよい。

（永野浩二）

## 5.7 本の世界に誘う方法と活動

子どもたちが、本の世界の楽しさ、奥深さと広がりを実感し、将来にわたって本の世界の住人となることは、児童図書館員の一番の願いである。

### (1) 子どもを本の世界へ誘う活動の土台
#### ① 日々の仕事の積み重ねから

そのためには、まず、日々のカウンター業務の中で子どもたちに目を配り、声をかけたり、子どもの話に耳を傾けたり、おすすめの本を手渡したりする仕事の積み重ねが基本となる。

その上で、本の世界に誘う活動として、絵本の読み聞かせ、お話の時間、わらべうたの会など定期的に行うものがある。「お話（ストーリーテリング）」や「ブックトーク」などは、子どもたちに本の世界の楽しさを伝えるよい方法である。また、テーマに沿って本を展示する、テーマの本を読んでカードにスタンプを押していくなどの工夫も楽しい。その他、時々は人形劇や工作遊びなどの集会を開くこともよいだろう。

#### ② 前提としての豊かな蔵書構成

楽しい催しをすることによって、ふだん図書館に来たことのない子どもたちも図書館に足を運ぶきっかけをつくることは大切である。しかし、子どもが何人集まったかという、統計実績や宣伝効果だけが問題なのではない。やってきた子どもたちが、また来てみたいと思えるかどうか、次のステップにつながる決め手になるのは、児童室の棚に本当におもしろい本が並んでいることであり、それを子どもたちにすすめた

いと願っている図書館員が、いつもそこにいることである。

### ③ 年間計画

　予算を組み、年間を通してのバランスを考え、広報も含めた周到な準備をするためには、年間計画が必要になる。地域や学校の行事と重ならない時期、図書館全体の仕事の流れなどを考慮し、定期的なもの、季節ごとに企画するもの、その年度の重点目標に沿うものなどを考えていくとよい。

## (2) 図書館案内

　多くの子どもは、図書館がどんなところか、何ができるところか、どうやって使うのかを知らない。子どもたちが図書館を自分の生活の一部として取り入れたいと感じるように、できるだけ魅力的にわかりやすく紹介したいものである。

### ① 利用案内のパンフレット

写真 5-1　児童室あんない（東京子ども図書館）

思わず手に取りたくなるような形やレイアウトを工夫し，開館日・時間，休館日，貸出冊数・期間，主なサービスや定期的な催しなどを記載する。また，子どもの図書館利用について，保護者に理解を深めてもらうための短い文章なども載せるとよいだろう。

### ② 児童室だより

　簡単な利用案内や，子ども会などの行事の案内，本の紹介などを載せて，定期的に発行し，近隣の学校や保育園，幼稚園などにも依頼して配布してもらうとよい。継続することで，子どもに，身近な楽しそうなところとして図書館の存在を知らせ，何かの折りに行ってみようという気持ちを起こさせる手がかりとなる。

## (3) わらべうたの会

　乳幼児にできるだけ早く本と出会わせたいと望む親が増えている。赤ちゃん絵本の出版もさかんになった。

　親が我が子の読書に関心をもつのは喜ばしいことだが，その子にとって一番よい時期に本に出会えるよう，特に幼い子の場合，親にはあまり焦らないよう助言したい。本に向かい合うより前に，まず，子どもが親としっかり目を合わせ，親の声を心地よく感じ，耳を澄ますような関係ができてはじめて，絵本を親子で楽しめるからである。

　それを自然に助けるものの一つとして，昔から唄い継がれているわらべうたは，とても大きな力がある。しかし，若い親のほとんどは，わらべうた遊びを経験していない。乳幼児向けのお話会を企画するなら，親子で遊ぶわらべうたの会に

するのはよい方法であろう。
・はじめは,講師として,子どもたちとわらべうたで遊んだ体験を豊富にもつ人を迎えられるとよい。本を見て練習しただけでは,なかなか自然にできるようにならないので,職員も一緒に参加して,身につけていけるようにしたい。
・参加者がいくつか覚えて帰れるくらい,親子で繰り返し遊べるよう,ゆったりと進行する。
・職員が一人,記録をきちんとつけて,参加者から後で聞かれたとき,教えてあげられるようにする。
・図書館でわらべうたの会に参加しているうちに,言葉のリズムや響きの楽しさにも目覚めて,自然に本に興味をもつようになり,いつの間にか,読んでもらったり,借りて帰ったりするようになっている。本の世界に楽しく出会うためには,ゆっくり時間をかけたいものである。

## (4) 読み聞かせと絵本の会

　絵本は,何といっても,絵をじっくり見ながらお話を聞かせてもらうのが楽しい。字の読めない子どもでも,読んでもらうことで,本の世界に入っていくことができる。字が読めるようになっても,耳から聞かせてもらうことによって,字を一つ一つ読むよりもイメージがふくらみ,物語をより深く味わうことができる。

　繰り返して読んでもらっているうちに,子どもの中で,物語が動き出す。それは,子どもの心の中に強い印象を残してとどまり,そこから自然発生的に「三びきのやぎのがらがらどん」ごっこが始まったりもする。こうして,物語の世界を自分で思い描くことの楽しさが実感できた子は,いつの間に

か自然に自分で読むようになっていく。

### ① 児童室で子どもと一緒に読む

　図書館に足を踏み入れた幼児にとって、書架に並んでいる"四角いもの"は、読んでもらってはじめて意味をもつ。字の読める子も含めて、たくさん並んだ絵本のどれが今の気分にぴったりの絵本なのか、探し出すのは至難の業だ。「いっしょに読みましょうか」と声をかけて、『ぐりとぐら』（なかがわりえこ文　おおむらゆりこ絵　福音館書店），『どろんこハリー』（ジオン文　グレアム絵　わたなべしげお訳　福音館書店）など、子どもをひきつける力のある絵本を手はじめに、職員が読んでやる機会をつくってほしい。読んでおもしろかった体験を共有することで、子どもとの親しみが増す。

　グループに読み聞かせをするときと違い、子どもの隣に座ったり、子どもをひざに乗せたりして、同じ方向から絵本を見ながら読む。こうして一緒に読んでいると、子どもがハッと息をつめたり、じっと絵に見入ったり、声をたてて笑ったり、同意を求めるように読み手の顔を見たりするので、反応が手に取るようにわかる。

　まず、長いこと読み継がれている優れた絵本から読んでやることで、子どもの反応を見ながら、本の判断基準を学んでいくことができる。その基準は、選書にも、子どもに本をすすめるときにも、グループに読み聞かせるときにも、学校での読み聞かせに向く本を紹介するときにも、生かすことができる。

　日常業務の中で、こうした基本的なことを積み重ねていけるようにしたい。

② 絵本の会

幼児向けの定期的な催しとして、「絵本の会」がある。耳からの読書として、次項に述べる「お話」のできる職員がいなくても、よく準備して絵本を読み聞かせる会をするとよい。日常的に、来た子に個別に絵本を読んでやる機会がもてない場合は、特にこうした会を設けることは大切である。

1) 目的

子どもたちに絵本の楽しさを体験させ、親にも、子どもに読んでやってほしい絵本を紹介し、家庭でも子どもに読んでやるように促す。

2) 対象

幼児から小学生と、その親を中心に呼びかける。親子で楽しむのと違い、集団での読み聞かせは、3歳前後からがよいだろう。それ以前の子は、わらべうたの会に誘うとよい。

3) 時間

子どもたちの動きや、図書館の事情を考慮して設定する。集中できる時間を考えると、20〜30分ほどが適当であろう。

4) 読み手

子どもの反応を見られるよい機会なので、できるだけ、児童サービス担当者がかかわるようにしたい。職員全員が交代で読んでいる図書館もあるが、本の選び方その他の研修が行き届いているならともかく、安易に機械的にローテーションを組むのは考えものである。ほかの職員やボランティアにも入ってもらうなら、児童担当と組んで参加してもらうとよいだろう。

5) プログラム

絵本の会で一番重要なことは、読むに値する絵本を選んで、

それを最大限楽しめるプログラムを組むことである。

　大人の視点で選ぶのではなく、子どもが心から楽しめる絵本を選びたい。本当におもしろいと思うことによって、子どもたちは本の世界の扉を開いて入ってくるのだから。

　子どもがすっとその世界に入れるような本か、展開が自然に受け入れられるか、くすぐりでなくお腹の底から笑えるか、結末に満足がいくか、生きる喜びが自然に伝わるか、甘い感傷に流れていないか、どんな子でも楽しめる本か、相手を選ぶか、などが絵本選びのポイントとなる。

　選ぶ力をつけるためには、長い間子どもたちに支持されてきた、力のある絵本をたくさん読んでおくとよい。『絵本の庭へ』（東京子ども図書館編・刊）は、文庫や図書館で子どもたちと一緒に読んだ体験をもとに編まれたブックリストであり、選ぶときの参考になる。力のある絵本を選べば、子どもたちが引き込まれたように聞き入り、とてもよい反応を見せてくれるので、読み手も優れた絵本の力を実感し、ともに楽しみを分かち合うことができる。

### 6) 読み方

　読み方のコツにこだわる人が多いが、前述したように、大切なのは何を読むかである。紹介するに値する本を、心をこめて誠実に読めばよく、技巧に気をとられると、聞き手の気持ちも絵本の世界から逸れてしまう。

　ただ、グループに対面して、みんなによく見えるように絵本を支えるのは、意外にむずかしい。

　まず、絵本はきちんと開くように準備しておく。絵本のお話を覚えていれば、絵本を開いて、子どもたちの方を見て話すことができる。絵はよく見え、声はよく届くが、子どもに

とってみると,絵本の上に読み手の顔がこちらを向いていることになり,幼い子ほど,絵本より人の顔の方が気になるようである。また,うろ覚えでこの持ち方をすると,上から絵本をのぞきこむ形になり,子どもは絵が見づらくなってしまう。

　読む絵本のお話を全部覚えておくというのも現実的ではないので,自然な持ち方は,体の横で本ののどをしっかり持ち,肘を体につけて,支えることだろう。字を読もうとして本を自分の方に向けたり,屈みこんだりしないこと。要は,子どもたちに絵がよく見えるようにすることで,ページを繰るときにも,手や体が邪魔にならないようにしたい。

　絵本の持ち方,ページの繰り方は,頭で理解しているつもりでも,なかなかうまくいかないので,事前に何度も読んで練習しておくとよい。

　子どもに絵本を読むときに大切にしたいこと,よい絵本の条件,グループへの読み聞かせに向く絵本などは,『えほんのせかい　こどものせかい』(松岡享子著　日本エディタースクール出版部)にくわしいので,まず読んでおくとよい。

## (5) お話(ストーリーテリング)とお話会

　お話(ストーリーテリング)は,昔話や短い創作の物語などをすっかり覚えて自分のものにして,語ることをいう。

　お話,語りの文化は,昔から暮らしの中にあった。炉端や布団の中,縁台などで,お年寄りやお話好きの大人が子どもたちに語ってきた。そうした伝承の語りは時代とともに衰退してきたが,20世紀はじめ,英米の図書館で児童サービスの柱としてお話が語られるようになった。戦後,それを勉強

してきた図書館員たちによって実践モデルが伝えられ，1960〜70年代，公共図書館や文庫で，お話の活動が普及していった。

子どもにお話を語ったことのある人なら，テレビをはじめとする映像文化がここまで席巻する現代にあっても，子どもがどんなに夢中になってお話に聞き入るか（絵の助けもないのに！），驚いた体験があるだろう。

子どもの聞き入る姿に支えられ，公共図書館で"お話のじかん"が普通のこととして行われるようになってきたが，そこでお話をする語り手の養成は十分とはいえない。そのため，とりあえず場を設定し，あとはボランティアにまかせきりにしてしまったり，名称は"お話のじかん"なのに実際は紙芝居を読むだけだったりするところもあるようだ。なぜ図書館でお話を語るのが大切なのか，原点に戻って考え，自分の持ち場でできる一番よい方法を探っていきたい。

### ① 図書館でのお話

小学生になった子を連れて，「うちの子はなかなか本を読まないが，どんな本を読ませたらいいだろうか」と相談に来る親が多い。見ていると，活字を読む煩わしさに邪魔されて本の内容にたどりつけず，興味を失ってしまうようだ。ところが，お話会に参加するようになり，物語の世界に身をおいて自分で思い描くことが楽しくなってくると，そのお話の元になっている本がとても魅力的なものに変身する。今聞いたお話の載っている本を争って借りたがるかと思うと，「かしこいモリー」を聞いて半年も経ってから，「あの"髪の毛一本橋"の本どこ？」と探しにきたりする。

お話に聞き入っているとき，子どもは主人公になりきって冒険の旅に出て，いろいろなものや出来事に出会い，はらはらしたり，ほっとしたり，がっかりしたり，喜んだり，悲しんだり，大笑いしたりする。語られる言葉だけを頼りに自分の心の中にお話の世界を思い描き，それを心から楽しむことを繰り返すうちに，自然に想像力が育っていく。それは，さまざまな本の世界を深く味わう上で，さらに，子どもが生きていく上で，とても大切な素地となるだろう。

　また，子どもの楽しみ方から，子どもにふさわしい物語の条件などを学ぶことができ，図書館員も育てられる。

　あるとき，初めて"お話のじかん"に参加した4歳の女の子が，「あかずきん」のお話を口をあんぐりあけたまま聞き入り，そのあと「さっきお話してくれたおねえさんと，おはなしがしたいの」と，カウンターにやってきたことがあった。お話を語ることによって，図書館員と子どもの距離がぐっと縮まるのには，いつも驚かされる。子どもにとって，お話をしてくれた人がいつも児童室にいることは重要なことである。書架の間で本をすすめるときにも，お話の世界の楽しさを共有したことから生まれた子どもの信頼感に助けられるのを感じる。

　このように，子どもと本の橋渡しを願う図書館で，お話を語ることは，大きな意味がある。しかし，不思議なもので，本を読ませるため，何かを教え込むためなどの短絡的な目的意識だけでお話をしても，前述したような"いいこと"は起こらない。語り手が本当におもしろいと思う，いいお話を選び，それを子どもと分かち合いたいという思いで語り，子どももともに心から楽しむことが積み重ねられたとき，その楽

しさの中から，想像力，考える力，本や人に対する信頼感などが培われていくのであろう。そのようなお話会を実現するために，どのように準備したらよいかを考えてみよう。

### ② お話を選ぶ

耳から聞いて，すぐにお話の中に入って楽しめるのは，口承で育まれてきた昔話が一番である。「むかしむかし，あるところに……」という始まりで，子どもたちはすっとお話の世界に入ってくる。同化しやすい主人公，細かい描写をしない，印象的でまっすぐな展開，繰り返しなど，耳から聞いて楽しめる要素がそろっている。表面的には残酷と見える部分さえも，子どもの心の成長に欠かせない大切なメッセージを含んでいる。残酷さを心配する親や教師に対応するためにも，『昔話は残酷か』(野村泫著　東京子ども図書館)を読んでおくとよい。

はじめのうちは，子どもに向く話をとらえにくいので，語るのに向く話を紹介した『お話のリスト　第3版』(東京子ども図書館編・刊)などを参考にして，探すとよい。『おはなしのろうそく　1～29』(東京子ども図書館編・刊)は，子どもたちに語った経験をもとにして編集されたお話集なので，どれも語るのに向く。また，「岩波おはなしの本」，こぐま社の「子どもに語る」シリーズなど，よく再話された昔話集をたくさん読んで，昔話の流れやリズムを楽しむこと，また，よいお話をたくさん聞いて，子どものように楽しむ体験をすることは，語る上でも大きな力になる。大切なのは，自分の好きな話を選ぶこと。その楽しさを子どもと分かち合いたいという思いが，お話の原動力となる。

読み慣れている絵本を選ぶ人もあるが，絵本は絵で語っている分，言葉が足りないことがあるので，補う必要が生じるし，絵本として読んだ方が生きることが多い。

### ③　覚える
　何度も読み聞かせしていた絵本の文章を，気がついたら覚えてしまっていたことはないだろうか。覚えるつもりはなかったのに，その場面ごとに，言葉が思い出せる。それと同じように，お話を何度も読みながら，場面を思い浮かべ，それにぴったりした言葉を覚えていく。

　特にはじめは，耳から聞いて生き生きとしたイメージの描けるよいテキストを選び，そのとおりに覚えることをおすすめする。お話は言葉の力で成り立つ世界なので，うろ覚えで自分の貧しい語彙から探しながら話そうとすると，世界がガラガラと崩れてしまうのがわかる。ぴったりした美しい言葉で，お話が生き生きと動き出し，子どもたちが夢中で聞くという体験を積むと，お話がどんどん楽しくなっていく。

　決して丸暗記はしない。イメージの裏づけのない，言葉だけの話は，聞いていておもしろくないし，つまずくと次につながらなくなる。

　「とにかく覚えた」という段階では，まだ自分の中でお話が納まっていないので，聞き手の顔を見たとたん，動揺して語れなくなることがある。「覚えた」と思ってからしばらく自分の中でお話を温め，思いめぐらす時間をとるとよい。

### ④　語る
　準備ができたら，子どもたちに語ってみよう。語り方にこ

だわる人が多いが、子どもは、どんなふうに語るかには頓着せず、どんな話が聞けるかと期待している。語り手も、くつろいで、お話そのものに集中して語ればよい。

　子どもが楽にお話の世界に入ってこられるように、特に出だしはゆっくり語る。子どもの目や表情を受け止められるようになれば、自然に"間"も取れるようになり、緩急もついてくる。それぞれの話にふさわしい態度もわかってくる。セリフでどんな声を出すか、どこを強調するか、などと頭で考えて技巧的な工夫に走るのではなく、その話のどこがおもしろいか、子どもがどんなふうに聞くか、一緒に楽しみたいと願って誠実に語ることから始めたい。

　途中でつまっても、子どもは続きを聞きたくて待っているので、あわてずに、おしまいまで語る。お話のイメージが描けてさえいれば、自分の言葉でつなげることもできる。

### ⑤　お話会の実際

　公共図書館で定期的に行う場合は、ボランティアに助けてもらうにしても、職員がかかわる形をとりたい。子どもとお話の楽しさを分かち合うことは、仕事を進めていく原動力となる喜びであり、子どもにとっての読書を考える上でまたとない機会になるからである。

#### 1）対象

　あまり年齢の幅が広いと、大きい子向けの話ができないし、小さい子に向く話ばかりでは大きい子が物足りない。子どもの年齢に合った話を楽しめるように、できれば、3、4歳から小学1年くらいまでと、それ以上とで分けるなどして行いたい。

2）時間

集中できる時間を考えると、小さい子で20分前後、大きい子で30分前後が適当であろう。

3）プログラム

メインのお話と、おまけという組み立てが基本になる。複数で担当するときも、各々の覚えた話をただ並べるのではなく、聞き手が楽しめることを最優先して考えたい。お話だけでうまく組めなかったら、絵本と組み合わせるとよい。合間に詩や簡単な手遊びを入れることもある。しかし、パネルや人形劇など、演劇的、視覚的要素の強いものは、聞き手の気持ちのおきどころが違うので、お話との組み合わせには向かない。

4）会のもち方

お話は、言葉だけを頼りに、"見えないもの"を思い描く共同作業なので、語り手も聞き手も、集中できなければ楽しめない。できるだけ、日常の空間とは切り離された場所を用意したい。お話の鈴を鳴らしたり、ろうそくを灯したりするなど、お話の世界に入る約束事を決めておくのも楽しい。

子どもが椅子に座っていれば語り手は立ち、子どもが床に座っていれば語り手は椅子に座るというように、聞き手の顔が見渡せるようにする。

お話そのものに力があるので、長い前置きはいらない。終わったら、使った本を紹介し、借りられるようにしておく。

その日のお話、プログラム、子どもの反応などを記録しておく。語り手同士の経験を共有できるし、積み重ねることでいろいろなことが見えてくる。

『お話を子どもに』、『お話を語る』（松岡享子著　日本エディ

タースクール出版部）は，自身が優れた語り手であり，多くの語り手を育ててきた著者が，お話の基本から実際までを丁寧に述べている。疑問をもったときや，迷ったときにも非常に参考になる。

⑥ 学校でのお話

学校でお話を語る機会が増えた。図書館に来たことのない子にも，本の世界の楽しさにふれるきっかけになる。人まかせにせず，図書館が責任をもって学校と交渉し，訪問する語り手とプログラムの打ち合わせをきちんとし，紹介する本を子どもが手に取れるよう手配して，実施したい。ボランティアの語り手から図書館員が学ぶものも貴重なので，一緒に勉強会をするなど，よい関係を保ち，子どもたちがお話から大きな楽しみを得られるよう，協力していきたい。学校の先生方とも，折にふれ，子どもの読書について話ができる関係を築いて，図書館の姿勢を伝える努力をしたい。

(6) ブックトーク（本の紹介）とブックトークの会

児童室の数多い本の中から，子どもがこれを読んでみようと1冊の本を手に取るには，何らかのきっかけがあるだろう。友だち同士で「これ，おもしろかったよ」と，すすめあっているのをみると，その本に心を動かされた"人"の存在が大きいことがわかる。

口頭で本を紹介する「ブックトーク」は，児童図書館員が本に対する知識と熱意を総動員して，子どもたちの本への興味を引き出す大切な仕事である。お話と並んで，アメリカの図書館で発展してきたもので，日本でも学校図書館や公共図

書館で取り組まれてきた。

ブックトークの会では、テーマに沿って5～6冊の本を紹介することが多い。公共図書館で行う場合は、来る子どもの年齢に幅があり、関心もばらばらなので、本の選び方がむずかしいが、学校の一クラスを対象にする場合は、年齢が一定していてまとまりがある。小学校だけでなく、中学校、高校でも効果的である。また、お話の会で、お話の後、関連の本を紹介することもある。

対象は子どもだけでなく、子どもに読んでやる絵本を紹介してほしい親、学校で読み聞かせする本を探しているボランティア、読書教育に取り組んでいる教師など、さまざまである。機会をとらえて、実施していきたいものである。

それとは別に、日常のフロアワークで、書架の前でうろうろしている子に、その子の興味を引きそうな本を手短かに紹介する簡単なブックトークもある。

① 紹介したい本をたくさん読んでおく

いずれにしても、「これは是非とも紹介したい！」と強く思う本があってこそ成り立つ仕事である。子どもに本をすすめるとき、よい本であると聞いたからという程度の動機で紹介しても、子どもはその本を手に取らない。ところが、読み返したばかりで、登場人物の声が耳に残っているほどわくわくした本の話をすると、不思議と手を伸ばす。

いつも書架にある本に目を配り、長く読み継がれてきた本や、優れた内容なのに目立たなくてあまり読まれない本を読んでおくこと、この本はどんな紹介のしかたをしたら楽しいだろう、と思いめぐらすことが大切である。また、新刊書を

選ぶときも，どんな子どもに向く本か，読み手の顔を思い浮かべること，どんなテーマで紹介できる本か，件名（主題を表したことば；名辞）を考える習慣をつけておくこと，こうしたことが，ブックトークでも役に立つ。『子どもの本のリスト』（東京子ども図書館編・刊）の件名索引は，テーマを考えるときの参考になる。

そのようにして読んでいくうち，特に，これはおもしろいと思った本，忘れられない登場人物に出会うことがある。その印象を大切にして，本についての話題を，自分の中で常に生き生きとさせておきたい。そして，日常的に，書架の間で，一人一人の子どもに本をすすめる体験を積んでいると，自分が本当に心を動かされた本を紹介したときの子どもの反応の大きさに気づくだろう。

② グループを対象にしたブックトークの実際

1) テーマを決めて，本を選ぶ

学校から"友だち"，"自然保護"などのテーマで依頼されることもあれば，自由にテーマを設定して行うこともある。また，この本を紹介したいという強い思いから出発して，組み合わせる本との関連でテーマを考えることもある。子どもの身近なこと，意外性のあるものなど，楽しんで選びたい。

紹介する本は，放っておいても子どもが手に取るようなものをあえて取り上げる必要はないだろう。目立たないがぜひ読んでほしいと思う本にこそ，光を当てたいものである。

テーマに合いそうな本を書架から抜き出し，読み返しながら，絞り込む。いつもは手に取らない本に視野を広げるためにも，絵本，物語，詩，昔話，科学の本，伝記，ノンフィク

ションなど，幅広いジャンルから選びたい。重点をおく本，軽く紹介する本と，バランスを考えて，順番を決めていく。

### 2）紹介のしかた

あらすじの連続だけでは興味をひかない。それぞれの本にふさわしい紹介のしかたを考える。絵本の一部を読む（低学年の場合は最後まで読まないとおさまらない），短編集から一話語る，おもしろいエピソードを紹介する，印象的な部分を朗読する，クイズを織り込む（興奮して本題から逸れてしまうので，一つ二つに留めておく），挿絵を見せる，著者の話をする，など工夫してほしい。紹介する個所には，事前に付箋をつけるなどして，用意しておく。いきなり本番では，なかなかスムースにいかないものなので，事前にシナリオを書いて，十分準備をしてから臨むことをおすすめする。

次の本に移るときも，「次はこの本です」ばかりでは，平板になってつまらない。「この子たちはベッドに乗って高い空を飛びまわりましたが，自分の足を頼りに世界中の高い山に登った人もいます」など，橋渡しをして，全体が一つの流れとして印象に残るようにしたい。

準備の時間がとれず，何冊かをただ紹介するだけのこともあるかもしれない。それが優れたおもしろい本だったら，その本だけの紹介として効果があるだろう。しかし，一つの流れの中で，楽しくつなげて，思いがけない本を紹介してもらったとしたら，そのとき紹介された本にとどまらず，本の世界の広がりと深さに目を開かれる体験になるのではないだろうか。

高校1年生を対象にしたブックトークで，はじめは迷惑そうな顔をしていた生徒たちが，びっくりしたように聞きはじ

め，終了後，数人が控室まで感想を述べにやってきたことがあった。心をこめ，時間をかけて準備すれば，本の好きな大人の存在から子どもたちに伝わるものがあるに違いない。

いろいろなグループにやってみて少しずつ修正しながら，何年もかけて練り上げていくブックトークを，数は少なくても温めたいものである。

なお，「ブックトークの意義とその効果的方法」(松岡享子著『こどもとしょかん』73号　1997春)は，ブックトークの意義や基本をわかりやすく紹介しているので，まず読んでおきたい。

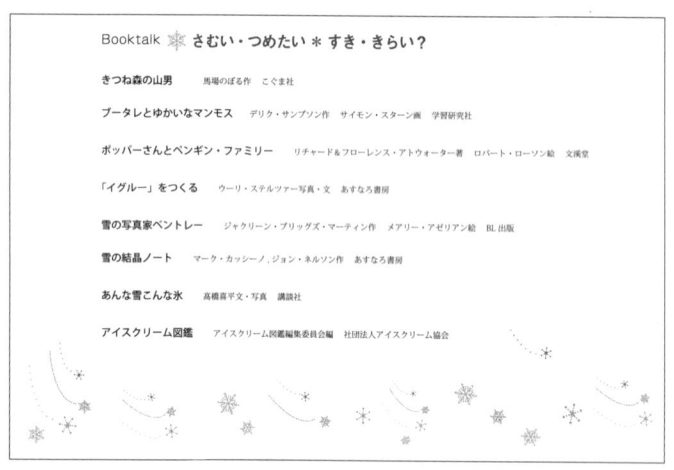

```
Booktalk ❄ さむい・つめたい ＊ すき・きらい？

きつね森の山男        馬場のぼる作  こぐま社

ブータレとゆかいなマンモス    デリク・サンプソン作  サイモン・スターン画  学習研究社

ポッパーさんとペンギン・ファミリー    リチャード＆フローレンス・アトウォーター著  ロバート・ローソン絵  文渓堂

「イグルー」をつくる      ウーリ・ステルツァー写真・文  あすなろ書房

雪の写真家ベントレー      ジャクリーン・ブリッグズ・マーティン作  メアリー・アゼリアン絵  BL出版

雪の結晶ノート         マーク・カッシーノ，ジョン・ネルソン作  あすなろ書房

あんな雪こんな氷        高橋喜平写・写真  講談社

アイスクリーム図鑑       アイスクリーム図鑑編集委員会編  社団法人アイスクリーム協会
```

写真 5-2　ブックトークの例

(内藤直子)

## (7) 科学あそびと科学あそびの会

### ① 図書館における科学あそび

図書館における科学あそびは,「科学の楽しさ,面白さを伝えるために,市販の子ども向けの科学の本に書かれている科学実験を,くつろいだ(informal)雰囲気のもとで,日常生活用品や食品などを用いて,児童と一緒に行い,実験の後または途中で,実験に使った本や関連の本を紹介し,児童と科学の本を結び付ける読書の動機づけの方法」[1]である。

その目的は,公共図書館や子ども文庫で簡単な実験をして,科学の本への導入を図ることである[2]。

科学あそびの特徴は3つある。第1に,科学である。実験を自ら行うことを通して,子どもに科学の過程や,基礎的な科学知識を理解させるものである。第2に,子どもが実験を再現可能なように材料や器具は身の回りにあるものを使う。第3に,子どもの科学への興味を本につなげていく活動である[3]。この第3の特徴が,図書館で行う科学あそびの最大の特徴である。

科学あそびの意義としては,次の4点があげられる。

(1) 子どもに科学への興味をもたせ,高めることができる。男の子だけでなく,科学や科学の本に対する興味が低い傾向がある女の子も,科学あそびをすることによって,科学に興味を示し,科学の本を借りていくようになる。

(2) 科学の本への読書興味を刺激されることによって,子どもが科学の本を借りて読むようになる。読書をしない傾向にある男の子も,科学あそびをすることによって科学に興味を示し,科学の本を借りていくようになる。

(3) ほかの催し物に参加をしない男の子の参加を促すこ

とができ，利用者の拡大をもたらす。
(4) 児童図書館員にとっては，子どもたちがどんな実験に興味を示すのか，本に書いてあるのと同じように実験できるのかなどを知ることができ，そのことが科学の本を選ぶときの参考になる[4]。

② 科学あそびの会

科学あそびの会は，定期的に毎月1回（できれば毎週1回）行えるとよい。お話会の中に科学あそびを取り入れている図書館もある。毎年数回，定期的に開催することから始めるのもよいであろう。実際に科学あそびを実施するためには，次のことが必要である。

1) 科学あそびを選ぶ

どの科学あそびをするのかは，一般的には，
(1) 子どもの科学の本，科学あそびの本の中から選ぶ。
(2) 科学あそびの手引書を利用して選ぶ。
(3) 自分で独自に開発したものを実施する。
のいずれか，または組み合わせによる。

1冊の本から科学あそびを選ぶ場合もあるし，何冊もの本の中から選んで科学あそびをいくつか組み合わせて実施する場合もある。

その選び方としては，まず，自分が興味をもってできそうなものを選ぶ，次に，対象となる子どもが興味をもって行えるものを選ぶようにする。

科学あそびをするのに向いている条件は，
(1) 何か一つ原理（ものの見方）が含まれているもの。
(2) 一般的には，簡単なものからより複雑なものへの順番

で行えるもの。
(3) 扱っているテーマの特性をわかりやすく提示してくれるもの。
(4) 意外性（いままで気づかなかったものを気づかせてくれるようなもの）も含まれているもの。

これらの点を考慮して選ぶことになる。

### 2）科学あそびに利用できる本

子どもの科学の本や科学あそびの本に，次のようなものがある。

- 『あなたのはな』（P. シャワーズ著　福音館書店）
- 『空気と水のじっけん』（板倉聖宣著　国土社）
- 『コップの実験』（相場博明著　さ・え・ら書房）
- 『科学でゲーム』シリーズ（V. コブ, K. ダーリング共著　さ・え・ら書房）
- 『ドライアイスであそぼう』（板倉聖宣・藤原千之著　国土社）
- 『ポップコーンの科学』（相場博明著　さ・え・ら書房）

次のようなよい手引書などもあるので，参考にするとよい。

- 『科学あそびだいすき　1〜3』（科学読物研究会編　連合出版）
- 『ものづくりハンドブック　1〜7』（「たのしい授業」編集委員会編　仮説社）

### 3）科学あそびの立案

まず，科学あそびに必要な材料など準備するものを書き出し，必要な品目と数量のリストをつくる。次に，科学あそびの内容を行う順に書き出す。また，利用する子ども向け科学の本とその関連図書をリストアップする。さらに，科学あそびの手引書や大人の科学の本など参考になるものをリストア

ップする。

③ 科学あそびの例：卵の実験
1) 準備するもの
(1) 生卵（新鮮なもの）1人1個と予備
(2) ゆで卵1人1個
(3) カーボン紙（両面。なければ片面でも可）
(4) 白紙（コピー用紙など）1人1枚
(5) ガラスの瓶（ジャムや蜂蜜などの瓶）500mℓ 1つ（直径8cm、高さ10cmくらいのもの）
(6) 塩　(7) 砂糖　(8) スプーン（大さじ）
(9) 粘土　(10) 十円玉
(11) 板（まな板や、40cm×60cmくらいの板で反らないもの。これであれば、子どもを乗せることができる）
(12) 5リットルくらい水が入るもの（例えば、やかんなど）
(13) 15リットルかそれ以上入るもの2つ（例えば、バケツ。そのうち一つは、石油などを入れるポリ缶があるとよい。なければ、バケツで可）
(14) 水（上記ポリ缶やバケツに入れておく）
(15) 新聞紙　(16) 卵のケース（または、卵立て）
(17) 雑巾

2) 科学あそびの内容
① 卵を立てる（生卵）　　　　　：『卵の実験』p.7-15.
② 水の中で卵を立てる　　　　　：『卵の実験』p.16-19.
③ 卵をまわす（生卵とゆで卵）　：『卵の実験』p.21-22.
④ ぜにまわし　　　　　　　　　：『卵の実験』p.24-25.
⑤ カーボン紙の上でまわす　　　：『卵の実験』p.26-27.

⑥ 卵の強さを確かめる　　　　　　　：『卵の実験』p.30-31.
### 3) 科学あそびおよび関連の児童図書
1　伏見康治, 伏見満枝著『卵の実験』福音館書店　1977
2　中谷宇吉郎著『たまごの立つ話』国土社　1991（科学入門名著全集 7）
3　中谷宇吉郎著「たまごの立つ話」（『科学する心』国土社　1965　少年少女科学名著全集）
4　岡野薫子著『卵のかたちから』大日本図書　1980（子ども科学図書館）
5　小竹千香子著『卵のひみつ：たのしい料理と実験』さ・え・ら書房　1987
6　ミリセント・E. セルサム文『たまごとひよこ』竹山博絵　松田道郎訳　福音館書店　1972
7　清水清著『たまごのひみつ』あかね書房　1975（科学のアルバム　45）
8　内田清之助『卵のひみつ』国土社　1979（少年少女科学名著全集　24）
9　中村宏治著『さめが生まれた』新日本出版社　1981（写真絵本　8）
10　寺沢孝毅文『オロロンチョウの島』青塚松寿・寺沢孝毅写真　偕成社　1989

### 4) 参考になる一般図書
1　『科学あそびだいすき　1』科学読物研究会編　連合出版　1987　p.123-129　「ゆかいな卵（山辺, 角田）」
2　『「立春の卵」と「コロンブスの卵」』津野正朗著　出版研（出版科学研究所）1987（長期品切）

④ 科学あそびの事前の実施

必要なものを準備し，準備したものを使って，実際に科学あそびを行い，できるかどうか確認する。もし，うまくできない場合は，自分のやり方がまずいのか，材料がまずいのか，もともとうまくできないのかを考え，再度試してみる。また，実際に科学あそびをしている人に聞いてみるのもよい。いずれにしてもできない場合は行わないことにする。

⑤ 科学あそびの会の実施

まず，準備段階として，科学あそびをする部屋の確保を行う。また，子どもへの広報（図書館だよりへの掲載，ポスターの掲示，チラシ配布など）を行っておく。

実際に子どもたちと科学あそびを行うときは，実験の予想を子どもに聞きながら楽しくくつろいで行うようにする。予想を三択問題などにして行うとよい。なお，火を使ったり，包丁などを使ったりするときは，扱い方を教えるとともに，注意を促し，また，子どもたちの科学あそびのしかたなどに注意を払い，安全を確保することが必要である。

⑥ 科学あそびにおける科学の本の紹介

通常，科学あそびが載っている本や関連の本をテーブルやブックトラックなどに展示しておき，実験の後や，時には実験の途中に紹介する。また，テーマに関連するブックリストを作成し配布を行い，さらに，本の貸出を行うようにする。

注
1) 塚原博「小学校における科学の本に対する読書の動機づけとし

ての科学あそび」『図書館学会年報』Vol.42, No.3, 1996, p.150
2) 前掲 1) 同所
3) 前掲 1) 同所
4) 前掲 1) p.151-152

（塚原　博）

## (8) 図書館子ども会

　定期的なお話会などを継続しながら，年に1，2回，少し大がかりな催しとしてお楽しみ会を行うと，常連さん以外の子どもたちも図書館に足を運ぶきっかけになる。
・季節ごとに，いろいろなもち方が考えられる。
　こどもの日の集い／緑陰子ども会／夏休みお楽しみ会／秋の科学あそびの会／クリスマス子ども会　など
・大勢の子どもたちが楽しめるように，人形劇，パネルシアター，影絵劇などをメインに，図書館クイズ，本のクイズ，手遊びなどを組み合わせてプログラムを工夫する。
・企画の段階で，児童担当だけでなく，他の担当の職員もかかわる行事として位置づけるとよい。できるだけ多くの職員に子どもたちの反応を見てもらい，児童担当の仕事について理解を得る機会としたいものである。
・ポスター，チラシ，図書館だより，自治体の広報，学校や幼稚園への周知など，広報を丁寧にする。
・終了後，準備の経過や，当日の進行状況，反省事項などを記録し，次回に生かせるようにする。

## (9) 集会・行事活動と著作権

　読み聞かせや集会行事で，絵本等の著作物をそのまま，あるいは，人形劇やペープサートなどで複製，脚色して使うと

き，著作者等の権利を保護する著作権法によって，著作者に使用の許諾を求めなければならない場合がある。

　読み聞かせ等で著作物をそのまま使う場合は，著作権法第38条第1項にあるとおり，公表された著作物であり，営利を目的とせず，聴衆，観衆から料金を受けず，実演者に報酬が支払われない限り，無許諾で行うことができる。しかし，複製したり脚色したりして大型紙芝居をつくったり，パネルシアター等を上演したりするときは，著作者の許諾を得る必要が生じる。

　著作者の許諾を得るためには，その本の発行元の出版社を通して依頼することになるが，子どもの読書活動に携わる人たちの活動がさかんになり，出版社の著作権関連の事務量も増えてきている。また，使う人たちの著作権に対する理解もまだまだ浸透していない。そこで，著作権の取り扱いがよりスムースに運用されるよう，作者や出版社等が集まり，2006年5月に児童書四者懇談会による『読み聞かせ団体等による著作物の利用について』という手引きが出された。

　図書館員は，よい本が書かれ，出版され，それが保護されることを応援したい。そのためにも，集会活動での著作権の問題をきちんと意識して臨まなければならないし，ボランティアにも伝えていかねばならない。しかし，その煩雑さのために，子どもたちに作品の楽しさを紹介する活動にブレーキがかかるのはたいへん残念なことである。作者や出版社にも読書推進活動の実情をわかってもらい，相互理解を深めてそれぞれの目的に合った運用を模索していきたいものである。

（内藤直子）

## 5.8 乳児・幼児への図書館サービス

### (1) 乳児,幼児とは

　乳児とは,1歳未満児,すなわち,0歳児である(医学上,法律上)。幼児とは,満1歳から小学校就学前までである(児童福祉法第4条)。さらに,幼児教育では,1・2・3歳児は「幼児前期」,4・5・6歳児は「幼児後期」と称する。

　赤ちゃんとは,一般的には0・1・2歳児を親しみこめていう俗称である。図書館,出版界では,これまで絵本の読者対象としての0歳児は,生後10か月頃か,早くても6,7か月頃と考えられていた。しかし,ブックスタート(NPOブックスタート)や2001年から始まった全国運動「絵本と出会う・親子ふれあい事業」(厚生労働省「健やか親子21」)では,絵本とのふれあいが,4か月健診時に実施されている。さらに後者の場合は胎児期,新生児期(生後1か月未満児)からを対象とし,母子手帳交付時に配布できる冊子『絵本と赤ちゃん』の発行もしている。図書館と保健行政との連携が始まっている現在,子どもの発達の視点からすると,対象を母子共生の時点から,両親,祖父母へのアプローチ,さらには育児支援者をも視野に考えることが必要である。特に図書館においては,これまでの児童図書館サービスは常に子どものみを対象にしてきたが,妊娠中を含む0・1・2歳児のいわゆる「赤ちゃんサービス」部分では,その保護者こそが,サービスのカギとなる。

### (2) 乳児,幼児の言葉の発達過程

　これまで「すべての子どもに"読書"の喜びを」と児童図

書館サービスをしてきたが，実はその大前提に「すべての子どもに"ことば＝母語"の喜びを」の実現がある。言葉を育むこと，それは人類史上"対面育児"が当然のことであったから問題が起こらなかった。しかし，ハイテク時代，デジタル思考の現代，育児もテレビ子守が象徴する"非対面育児"になり，子どもへの言葉がけも「早く着なさい！」「早く歩きなさい」と「早く！」が口癖になるくらいデジタル思考になっている。

しかし，生命に関する部分は連続の営みであり，アナログ思考が問われる。その証拠にどんなにスピーディな時代でも，妊娠10か月は変わらない。5，6か月に短縮はできない。出生後の0歳児の発達の道筋も変わらない。首が据わり，寝返り，ハイハイ，伝い歩き，そして1歳前後で人間としての二足歩行へ移行する。精神面の発達（言語）も同じく1年前後かかる。したがって0歳児代は「言語の準備期間」であるといわれている。

人間は，出生と同時に「産声」をあげる。これは人生最初の「発声＝泣き声」である。新生児にとって泣き声は，伝達の手段である。やがて生後1か月目に入ると「痛み」と「不快感」の泣き分けを始める。つまり泣き声の強弱，音質，リズムに違いが出てくる。親は泣き声の違いによって乳児の状態や要求をキャッチすることができる。生後3か月頃から「喃語」（「あ，あ……」「ば，ば……」等）を発しはじめる。喃語はある程度，統制された呼吸活動と構音活動のもと行われているといわれている。乳児にとって伝達意図はなく，"音声の一人遊び"である。生後6か月くらいになると，大人の「ワンワンよ」「まんま」といった言葉がけや，絵本からの

擬態語，擬声語を繰り返し聞くことによって発声に転換される。まだコミュニケーション的機能はなく，遊びとして音声を発しているのである。

　このような言語獲得への準備期間を経て，満1歳の誕生前後で「初語＝最初の言語」獲得が始まる。"言語の獲得"とは音と意味（具体的事物や行動）とが結合し，さらに日常生活の中で使用できる言葉のことである。

　0歳児と絵本との出会いは，言語獲得の"準備期間"と捉えられる。そこには大人の優しい眼差し（アイコンタクト）と，喃語に近い繰り返し音での言葉がけや赤ちゃんに絵本の読み聞かせをすることの重要性がある。保健所現場では，初語が「チーン！」といった電子レンジからの音声や，テレビのコマーシャルだといわれて久しい。

　幼児前期から幼児後期に移行する"言語の獲得＝語彙の発達"にも特徴がある。1歳前後の言語獲得の第一歩である初語の始まりは，やがて「伝達の手段＝外言」としての言語・語彙が豊かに育ち，「思考の手段＝内言」としての言語へ発達する。伝達・思考の基本はなんといっても豊かな「語彙」である。その語彙には，話を聞いたり文章を読んだりできる「理解語彙」と，話したり書いたりを能動的に使える「使用語彙」とがある。

　乳幼児期は，「聞く・話す」基本語彙の急速な獲得期である。使用語彙数は，一般的には，1歳で10語，2歳で300語，3歳で900語，4歳で1,700語，5歳で2,000語，6歳で2,400語といわれている（後田茂，横山明編著『乳幼児の発達と教育』三和書房）。親にとってはその子の大好きな絵本を繰り返し読み聞かせすることが，いかに大事であるかを知ることができ

5章　児童図書館サービスの実際………163

る。図書館における乳幼児サービスの重要性もここにある。

## (3) 乳児，幼児のための選書と読み聞かせのポイント

　胎児，新生児，1，2か月児には，肉声による言葉がけを十分にしたい。世界中の赤ちゃんは子守唄をとおして母語と出会ってきている。子守唄とともに歌い継がれてきたわらべうたや童謡を歌ってあげたい。

　3，4か月になると，視力が機能をしはじめるので，耳（聴覚）からの音声の喜びにプラス，目（視覚）からの絵画の楽しさも急速に広がり出す。

　5，6か月からは，音声の一人遊びである喃語の繰り返しが活発になるので，擬音・擬態語の絵本を喜んで聞く。

　7，8か月頃には，模倣して，発声する喜びの段階に入る。「まんま」「ワンワン」「ぶーぶ」といった食物，動物，乗り物等の認識絵本を楽しみ出す。

　9，10か月に入ると，自立に必要な基本的生活習慣を示唆する生活絵本（食事，寝る，排泄，お風呂，遊ぶなど）にも関心が広がる。

　満1歳の誕生前後には，これまでの発声しやすい音声によって構音が整い出し，音声と意味の結合が始まり，「片言」と呼ばれる初語形成が実現する。

　この時期の絵本の読み聞かせは，親と子のふれあい（対面育児）が目的であるから，絵本はそのための"媒体＝手段"である。したがって，親にとっては，絵本の"文字読みは1割"とし，"赤ちゃんの表情を読むことが9割"とすることが必要である。そこで，いわゆる"抱っこで読み聞かせ"をするのではなく，1ページごとの読みに対して，どう反応してい

るかを観察できる位置に座って行うことが大事である。

1歳半から2歳半になると，絵本はふれあいの"手段"から内容を楽しむ"目的"への移行期に入る。絵本の主人公の言葉・動作の模倣が活発になってくるので，生活絵本の分野もさらに楽しむようになる。

2歳半から3歳半では，簡単なストーリーも楽しむようになり，絵本を読んでもらうことが目的になる。大人ペースではなく，子どもペース（子どもの自主性，主体性の尊重＝人格，人権尊重）で選び，読み手は膝に抱っこして，心をこめて，歯切れよく読んでやることが大事である。

3歳半から6歳は，絵本の"読み聞かせ黄金期"である。これまでの生活絵本・認識絵本にプラス物語絵本（国内外の民話・創作絵本），科学絵本（生物・天文・気象・地学・物理・化学・工学），言葉遊び絵本（しりとり・なぞなぞ），美術・工芸（折り紙・あやとり・絵描きうた）と多様に広がる。

幼児後期からの要点は，文字読みが始まっても，具体的思考期の9歳までは子どもへ読み聞かせをすることが大事であるということである。この時期は，自分で読む楽しさと親に読んでもらう楽しさ，両方の喜びを満喫し，やがて一生読書に親しむための"文字言語"（読む，書く）獲得に向けての大切な移行期となる。

### (4) 乳児，幼児への手づくり布の絵本の効用

「すべての子どもに"読書"のよろこびを」の第一歩に，"ことば＝母語"を育むことが必要不可欠なことがあげられる。しかし，障害をもつ子どもや在住外国人の子どもに，どのようなサービスができるだろうか。その実例として，公共図書

館でも広がりはじめている手づくり「布の絵本」の提供が効果的であるといえる。例えば「時計」(ボタンとスナップで長短の針止め)の場面を手にするだけで,数字は万国共通であるから,それぞれの言語で伝えることができる。同時に親子で日本の数の読み方も覚え,買い物もできる。障害のある子も,在住外国人(208万人,2008年現在)の子どもも,1冊の布の絵本で手指を使いながら交流し,言葉の模倣や獲得を始めることができる。なによりも布の絵本は,読み書き困難な子どもへのマルチメディア DAISY 図書への前段として,乳幼児期のことばと手指の作動機能を育む役割は大きい。

**参考文献**
- 岡本夏木著『子どもとことば』岩波書店,1982(岩波新書)
- 岡本夏木著『ことばと発達』岩波書店,1985(岩波新書)
- 岡本夏木著『幼児期』岩波書店,2005(岩波新書)
- 後田茂,横山明編著『乳幼児教育と発達』三和書房,1977
- 青木氏雄,勝尾金弥編著『続・乳幼児教育と発達』三和書房,1979
- 正高信男著『子どもはことばをからだで覚える』中央公論社,2001(中公新書)
- 福島章著『子どもの脳が危ない』PHP 研究所,2000(PHP 新書)
- 澤口俊之著『幼児教育と脳』文藝春秋,1999(文春新書)
- 高木貞敬著『脳を育てる』岩波書店,1996(岩波新書)
- 時実利彦著『脳の話』岩波書店,1962(岩波新書)
- 野村庄吾著『乳幼児の世界』岩波書店,1980(岩波新書)
- 河合雅雄著『子どもと自然』岩波書店,1990(岩波新書)
- 渡辺順子著『ことばの喜び・絵本の力:すずらん文庫35年の歩みから』萌文社,2008

(渡辺順子)

## 5.9 図書館利用に障害がある児童へのサービス

「障害者サービス」と呼ばれるサービスが，心身障害者へのサービスではなく「図書館利用に障害のある人へのサービス」であることは，基本的な考え方として認知されるようになった。これは子どもの場合でも同様である。考えてみれば，まだ文字を読むことができない乳幼児は，文字を含んだ子どもの本を利用する上で障害があるということになる。例えば母親が読んであげることによって，その障害は克服できるのである。同様に資料を利用する上で，あるいは図書館に来館したり施設を利用する上で何らかの障害のある子どもは，図書館利用に障害のある子どもということになり，障害者サービスの対象となる。これらのさまざまな障害は，本来すべての人に開かれていなくてはならない図書館側の障害ということができる。図書館はこうした自らの障害を取り除いていく責務があるのである。

文部科学省が行った大規模な全国調査「通常の学級に在籍する特別な教育的支援を必要とする児童生徒に関する全国実態調査」の結果，「知的発達に遅れはないものの学習面や行動面の各領域で著しい困難を示すと担任教師が回答した児童生徒の割合」が6.3％に及び，そのうち「『聞く』『話す』『読む』『書く』『計算する』『推論する』に著しい困難を示す」生徒が4.5％いることがわかった。この調査を受けて同省は「今後の特別支援教育の在り方について（最終報告）2003/03/28 答申」[1]を出し，2007年度から特別支援教育が始まった。ここでは「障害の程度等に応じ特別の場で指導を行う『特殊教育』から障害のある児童生徒一人一人の教育的ニーズに応じて適

切な教育的支援を行う『特別支援教育』への転換を図る」という基本的方向と取り組みを提起している。図書館においても心身の障害種別に応じてサービスを展開するのではなく，図書館利用や資料利用に何らかの障害のある子どもそれぞれの障害に対応したサービスを展開すべきであろう。

## (1) 障害児への図書館サービス

　図書館利用に障害のある子どもへのサービスは，直接心身障害児へのサービスを指すものではないが，個々の心身の障害についての知識は必要である。例えば，視力が弱い弱視者の場合，視力だけではなく視野狭窄の範囲，まぶしさの感じ方などによって個々に見やすさが大きく異なるので，大きな文字にするとかえって見にくい人や，白い紙に黒で書くとまぶしくて見えない人もいる。そこでよく「弱視者が100人いれば100通りの見え方をしている」ともいわれる。したがって，一人一人にとっての見やすさや読みやすさを理解した上で，その子どもにあった資料を探すなり作成する必要がある。このことは他の多くの障害児にもあてはまり，例えば，学習障害は1種類の障害ではなく，何種類もの障害の総称であり，共通しているのは，中枢神経系に何らかの機能障害があるために，知能全般には遅れがないのに，ある分野だけ非常にアンバランスに認知能力が低いという点にある。したがって，どの分野の認知能力に問題があるかによって対応はまったく違ってくる。

　また，さまざまな障害名を個々の子どもに冠することで，ステレオタイプな対応をすることや，その人の障害を説明することで，その人自身を説明したと考えてしまうことなどに

気をつける必要があるだろう。

① 視覚障害児へのサービス

　日本の公共図書館の障害者サービスは、ほとんど視覚障害者へのサービスであると言っても過言ではない。しかし、視覚障害児へのサービスが積極的に取り組まれているとは言いがたい。そんな中で、1981年、盲人情報文化センターで「楽しい会を持ちましょう。視覚障害児のための文庫を作りたいと思います」という呼びかけに15人の視覚障害児と13人の健常児が集まった。そのお話会をきっかけとして視覚障害児のための「わんぱく文庫」が始まった。その後1996年には大阪府立中央図書館の新館オープンにあわせ、同館こども資料室の中に「わんぱく文庫」は移転し現在に至っている。現在1,400冊の点字図書・録音図書・点字絵本などがあり、年間280タイトルほどの貸出がある（2011年度）。

　また、全盲の岩田美津子が「息子と一緒に絵本が読みたい」と1984年に自宅で始めた「点訳絵本の会　岩田文庫」は、その後1991年に「てんやく絵本　ふれあい文庫」と改称した。2011年現在約9,500冊の蔵書を有し、年間5,730冊の点訳絵本を全国の家族や点字・公共図書館・盲学校などに貸し出している。また岩田は、郵政省との3年に及ぶ折衝の末、点訳絵本の郵送無料化を実現した[2]。

　公共図書館の視覚障害児へのサービスの実践記録としては、東京都墨田区で、生来全盲の子どもと2歳のときからかかわり、就学時の点字指導などを含めて盲学校入学までの記録、および点字と大きな文字の選択にかかわって同じく入学時に点字指導を行い、その後拡大写本の教科書づくりを行っ

た記録があり参考になる[3]。

② ろう児へのサービス

　ろう児へのサービスの先駆的な例として、1979年に東京都立江東ろう学校で始められた江東区立城東図書館の「絵本の読み聞かせ」がある。この実践は耳の聞こえる図書館員による口話法によるお話会であった[4]。一方、手話を用いたお話会は手話のできる図書館員や手話ボランティアによって行われる例がいくつか見られたが、日本手話を第一言語とするろうの成人によるろう児のための読み聞かせが2004年に、石川県の白山市立松任図書館で始められた。このお話会は「手とおはなしの会」と名づけられ、地元の聴覚障害者や手話サークルの方々が協力して行われている。毎回10名から15名のろう児の参加があり、近県の富山や福井、長野、愛知などからも参加者があるという。

　また、大阪の枚方市立図書館では2006年から「手話で楽しむお話会」が行われるようになった。このお話会はろうの職員である山元亮と、手話のできる職員2名を加えた3名体制で行われ、平均参加者数は14名から20名で、その中にろうの子どもが1～2名ぐらい来ているという。ろう児の保護者も一緒に参加し、とても勉強になると喜んでもらっているという[5]。手話を第一言語とする図書館員が図書館で働いていることによって、「対面手話で本を読んで欲しい」など、ろうの利用者からさまざまな要望が寄せられているという。

　この2つの例のように、図書館がろう児、そしてろうの人々のコミュニティの場となることは、ろう児の手話言語の獲得という課題にとっても非常に大きな意味があるだろう。

### ③　その他の障害児へのサービス

　身体障害児・者実態調査結果（2006年7月1日現在）によれば，身体障害児の総数は推計で93,100人，そのうち視覚障害児が4,900人，聴覚・言語障害児が17,300人，肢体不自由児が50,100人，内部障害児が20,700人となっている。その他に，2005年度知的障害児（者）基礎調査結果の概要によれば，知的障害児（18歳未満）が117,300人おり，障害児のうち半数以上を知的障害児が占めている。小・中学校では2007年度から，知的障害や情緒障害・肢体障害の子どもなどが学んでいる障害児学級や身障学級の名で呼ばれていた特殊学級が特別支援学級という名称に変わった。特別支援学級へのサービスの例としては，学級担任の教師と協力して公開授業を行った墨田区立緑図書館の例が参考になるだろう[6]。特別支援学級は多くの学校にあり，そこでの図書館サービスが求められているのではないだろうか。

　その他に先にも述べたように，文部科学省が2002年に実施した調査によって，学習障害（LD），注意欠陥・多動性障害（ADHD），高機能自閉症等，通常の学級に在籍する特別な教育的支援を必要とする児童生徒（知的発達に遅れはないものの，学習面や行動面で著しい困難をもっていると担任教師が回答した児童生徒）の割合が6.3％という結果が出ている。この6.3％という数値は，全国の小・中学校でおよそ68万人が何らかの教育的支援を必要としているということであり，図書館にとっても看過できない問題である。こうした子どもたちの図書館利用や資料利用の障害を取り除いていくことが求められている。

## (2) 刑務所・少年院への図書館サービス

　『障害者サービスの今をみる：2005年障害者サービス全国実態調査（一次）報告書』（日本図書館協会　2006）によれば，日本の公立図書館で受刑者に対してサービスを行っている館は9館という結果が出ている。矯正施設はどこの自治体にもあるというものではないが，アメリカやイギリスの公立図書館では自治体内に矯正施設がある場合には，ほぼ100％サービスを行っているのに比べて，日本の場合には逆にほとんどサービスが行われていないのが現状である。まれな例として自動車図書館によって少年刑務所を巡回し，貸出を行っている兵庫県姫路市立図書館の活動がある[7]。このサービスは1980年代から始まったもので，貸出は直接受刑者が本を選ぶのではなく，教育係の刑務官が選んでおり，1999年には438冊が借りられたという。

　また，2005年10月に医療少年院を除く全国にある50の少年院に対して行われた読書環境アンケートによれば，有効回答数22の少年院のうち，地域の公共図書館から本を借りている少年院はわずか2館という結果が出ている[8]。同アンケートによれば日本の少年院にはおよそ500冊から12,000冊，平均すると1施設約5,000冊の蔵書がある。すべての施設が読書は入所者にとって大いに役立っていると回答している。「少年院における読書は，矯正教育として利用する『読書指導』と，余暇時間における『読書』の2重構造になって」おり，読書に関する取り組みとして「読書会」（3施設），「読後感想発表会」（15施設），その他，読書感想文コンクールへの参加，個別に課題図書を指定して感想を書かせるなど（8施設），すべての施設で何らかの読書指導が行われている。

地域図書館の団体貸出を利用している2施設のほか，11の施設（50%）では，団体貸出の制度があることを知りながら利用しておらず，制度そのものを知らない施設が9施設あった。しかし公共図書館の利用を検討中という施設もいくつかあり，公共図書館から手をさしのべるのを待っている施設も少なくない。先の論文では少年院に対する図書館の役割について，(1) 本の情報を届ける，(2) 団体貸出をする，(3) 読書会等へ参加する，(4) 朗読会やストーリーテリング，ブックトーク等を出前する，(5) 少年院からの見学を受け入れる，の5点を提言している。サービス地域に少年院のある図書館は，ぜひともサービスを検討してほしいものである。

## 注

1) http://www.mext.go.jp/b_menu/shingi/chousa/shotou/018/toushin/030301.htm
2) 岩田美津子著『見えないお母さん絵本を読む：見えるあなたへのメッセージ』せせらぎ出版，1992
3) 山内薫著『本と人をつなぐ図書館員』読書工房，2008
4) 日本図書館協会障害者サービス委員会聴覚障害者に対する図書館サービスを考えるワーキンググループ編『聴覚障害者も使える図書館に：図書館員のためのマニュアル改訂版』日本図書館協会，1998，p.29-37
5) 山元亮「聴覚障害者（ろう者）サービスの充実を目指して：枚方市立図書館からの取り組み」『図書館雑誌』Vol.101, No.5, 2007, p.298-300
6) 前掲 3)
7) 石田裕子「拘置支所および少年刑務所へのサービス：姫路市立図書館自動車文庫しろかげ号がゆく」『図書館雑誌』Vol.95, No.3, 2001, p.198-200
8) 脇谷邦子「少年院と図書館」『図書館界』Vol.58, No.2, 2006,

p.114-119

(山内　薫)

## (3) 病院における児童への図書館サービス

　小児病院・病棟には乳児，幼児，学童，中学生の子どもたちが同じ屋根の下で闘病生活を送っている。病名，性別，性格，学力，家庭環境などが異なるほかに，読書体験が乏しい子どもから豊富な子どもまでと実に幅広い。すぐに元気になって退院する子ども，長期入院の子ども，入退院を繰り返す子ども，そして病院で生涯を閉じる子どももいる。このような多種多様な子どもたちを利用対象にするのが患者図書館サービスである。

### ① 病院での図書館サービスの意義

　家族や友だちから離れて寂しがっている子どもは読書によって心を慰め，生きる喜びや勇気を得，また情操の育成など豊かに成長を続けていくための精神的栄養となる。

### ② 蔵書構成

　基本的には公共図書館の児童室のものと同じだが，小児病棟にいる子どもの事情も考慮することが大切である。

　集中治療室には，脳などの病気が原因で言語によるコミュニケーションが困難な長期入院児がいる。精神的な成長を助けるものとして，「いないいないばあ」の本など単純な受け応えに適した絵本を使用して，脳に刺激や働きかけを繰り返すことによって，重症児の反応が豊かになっていく臨床例がある。これは本の治療的・教育的効用といわれるものである。

小児医療は，小児と家族の両者を考慮しなければ効果が上がらないといわれる。言語能力が十分発達していない乳幼児や低学年児は，自分の症状や欲求をきちんと言語化するのが困難なので，親が代わって医師に伝えることや，子どもの日常生活の変化などを観察している親からの情報が治療に役立つ。したがって，子どもの病気について家族の理解が欠かせない。

　自分の病気を理解すること，避けられない死を拒絶するのではなく受容することが必要であるという認識が小児医療では当たり前になってきている。病気の解説や死について，子ども向けに書かれた本だけでなく家族のための本として『死ぬ瞬間』（キューブラ・ロス著　読売新聞社）なども小児病棟におかれる時代がきた。

### ③　利用者を知り発達段階に合わせる

　図書館サービスにおいて館種を問わず最初に考慮すべきことは，「利用者」を知ることである。つまり，子どもの読書体験や物語を楽しめるレベルを的確に把握することである。児童文学的な視点での優れた作品を多く集めただけでは，入院児への図書館サービスは失敗するであろう。なぜなら，一部の子どもしか満足しないからである。

　病院には，子ども文庫や児童図書館の利用経験がない子どもの方が多い。つまり，家庭ではテレビに子守させられている子どもや読み聞かせの体験の乏しい子どもたちは，入院して初めて本に出会うことになる。このような子どもたちには，まず本や物語の楽しさを体験させることが重要である。

　子どもの精神年齢や読書の発達段階にあわせて本や物語の

楽しさを体験できる場を提供すれば，子どもが退院後に近隣の子ども文庫や児童図書館を訪れ，自立的に成長していくであろう。

④　小児病棟での乳児へのサービス：ブックスタート活動として

児童図書館員が乳児の健診時に出向いて親が子どもと本を楽しむことを促進する（絵本の読み聞かせや貸出などを行う）ブックスタートがさかんになりつつあるというが，国立大蔵病院小児病棟では読書ボランティア活動グループがすでに33年も前に同様の活動を開始している。

小児病棟には母親が付き添う0歳児もおり，お話の時間にはプレイルームに集合する。乳児向きの絵本を借りる母親に刺激されて，同室の母親も借りる。まさに，「本のはじまり」＝ブックスタートに，ほかならない。

⑤　紙芝居の役割と効用

小児病棟には寝たきりや病室から出られない子どももいる。プレイルームに集まる子どもだけを相手するお話会で終わってはならない。病室での活動や個別の相手も必要である。

手を吊ったり足にギブスをはめたりしてベッドに横たわる子どもや，薬の副作用で視力が低下した子どもは，絵本よりも絵が大きく見やすい紙芝居を好むことが少なくない。

また，病室での個別の活動では，初対面の大人（図書館員またはボランティア）に子どもは緊張するので，離れた場所から紙芝居を見せることによって，徐々に緊張がほぐれていく。その後に読み聞かせに入る工夫も必要である。

⑥ 「すべての子どもに読書の喜びを」

　子ども文庫や児童図書館の利用機会が得られなかった子どもたちは，入院で読書の喜びを体験できる機会に恵まれる。読書経験豊かな子どもたちも，病気になって入院しても当然のこととして今までどおり読書を楽しむことができる。このことから，患者図書館サービスは「すべての子どもに読書の喜びを」の実現に貢献しているといえよう。

**参考文献**
・菊池佑・菅原勲編著『患者と図書館』明窓社，1982，380p
・菊池佑『病院患者図書館：患者・市民に教育・文化・医療情報を提供』出版ニュース社，2001，366p
・菊池佑「入院児のための読書ボランティア活動30年」『時の法令』No.1800，2007.12.30, p.2-3
・イギリス bookstart ホームページ History of Bookstart
　http://www.bookstart.org.uk/About-us/History（引用日：2010.7.31）
　"Bookstart is a national programme that encourages all parents and carers to enjoy books with their children from as early an age as possible."

(菊池　佑)

## (4) 児童への多文化図書館サービス

　1970年代，関西地区でボランティアの運営による小規模の私立図書館が韓国人向けにサービスを始めたのが，日本の多文化サービスの始まりといわれている。一方，東京都立図書館は，1970年代はじめから中国語と韓国語の資料の収集に着手した[1]。2009年のデータによると，現代中国語資料58,921点，韓国語資料16,630点を所蔵し，そのうち児童資料は，中国語3,062点，韓国語1,143点で，すべて多摩図書館が所蔵している[2]。

1986年の国際図書館連盟（IFLA）東京大会において，日本の多文化サービスの遅れが図書館界に広く知られるところとなり，日本図書館協会は1988年実態調査に着手した。以後，徐々にではあるが多文化サービスの概念が広く日本中に浸透していくことになる。

　1988年，大阪市立生野図書館で韓国語資料のコーナーが開設され，児童書を中心とした韓国・朝鮮語で書かれた本約800冊と，歴史・文化に関する日本語資料が用意された[3]。また，神奈川県の厚木市立図書館でも多言語情報コーナーが始まった。1991年には図書館と在住外国人をむすぶことを目的に「むすびめの会」が発足，以後日本の多文化サービス推進の中心的役割を担ってきている。

　2003年の調査によると，全国の図書館の60％にあたる1,528館が多言語児童資料を備えており，1館当たりの平均蔵書冊数は353冊である[4]。しかし，1万冊以上の児童書を所蔵する図書館はわずか2館しかなく，ほとんどが英文資料である。また，ある特定の言語を話す人が多く住んでいる地域では，中国語・韓国語・ポルトガル語等のコレクションを備えている図書館もあるが，日本における多文化・多言語児童サービスは，まだ散在する点にしかすぎない。

　2000年に開館した国立国会図書館国際子ども図書館は，世界各国の児童書を収集している。2009年のデータによると，外国語の児童書65,303点，外国語の児童雑誌73タイトルを所蔵し，多文化関連の展示・シンポジウム・講座も継続的に開催している。

　また，小学校向けと中学校向けそれぞれ約50冊からなる「学校図書館セット貸出し」事業を2002年度から実施して

いる。セットの種類は徐々に増えてきており，現時点での内訳は「世界を知るセット」，「東アジアセット」，「東南アジア・南アジアセット」，「ヨーロッパセット」，「北欧セット」，「中東・アフリカセット」，「カナダ・アメリカセット」の7種で，全国の希望校に1か月貸し出している。2009年度には，206校が9,650冊利用した。

　この事業は公立図書館へも波及し，県立図書館11館が同様の事業を行っている[5]。

### ①　サービスの進め方

　公立図書館で多文化サービスを進めていくには，まず事前に域内の利用者の言語別人口の把握が必要となる。外国籍市民は，日本語の習得と同時に母語の保持を望むことが多いので，ビデオを含めた日本語学習テキストとともに，母語で書かれた絵本・児童書を用意することが望まれる。その際，日本語訳がある場合は，原書とともに排架すれば，日本語の習得と母語の保持の両方に有効であり，かつ楽しみのための読書を保障することにもなる。

　次に必要なのは選書と資料購入であるが，これが一番むずかしい課題である。英語圏の児童書の情報収集と購入は現在比較的たやすくできるが，中東・東欧・東南アジア・アフリカ・南米の情報を得る手段は数少ない。日本国内のどこからでも得られる情報としては，国際子ども図書館，大阪市立中央図書館，群馬県立図書館等の蔵書を検索するか，レファレンスを利用する手もある。また，「むすびめの会」会員限定のメーリング・リスト"りんくす・える"に登録すると，「小学校低学年の子どもが使えるような『西日・日西』の辞書（主

に『西→日』希望です）が日本で手にはいりますか？」[6]といった質問にも答えてもらえる。

また，利用者である外国籍市民に相談することも有効だろう。利用者はただサービスを受けるだけでなく，サービスを手助けすることもできて，そういった活動が信頼関係を生んでサービスをより豊かなものにすることになる。購入については，非アルファベット言語はなかなかむずかしいが，余裕があれば実物を見て選書したいものである。IFLA や国際児童図書評議会（IBBY）の大会に参加すると，世界各国の生の情報が手に入るので，機会があれば参加することが望まれる。

② **多文化サービスのこれから**

1990 年の入国管理法改正以後，外国人登録している人の数は年々増加し，2008 年には 220 万人以上（日本の全人口の 1.74％）となり[7]，今後ますます公立図書館での多文化・多言語サービスの必要性が増すと思われる。また，日本は海外の児童書の翻訳がさかんな国であり，子どもたちは，幼い頃より多数の諸外国の絵本にそれとは知らずに接していて，このことが国際理解に役立つと思われる。近年は原書も含めた諸外国の絵本の展示やブックトーク等も関連機関で行われているので，関連団体が連携して多文化・多言語サービスを広めていくことが望まれる。その際，公立図書館が連携の要を担っていけるよう，日本図書館協会が中心となって，IFLA や IBBY を通じて資料や情報を入手し，日本国内の公共図書館に発信することが必要となろう。

**注**

1) 日本図書館協会多文化サービス研究委員会編『多文化サービス入門』日本図書館協会，2004，p.14-16
2) 東京都立図書館ウェブページ平成20年度統計参照（引用日：2010.6.7）
3) 前掲1) p.16-17
4) 日本図書館協会児童青少年委員会編『公立図書館児童サービス実態調査報告2003』(『日本の図書館2003』付帯調査）日本図書館協会，2004，p.51
5) 国立国会図書館国際子ども図書館ホームページ参照（引用日：2010.6.7）
6) 「むすびめの会」ホームページ参照　homepage3.nifty.com/musubime/（引用日：2010.6.7）
7) 法務省ウェブページ統計（平成20年末）参照（引用日：2010.6.7）

（依田和子）

# 6章 地域社会への支援と連携

### 6.1 子どもの生活圏(コミュニティ)の視点から

　公共図書館サービスは，地域のすべての住民を対象とし，児童図書館サービスは，そのうち0歳から13, 14歳までを対象として図書館サービスを提供する。児童図書館サービスの対象である子どもたちは，保護者や地域の人々だけでなく，保育所，幼稚園，学校など地域の機関とのかかわりを強くもちながら生きている。そのため，公共図書館は地域の資料・情報センターとして子どもたちの生活の場や，子どもたちがかかわる機関への支援と連携を図ることが大切になる。

　公共図書館では，「地域」，「地域社会」という言葉が使われることが多いが，別の表現に「コミュニティ」がある。「コミュニティ」のとらえ方は多岐にわたるが，ある一定の地域において住民が自然発生的な形で営んでいる共同体であるとし，地域，共同社会感情から構成されており，そこに住んでいる住民たちはともにわれら意識，役割意識，依存意識をもっていることが特徴であると位置づけられている[1]。

　コミュニティを「地域」，「共同体」ととらえる一方で近年は，いろいろな社会変化に対する新たな視点からコミュニティ形成を行おうとする動きがある。例えば，子育て支援や高齢者介護を地域で考えようとする福祉コミュニティ，多文化

社会に対応するグローバルコミュニティなど[2)]のほか，学校を中心とした教育コミュニティを形成しようとする動きも活発化している。

　教育コミュニティは，教育をとりまく社会変化の中で，学校外の人々が教育の当事者として建設的な形で子どもにかかわるしくみをつくろうとするものである。この考え方は，地域の教育力の再構築をめざすものであり，教師，地域住民，保護者，行政関係者，NPOの人々が参加することで，学校を支える地域や地域の核となる学校を創り出そうとする[3)]。

　今，放課後や週末の子どもたちが安全で安心して過ごすことができる居場所づくりが課題となっている。文部科学省では2004年度から「地域子ども教室推進事業」を開始し，2007年度からは文部科学省，厚生労働省が連携する中で「放課後子どもプラン」を策定し，小学校の余裕教室等を活用して，地域の多様な人々の参加による学習やスポーツ・文化活動，地域住民との交流活動等の取り組みを実施している。

　コミュニティという視点から図書館を考えようとする試みもなされている。それは，「住民の側から，読書に関する生活圏を見直したい」とし，「地域」ないし「地域社会」ではなく，コミュニティという言葉を駆使することによって，「そこに生まれ，育っていく人間の営みを，情報や知識の入手と利用という側面から，広い範囲で，そして長期にわたって考えよう」[4)]とする。この考え方は，一人一人からの発想に基づく生活圏（コミュニティ）での読書にかかわる環境を考えようとするものである。

　また，新たに読書コミュニティという考え方も提示されている。読書コミュニティは「読書文化へ子どもたちの参加を

誘い,ともに読書生活を楽しむというビジョンを共有する」人たちの集まりであり,読書という分野の知識や技能を持続的に相互交流して,実践を深めていく学習者ネットワークと位置づけられている。そこには,作家,編集者,司書,学校図書館司書,司書教諭,書店といった専門家や読者としての大人も子どもも含まれ,地域で読書にかかわる人々が相互につながり合うことで読書コミュニティ形成を推進しようとしている[5]。

このように,コミュニティは「地域」,「共同体」という枠とともに,「地域」内(外)で目的を共有する人々の集まりをも意味している。

公共図書館では,いま,行政情報や郷土資料の収集・提供,市民団体が発行する資料の収集,ビジネス支援など地域とのかかわりを強めている。児童サービスでは,子ども文庫や親子読書会などの市民グループだけでなく,絵本の読み聞かせ,お話(ストーリーテリング)などを通じて,いろいろな相手との連携が以前から行われている。また,読書にかかわるボランティアやボランティアグループと図書館との協働で事業を行う図書館も増えている。

本章では,公共図書館が児童サービスとして,子どもが生活している所＝生活圏(コミュニティ)において,本とかかわりをもつ場への支援,連携について述べる。この地域内のコミュニティ(地域コミュニティ)という考え方は,市町村合併が進み,地方公共団体が広域化する中で,児童サービスのように子どもの生活圏の上にはじめて成立するサービスではますます重要な視点となろう。

## 6.2 いろいろな場への支援と連携

### (1) 家庭

　子どもが一番先に本と出会う場は家庭であろう。保護者や兄弟姉妹の蔵書に出会う場合もあれば，その子のために買った本，親戚からもらった本もあるだろう。家庭に本があるかどうかだけでなく，絵本の読み聞かせを行ったり，家族で図書館や書店に行く場合もある。そういう選択を行うのはそれぞれの家庭である。

　公共図書館では，家庭に対して，読み聞かせをすすめたり，本を紹介したり，図書館の利用を促したりと，いろいろなPRを行う。また，児童図書館員は，保護者の読書相談などにも応えていくことも大切な仕事となる。

### (2) 地域コミュニティ内の人たち

　子どもは行動範囲が狭いため，近隣の人たちとのかかわりが強い。同い年ぐらいの子どもたちは，近隣の公園などで友だち関係を築いていく。また，保護者同士が子どもを通して友人になる場合は多いであろう。気の合う保護者同士が保育所，幼稚園，学校で読書ボランティアを始めたり，1軒の家に絵本や紙芝居などを持ち寄りクリスマス会などを開いたり，子ども文庫をつくったりと，保護者同士のつながりがいろいろな活動に広がる場合は多い。

　公共図書館ではそのように地域コミュニティ内で行われる活動に対して，資料の提供だけでなく，児童書の出版情報の提供，読み聞かせや手遊び，ストーリーテリングなどの方法を紹介するなどいろいろなかかわりが可能であろう。

## (3) 子ども文庫

　子ども文庫にはいろいろな設立母体があるが，自宅などを開放し個人が主体となって行う文庫や，集会所などを利用し仲間たちが集まり開設するところが多い。子ども文庫は児童書を集め，地域コミュニティ内の子どもたちに本を貸し出したり，読み聞かせやストーリーテリングなどを行う。

　子ども文庫と公共図書館との連携を2003年に行われた全国の児童サービス調査（『公立図書館児童サービス実態調査報告2003』，以下，全国調査）[6]からみると，次のようになる。

＜団体貸出＞

　子ども文庫に団体貸出を行った図書館478館（集計対象数2,170館），1館当たりの平均文庫数4.3文庫で，文庫数は2,055文庫である。

＜団体貸出以外の連携＞

　団体貸出以外の連携では，子ども文庫へ出張お話会，定期的な会合，ブックリスト等の共同制作，お楽しみ会などの行事の共催・共同企画運営，文庫向けの講座の開催，文庫まつりへの協力などが行われている。

　子ども文庫は，子どもたちの成長にとって読書が大切であるという願いから出発し，子どもたちと同じ地域コミュニティの中で，コミュニティの変化や培った文化を共有しながら活動している。子ども文庫のスタッフは，1960年代，1970年代から活動を続けている人々も多く，図書館員が学ぶことが多い。子ども文庫への支援や連携は，話し合いをもちながら，団体貸出などの資料提供だけでなく，いろいろな連携が可能であろう。

## (4) 学校・学校図書館

地域コミュニティの中で,子どもの教育に中心的な役割を担うのは学校である。学校の中で,資料や情報を提供し,子どもたちの読書や調べ学習を支援するのは学校図書館であるが,ここでは学校と公共図書館との連携を全国調査からみてみたい。

### ① 学校・学級文庫などへの団体貸出

学校・学級に対して団体貸出を行った公共図書館は,1,702館(集計対象数2,170館),1館当たりの平均数14.7団体,学校・学級数25,019団体である。この数値は,4年前(1999年度)の調査結果,団体貸出を行った図書館数1,302館,平均11.2団体,学校・学級数14,582団体を大きく上回っている。公共図書館が学校や学級に対して行う団体貸出は,子どもたちの身近な場所に本を届けることであり,本に親しむよい機会になる。

### ② 学校・学級などへの出張お話会

全国調査では,学校・学級へ出張お話会を実施した図書館641館(集計対象数2,571館),1館当たりの年平均回数は12.7回である。出張お話会を設問として設定しているが,出張お話会では,図書館利用の方法やブックトークを含めた資料紹介も行われている。

### ③ 図書館招待・見学

図書館員が学校を訪問するだけでなく,子どもたちが学級単位などで公共図書館を訪問する場合もある。全国調査では,

図書館招待や見学を受け入れた図書館は 2,073 館（集計対象数 2,571 館）で，内訳は施設見学 1,965 館，利用案内 1,651 館，読み聞かせなど 841 館，体験学習 1,214 館などとなっている。公共図書館の利用経験のない子どもたちには図書館を知る機会になり，また，よく図書館を利用する子どもたちにとってもふだんは入れない書庫の見学などいつもと違う発見の機会となろう。

④ 「総合的な学習」など教科に関する資料提供

公共図書館では，今までも教科に関する資料提供やレファレンスサービスが行われていたが，2002 年度改訂された学習指導要領の「総合的な学習の時間」（以下，総合的な学習）の実施（試行は数年前から実施）に伴い，地域に関する資料を含めて，学校図書館では応えきれない資料・情報の提供を行うことで支援・連携がよりいっそう推進されている。

全国調査の結果では，「総合的な学習」など授業との関連で学校と連携を行った図書館は，集計対象数 2,571 館のうち 1,702 館（66.2％）である。その内訳は，「学校との話し合い」561 館（33％），「事前連絡のルール化」712 館（41.8％），「『総合的な学習』関連資料の収集」1,115 館（65.5％），「学習テーマにそった本の団体貸出」1,268 館（74.5％），「学校への実務研修」78 館（4.6％）などとなっている。調査項目にはないが，資料提供の前にはレファレンスが行われることも多く，学校への支援と連携で中心となるのは，関連資料の収集と団体貸出，レファレンスサービスということになろう。

学習指導要領は小学校 2011 年度，中学校 2012 年度と新たに改訂され，時間数が減少するものの地域をテーマとした学

習が重視されるようになる。このことは，公共図書館との連携がよりいっそう必要となるが，子どもたちを対象とした地域資料の出版は少ない。公共図書館で資料作成を行う館もあるが，まだまだ少ないのが現状であろう。このことは公共図書館側にとっても今後，大きな課題となろう。

### ⑤ 学校図書館との連携

　学校図書館は，子どもたちだけでなく教職員をも利用対象とした図書館である。学校図書館は蔵書，施設など1館当たりの規模は決して大きくはない。運営を行う職員体制もさまざまである。

　上述の「(4) 学校・学校図書館」の項では，全国調査の結果を中心に述べてきた。調査では，学校図書館の運営形態がさまざまであることから，「学校・学級」として，学校図書館を直接，設問対象としていない。学校図書館との連携では，団体貸出，出張お話会，地域にあったルール化[7]による「総合的な学習」など調べ学習への支援，選書・資料整理等へのアドバイスや支援が行われている。

　千葉県の我孫子市民図書館では，「学校図書館支援事業」として，図書館員と市民スタッフにより，除籍候補本の引き抜き，買い替え候補選定，学校図書館全体のレイアウト替え，棚移動，分類作業などを支援している[8]。

　連携の具体化にあたっては，図書館員，教員，学校図書館の司書，司書教諭らが話し合いを行い，公共図書館はどこまで，どのような形で支援を行うのか，といった連携の形を構築する必要があろう。

⑥　そのほかの連携

そのほか，図書館員と教員らによる定期的な会合，教員と図書館員による学習，ブックリストなどの共同作成などが行われている。

学校・学校図書館への支援や連携は，団体貸出，総合的な学習などへの資料・情報提供，レファレンス，研修などだけではなく，ネットワーク事業を推進し，蔵書情報の共有化を進めているところも増えはじめている。

また，保護者や地域住民との協働による教育コミュニティ形成を進めている学校が各地に生まれている。学校・学校図書館との支援や連携は，教員，学校図書館司書，司書教諭だけでなく，今後は，教育コミュニティの進展とともに，学校にかかわる保護者や地域住民をも前提に進める必要があろう。

## (5)　保健センター（保健所）

子どもは乳幼児期から本に親しむことが大切である。全国調査では，乳幼児を対象としたサービスを1,438館（集計対象数2,571館）と半数以上で行っているが，内容をみると，1,438館のうち，「コーナーの設置」854館（59.4％），「パンフレット・ブックリストの作成」850館（59.1％），「保健所等との連携」671館（46.7％）である。「保健所等との連携」の671館は，全集計対象図書館数（2,571館）の26％となる。

保健センター[9]は乳幼児が健診や予防接種で必ず訪れる場所である。健診などの待ち時間や終了後，絵本を紹介したり，手遊び，わらべうたなどを乳幼児に紹介する。また，図書館の乳幼児サービスのPRを保護者に行う機会ともなる。

健診以外では，保健センターに設置された文庫に団体貸出

をしたり，子育て教室のプログラムに図書館の乳幼児サービスのプログラムを加えたり，図書館員が講師になり絵本や読書について講演することもできる。

　また，乳児に絵本を手渡すブックスタート（3.3(3) ②ブックスタートの項参照）や「絵本と出会う・親子ふれあい事業」（厚生労働省「健やか親子21」）という活動もある。

　公共図書館は絵本の選定やPRなど，支援・連携できるところが多々ある。

### (6) 保育所，幼稚園，児童館，学童保育，病院など

　地域コミュニティには，保育所，幼稚園，児童館，学童保育，病院小児病棟などがある。これらは，保健センターでの支援や連携と同様に，団体貸出などによる資料提供のほか，子どもたちが本に親しむためのいろいろな方法を考えることができよう。

　病院へのサービスでは，団体貸出や入院している子どもたちへの貸出，お話会などが行われている。

### (7) 美術館，博物館

　美術館や博物館との連携は，双方向の関係が可能になる。公共図書館では美術館や博物館の企画に関する本を展示し，学芸員による講演会を実施したり，逆に図書館資料を美術館や博物館に展示資料として貸し出すこともできよう。

### (8) 図書館友の会（ライブラリーフレンド）

　図書館友の会（ライブラリーフレンドなど）は，図書館活動を支えるために住民，あるいは利用者で組織される任意団

体であり，図書館協議会とともに図書館を運営していく上で重要な市民参加の手段の一つともいえる[10]。

1979年，アメリカでは各地の図書館友の会の連絡，協力を目的として全米図書館友の会連合会が設立された（2,600のグループと75万人の会員）。同会は，図書館振興のために行政に対する働きかけの方法や，資料づくりについての情報提供，各地のグループの活動紹介などを行っている。同会の顧問委員会では，「図書館協約」をまとめ，図書館への信頼を公表した[11]。

日本でも1990年代になって，図書館友の会が少しずつ設立されるようになり，現在，全国で数百を数えると推測されている[12]。全国的な集まりである「図書館友の会全国連絡会」には，50団体が参加し，公共図書館の充実と発展を求め，会員が相互に交流し，ともに活動することを目的とする。活動内容は，①意見や情報の交換・交流，②地域での活動を相互に援助・協力し，必要に応じて全国的な活動（政策提言，要請行動等）を行う[13]。

図書館友の会は，読書や図書館に関心をもつ個人や団体（例えば，子ども文庫，朗読ボランティアグループ，お話ボランティアグループなど）が集まり結成する場合が多いであろう。

各団体はさまざまな活動を行っているが，①書架整理や本の修理，書架案内など図書館業務の補助，②除籍本や寄贈本のリサイクル活動，図書館まつりの実施，文化講演会などイベントの開催，③館内美化やディスプレイ，④本の宅配，病院サービスなど出張サービスの補助，⑤図書館の広報誌の作成などがあり，次第に広がりを見せている[14]。

図書館友の会は，各団体によって活動内容に違いがあり，

図書館からの支援や連携のあり方は一律ではないと考えられる。図書館友の会は，社会にとって，図書館という機能が大切であると考える市民が，いろいろなかかわりを通して図書館を支える個人や団体の集まりである。支援や連携としては，図書館に関する新刊の紹介や図書館をとりまく国や地方公共団体の動きといった資料・情報の提供だけでなく，図書館員は図書館の抱えている問題や課題を出し，友の会は市民の立場から，要望とともに図書館のこれからを一緒に考えていくことが大切になろう。

## 6.3 「支援・連携」を推進する意義

子どもは一つの人格として家庭やコミュニティ内の人々と生活をともにしている。子どもの生活圏は大人に比べて狭く，地域コミュニティとのかかわりが強い。生活基盤である家庭で多くの時間を過ごし，保育所，幼稚園や学校に通う。長期の入院を余儀なくされる子どももいる。そうした子どもたちの読書を総合的に考えるのは，地域の資料・情報センターとしての公共図書館である。資料・情報センターの役割の具体化は，他の機関や団体，グループへの支援・連携である。「子ども」というキーワードを通して，「子ども」に社会がいったい何をすることができるのか，それぞれがそれぞれの機能や役割を前提に連携することが大切になろう。

このほか，機関等への支援と連携の推進は，公共図書館にとって単独で機能している役割をより社会化する意味をもつ。そのことは公共図書館の役割をも鮮明にするはずである。

学校への支援・連携では，子どもの読書や学習活動にどの

ような役割を果たすことができるのか。学校という教育組織や教師という専門職に対応して，図書館組織や図書館員はどのような役割を担うのか。そこから図書館員としての知識，資質，権限の問題も出てこよう。また，乳幼児への読書普及の取り組みで，保健センターへの支援や連携でも，保健師との関係で同じ課題をみることができる。学校や保健センターだけでなく，コミュニティ内にある子どもの読書にかかわる団体・グループ（子ども文庫，お話ボランティアグループなど）や地域で子どもの育成にかかわる団体・グループ（子ども会，PTA など）に，公共図書館がどうかかわるのか，これらの団体やグループは，地域コミュニティの中で子どもの読書や生活を考え活動を行っており，公共図書館との連携の意義は大きい。

**注**
1) 渡辺博史著『コミュニティ形成と学習活動』学文社，2000，p.2
2) 船津衛，淺川達人著『現代コミュニティ論』放送大学教育振興会，2006，p.43-46
3) 高田一宏著『教育コミュニティの創造』明治図書，2005，p.11-23
4) 竹内悊「1　コミュニティと図書館」『コミュニティと図書館』雄山閣，1995，p.13-14（講座図書館の理論と実際 8）
5) 秋田喜代美「1 章　言葉の力と絆を育てる読書コミュニティへ」『本を通して絆をつむぐ』北大路書房，2006，p.13
6) 日本図書館協会児童青少年委員会は，2004 年『日本の図書館 2003』の付帯調査として『公立図書館児童サービス実態調査報告 2003』（日本図書館協会，2004）をまとめた。この調査は 4 年前に行われた『公立図書館児童サービス実態調査報告 1999』（日本図書館協会，2000）の調査を受けて行われたものであるが，それ

それの調査は，都道府県立図書館調査と市区町村立図書館調査に分かれている。
7) 島弘「ルール化による学校と図書館との連携：福生市の取り組み」『現代の図書館』Vol.40, No.1, 2002, p.40-44
8) 公立図書館と学校の連携の在り方に係る資料集作成委員会・千葉県教育庁教育振興部生涯学習課編『学校図書館＆公立図書館連携マニュアル』増補版，2009，p.20-21
9) 全国調査では,「保健所等」としたが,ここでは「保健センター」という用語に統一する。
10) 図書館用語辞典編集委員会編『最新図書館用語大辞典』柏書房，2004，p.411
11) 竹内悊編・訳『図書館のめざすもの』日本図書館協会，1997，p.60-61
12) 前掲 10)
13) 図書館友の会全国連絡会「会則」2007
http://www.totomoren.com/kaisoku.htm （引用日：2008.2.24）
14) 前掲 10)

（島　弘）

# 7章 児童図書館の運営, 計画, 評価

　児童図書館の運営は，図書館奉仕全般と同じように，当該図書館の奉仕理念に則って，基本となる運営の方針のもとに，計画的に実行される。それが一定期間ごとに評価が行われて，ときには次の方針となっていく。

　その上で，児童サービスの運営は，具体的には「業務の循環性」に配慮して行われるべきである。つまり，資料の収集・選択からその組織化，検収済み資料の排架，閲覧・貸出という利用，返却作業と再利用を図る排架，その過程における読書案内や予約・リクエスト，レファレンスの受付，あるいは展示・掲示や資料の修理，そして除架から書庫入れと続き，資料の利用に応じて，保存や買い替え，廃棄・除籍が行われる。これら一連の過程で，延滞資料の督促や予約の処理などが行われる。一定期間で統計や事務処理，さらに活動・事業の評価が行われ，次の企画立案，そのための予算・人事折衝が行われる。

　こういう仕事の流れの中で，発展していく時期にはそのように，整理・改廃の時期にはそれに応じて計画を立て，運営を再構築していく。それら全般を公開の対象として運営がなされる。その結果を一定基準で評価して，改善・改良していくべき事柄が認識されて記録される。

## 7.1 運営方針

　児童図書館も図書館の要素から成り立っている。施設，資料，人，活動，予算，利用者などである。その上で，立地条件や周辺の地理的要因，住宅事情や教育・文化など，環境や社会事情を勘案して，地域社会や地域住民の顕在・潜在要求に応じるよう運営の方針を立てるのである。近年の「市民の図書館」路線（サービスの基礎として，(1) 貸出し，(2) 児童サービス，(3) 全域サービスを重点にすること）をとる図書館では，運営のやり方は市民本位で考えられているのでよく似通っている。子どもへの奉仕でも同様である。いずれにしても，内容面には，子どもの日常生活の中に図書館を位置づけ，どの子にも読書を保障すること，調べものの援助，全域サービス，健全な集会・行事・文化活動，子ども同士の交流などを明記しておく。

　運営の方針には，乳幼児から小学生くらいの年齢層を主に，中・高校生というヤング層を視野に入れる。学齢前の子どもの数や小・中学校数，市街化形成の度合いなども考慮に入る。出生数については，乳幼児への取り組みやブックスタート事業などを考慮しておくべきである。

　例えば，都市部における団地やマンション群が多い地区では，乳幼児と親への対応を求められるであろうし，一戸建て住宅地区，商業地区，農漁村や山間部では，平日と休日の利用の差が如実であろう。小・中学校からの距離なども運営で考慮される。さらに，特別支援学校や関連施設の有無は考慮しておく。運営の内容では，開館・休館曜日，開館時間，月例休館日の設定，祝日開館，週休から通年開館，夜間の開館

まで,さまざまな実情がある。

　運営の方針で考慮されてよいと思われることは,自治体の人口規模や財政能力である。施設設備面を含め,望ましい運営を追求するあまり身の丈以上をめざしすぎると,長く安定した運営が困難になる場合がある。こういう場合,安易に経費のかからない運営に陥るということになりかねない。無理のない運営を積み重ねて利用実績を示し,その実態や地域状況に応じた運営にして,その成果を公開したい。

## 7.2　図書館配置計画

　ある自治体における図書館の配置を計画して,児童サービスを行う場合には,下記のような項目が考慮される。

　奉仕対象地域の人口・人口密度,子ども数,保育園,幼稚園,小・中学校数,児童館数,子ども文庫・読書会の数,その他,出生率,住民の平均年齢,集合住宅地域(団地,マンション)か新興住宅地域かなど,である。

　地域社会の特質,自治体の性格,面積や交通事情によって,分室,分館,移動図書館システムが必要かどうか,おおよその想定が可能である。

　最初に,複数館が必要かどうか。図書館システムの構築では,自治体の人口と面積によって,規模の概要が想定できる。人口に比べて面積が極端に広い山間部の自治体もある。面積が狭くて人口密度が高い市もある。

　新興開発住宅地では,一戸建てであっても集合住宅であっても,子どもの養育には関心が高く,サラリーマン家庭では子育ての考え方が似通っていると推定できる。資料の整備に

つとめ，PRを徹底し，サービスの組み立て方を工夫すると利用の活性化が見込める。幼い子の数によっては，親子ともども行動範囲は広くはないので，分室の設置なども視野に入る。もっと規模の大きい宅地開発などでは，人口密度や周辺の市街化度を勘案して分館を設置してもよい。人口密度が低く，合併に伴い広範となった地域では，移動図書館サービスの採用を検討課題としてよい。

## 7.3 条例・規則・規程

　自治体の行政行為は，当然，法定主義により法令に基づいて行われる。このことは行政にとどまらず，広く社会のあらゆる分野に浸透している。図書館でサービスを行うにも，何かを決めてなすにも根拠となる「法」による。自治体の場合は「条例」である。

　条例は議会の議決によって制定される。自治体は図書館を設置しようとする場合，設置条例を議会で議決して行う。現在，条例で決める事項は図書館の設置くらいとしている自治体が多い。ところが，大阪府松原市は，住民運動でできた公立図書館にふさわしく，市民の自主的な読書活動への援助を図書館条例に規定している，珍しい自治体である。

　これに対して，運営や利用については規則（教育委員会に諮って決定）で定めている例が多い。理由は，条例は地方議会で制定されるので，その改廃には相当する理由が必要となるからである。設置した図書館を廃止することはまれであるが，運営や規則は実情に応じて変更が生じやすく，規則は条例よりは改廃しやすい。条例で決めたことは安定しているが

変えにくく，規則で定めた事柄は改廃になじむが，安定性の面では弱さがある。

図書館では仕事のしかたを安定して同じようにするために，働く者の共通事項である規定をつくって行うことが増えてきた。延滞図書の督促や予約・リクエストの受付内容や処理のしかた，大型紙芝居や特別資料の利用方法などの事務の取扱要領である。

これと似ているが，資料の除籍や弁償については，役所の規程事項（規定や決まりの総体をさす）となる。つまり，基準として定められた一連の条項のことである。資料の弁償については，子どもの親に費用負担が生じ苦情が寄せられることがあるので，納得を得やすい内容にして，必要なときには規程を示せるようにしておく。親によっては，使用中なのに新品の弁償ではおかしい，減価償却の考えを適用せよという場合も出てくる。また，ビデオソフトなど，著作権処理が必要な資料では，劣化している場合でもむずかしいケースがあって，方針や考え方を定めておく必要が出てきている。

ほかには，収集方針や選書規準などがある。これらは，図書館で決めてよいが，教育委員会内の決裁をとっておくと，公認の度合いが高まり安定性が増す。

これらは住民に公開される。特に，利用者に不利益を及ぼすものは，細かいことであってもあらかじめ公開して知らせておくと無用な苦情が減らせる。

ここまできちんと決められない場合は，組織内部だけに通用する内規として，図書館内の申し合わせ事項としておく。窓口カウンターの応対要領，資料の相互貸借や学校など類縁機関との対応の取り決めなどである。これらは，利用者との

対応や事情の変化などにより，必要に応じて容易に変更可能なようにしておく。

## 7.4 年間計画

　図書館奉仕にかかわる業務の流れは，資料の収集・選択から始まり，発注・受入，資料の組織化，貸出・返却など，利用窓口のさまざまな応対業務を経て，返却本の排架，除架・除籍，その買換・補充が収集選択につながる，という循環性がある。

　日々の活動が，この循環を繰り返しながら良好に高回転していくことが，図書館奉仕の発展につながる。だから，この循環する業務の流れのどこかに問題があるのであれば，全体の循環性が滞って効率が悪くなる。そこで，全体を高次元で均衡を図っていく必要性があり，そのため一定期間ごとに，するべきことは実行し，滞りがあるのであれば改善して，全体の均衡を図っていくことになる。つまり，図書館活動は年間の目標のもと，全体を見回した計画を立てて行うことが望ましいのである。

　児童サービス部門においては，季節の行事や講座・講演会，お話会などの催物，あるいは季節の展示・掲示，学校からの見学や学校訪問など，細々と取り組む事業が多いので，職員間の周知や予定の確実な実行，あるいは事務量の平準化，事務執行の確実性などの観点から，年間を見渡して計画的に行うようにする。

　年間計画の対象項目としては，行事や講座，展示などにとどまらず，選択収集から，資料の組織化，利用にかかわる窓

口関係のさまざまな仕事，排架・除架・除籍など，連携・協力を含め，あらゆる業務がその対象となる。また，そうすべきである。

　計画は，まず四半期ごとに，それから半年で押さえて，さらに月ごとに割り振っていく。従来の催しの日程や地域社会の予定，役所の大きな催し物，対外関係をにらんで，ときには臨時に急な出来事が入ってくることも勘案して立てていく。予算の執行予定金額にも配慮する。

　毎年，同じような内容になってくるので，一定の型ができるのは当然であるが，忘れ物・落とし物の処理，あるいは除架・書庫入れ作業，延滞図書の督促，長期延滞図書や亡失図書の処理，図書の買替・補充など，一定期間でやるべきことを盛り込んでおく。

　統計の分析，児童サービス運営全般の評価，次年度の課題・目標など，予算編成上の資料づくり，年に一度の仕事も考慮に入れておく。

【例示】
◇春（4・5・6月）
　前年度の活動評価，年度の計画策定，担当の引継ぎ
　図書費の年間の執行計画策定　市民活動団体等との連絡
　学校・幼稚園の新入生への PR
　「子ども読書の日」関連事業の実施
　図書館ガイダンス　学校関係部会との連絡交流
　図書館見学・視察の受け入れ
　夏休みおすすめ本の冊子発行の準備
　資料の補充・買い替え実施

◇夏（7・8・9月）
　夏の行事の企画実施　読書感想文対策の実施
　夏休み一日図書館員の実施
　レファレンス事例の記録，まとめ
　督促強化月間（9月）
　（予約リクエスト対策）
　（アンケート調査などの実施）
◇秋（10・11・12月）
　講演会，講習会の企画実施
　読書週間の企画展示など，職場体験の受け入れ実施
　予算の策定（新規事業の計画，既存事業の見直し）
　冬の行事の企画実施
◇冬（1・2・3月）
　督促強化月間
　「子ども読書の日」関連事業
　年間総括（その準備から引継事項の確定）
　児童雑誌の見直し
　レファレンス事例の総括，対策

## 7.5 ボランティアとの関係，対応

　ボランティアとは，社会において自分の能力を必要に応じて，特定の人に，あるいは，みんなのために求められる行為を，自発的に無償でする人のことである。営利を目的とせず，自主的に社会活動や事業に参加する人である。公益のある社会活動として，これまで主に社会福祉，国際交流，自然環境，教育文化など，広くさまざまな領域や分野で社会貢献がなさ

れてきた。

その中で，ボランティアには，無償性（非営利性），自発性（自主性），専門性（特殊技能性），先見性（先鋭性），公益性（公共性）が認められる。この5つの要件が必要である。図書館活動の領域においては，障害者サービスや児童サービスの分野で長く適切な実績の積み重ねがある。

子どもに読む喜びを知ってほしいと願う気持ちで，読書活動をする人や団体が行う諸活動は，総じてボランティア活動である。最も顕著な実例は，公共図書館の内外や学校図書館，あるいは学校・学級で，読み聞かせ・読み語りの活動を行うものであり，全国各地に存在する。30年の歴史をもつ団体から，ボランティア養成の講習を受けて始めたばかりという個人まで存在する。

これらは，どちらかというと，図書館の内外で，図書館の行事や定期お話会などを手伝ったり共同で実施したりするものであった。その中には，全国的な視野で見ると，ボランティアやその団体にお任せという図書館も少なくない。お話や読み聞かせの活動はボランティアが行うもの，となっては本末転倒である。子どもとのかかわりや職員の技能や専門性向上のためにも，図書館職員が必ずかかわる必要がある。そして，その活動から得たりわかったりしたことをもって，現状のサービスを前進，向上させるということを視野に入れるべきである。

さて，最近，ブックスタート事業や学校における朝の読書の機会などに，要請されてボランティア活動を行う例が各地で増えている。時を同じくして，「有償ボランティア」という言葉が各方面で比較的よく使用されるようになった。この

用語はきちんとした定義があるわけではないが,ボランティア活動を行い,それに要する費用のうち,交通費などの実費,さらには,なにがしかの謝礼を受け取るというものである。これは,日本特有の用語でもあり,先の5要件に照らすと考慮すべき課題がある。

　また,近年,慢性的な人手不足の状況にあって,公立図書館や学校図書館などで,排架や図書整理などの仕事を処理するために,行政や図書館側からボランティアを求めたり養成するということが行われている。運営自体を任せてしまう例もわずかではあるが起こっている。

　利用者が窓口に集中して貸出・返却に人手をとられて,大量の返却本の排架に手が回らないという場合が起こっている。これをボランティアが手助けをしている例は結構多くなっている。時間の面でも仕事内容の面でも比較的参加しやすく,ボランティアにとっても排架業務をしていると,知らなかった本に出会ったり,以前から書名がわからず探していた本を偶然見つけたりと,意外な利点がある。

　しかし,これが定着すると,書架ふさぎになっている本を認識して書庫入れするとか,本の内容や利用を勘案して分類変更をするとか,前後左右のかかわりを見て書架の配分を調整するといった,細かい配慮はできにくくなる。言うまでもなく書架は利用者が本と出会う大事な接点である。

　ボランティアの導入によって図書館や読書活動が活性化したり,子どもが利用するようになった例が確かにある。短期的には効果があることもあるであろうが,中・長期的な観点では,本来,職員を配置して行うべき図書館業務を,不安定な体制で当面行ったことが固定化してしまい,長く安定した

サービスを少しずつ向上させながら保障することができず，図書館が向上・発展しないということになりかねない，そんな危険性をはらんでいる。特に，図書館サービスは「人」によって支えられているので，人の要素を重要視する考えを強めていかねば，よいサービスの実現はむずかしい。

ところで，ボランティアの活動は児童サービスを損なうかというと一概にはいえず，次のような特殊な領域では必要と思われる。少数の子どもやまれな事情の子どもに，児童サービスを行き届かせるには，高度知識や特殊な技能を要する応対を行うなど，専門性に支えられた理解ある援助が必要な場合があり，今後は必要になる場合も予想される。

例えば，外国の子や難病などの子どもへのサポートである。外国からの出稼ぎや移住などによって，その子どもが幼くして日本に来る事例が各地で起こっている。中国，南米，ロシア，ネパール，ベトナムなどから来た子どもに，その子が理解できる言葉で利用案内を行うことは必要であるが，一図書館だけで可能というわけにはいかないことがある。いろいろな言語で利用の案内やチラシを作成する，そういうことにボランティアの援助はあってしかるべきである。

知的障害，発達障害など，心身に障害をもつ子ども，いろいろな難病をかかえる子どもなど，接してサービスを行うのに特殊な技能が必要な少数の子どもに，常に十分備えることは現実にはむずかしい。そういう力量をもった人の援助を得てサービスを展開することは望ましいことである。

いついかなる時代にあっても，社会はみんなのためを願う人の思いや好意で成り立ってきた部分がある。より豊かな社会の実現と，どんな人であってもその人なりによりよく生き

ることは大切にされてよい。それには、先の5つの要件のもと、ボランティアが活動を求められる領域や機会は広く大きく深くなっていくものと思われる。

## 7.6 サービスの評価

　児童図書館サービスの全般を客観的な基準で評価することは現状では困難である。

　行政事業、事務事業に評価が重要視されるようになっている。活動や事業を行ったあとで、その趣旨や目的に照らして、その結果を受けとめることは必要である。

　まず、当該事業の参加者数は？　参加者の感想は？　また、趣旨や目的に対して取り組みや方法は適切だったか、PR、周知は必要な人に届いたか、結果はかけた費用や人数に対して適切だったか、など反省や総括すべき事項はいろいろ考えられる。特に近年、費用対効果の観点が重要視されている。評価は多様な観点でなされるべきである。

　事業や活動を評価する確かな基準がいくつかあればよいのだが、活動の分野や項目によっては、客観的、科学的な基準が設定しにくい場合がある。今後の課題である。

　数字で計測できることはそれとして数でとらえることができるが、数字でとらえにくいものがある。教育や文化活動の分野では短期的・長期的にも評価がむずかしく、適切な基準も設定しにくい。そういう分野にあっても、何らかの基準を見出していこうとする試みは続けられてよい。また、そういう努力の過程で、よりよい活動や業務の構築が可能となることもあるであろう。

学校教育や図書館活動においては，いろいろな尺度でとらえることは可能であるが，「なに」をもって正しく評価するかにおいて，社会の考えが定まっているとは言いがたい。

### (1) 評価の定義

評価というものは，物（モノ）や行動の結果に対して，何らかの基準を基になされる価値の判断のことである。

何事にも評価が問われることとなってきたが，行政の事務事業評価だけでなく，あらゆる商行為が費用対効果の検討対象となってきた。

図書館サービスにおいても，事業の必要性，効率性，有効性の観点から評価がなされる。

児童サービスの評価においても同様であろうが，児童サービスというと，子どもに対する行事や催し物，特別の活動をなすものと受け取る利用者や住民がいるのは確かである。だが，それだけではない。児童サービスでは，子どもが自ら本を自発的に自由に読むということを大事にしているが，子どもが気がねなく本を借りることができるということが主要なサービスであることに間違いはない。

そこで，児童サービスの何を評価するのか，何を評価すれば，児童サービスが正しく評価されることになるのか，これがとてもむずかしいのであるが，児童サービスの主たる目的にどれくらい役割を果たせたかが重要である。

児童サービスにおいて，究極は何によって評価すべきかまだ定かではない。サービスをする側とサービスを受ける側によって観点や考え方が変わる。そこで，常に客観的な評価を求めていく努力がなされるべきである。

## (2) 児童サービスにかかわる評価

児童サービスの評価にかかわってくる要素や指標をまず考えることにする。

### ① 客観的判断

評価をするには,対象となるものを客観的にとらえることが必要である。図書館サービスの基盤となるものとして,施設・設備の面,蔵書数,担当職員数,環境・立地条件,図書館予算(資料費,活動費,報償費)などがある。これらについて,児童サービスにかかわる数値を明らかにできるようにしておく。

#### 1) 図書館統計

基礎統計として,開館日数,登録者数,蔵書数,増加冊数と資料費,入館者数,貸出冊数,貸出人数などがある。ここで,登録者について,一度登録をすると更新手続きをしない図書館が結構ある。死亡したり,引っ越したり,卒業,転校したりしても登録が残っている事例がある。これは実態の把握の面からも改めるようにしていきたい。

予約の件数,処理件数なども考慮に入るが,子どもの場合,予約・リクエストは件数が少なく,利用全般を反映し,利用の実態の把握という面から見ると補助的なものである。

行事・催し物の参加人数は,かけた経費と参加者が明確なため,効果の有無を問われやすい。参加人数は多いほどよいのはわかるが,それが主目的ではないことを自覚しておきたい。

#### 2) 図書館統計から得られる指標

登録率,登録者一人当たりの年間貸出冊数・年間購入冊数,

蔵書冊数などは参考になる指数であるが，いろいろな指数と合わせて判断するのが適切である。

この中で登録率は，奉仕対象圏域の子どもの数に対してまず30％は確保すべきだが，目標としては50％を掲げるべきである。人口密度の高い自治体や面積の広い自治体，都市部・山間部など，自治体の実情にもよるので，一律の数値設定はむずかしいという要因がある。そこで，自治体の実情によっては，複数の固定施設の配置をめざしたり，移動図書館サービスを採用するなど，奉仕の計画づくりがかかわってくる。子どもが日常行動できる範囲は，自転車で10数分程度かと思われる。この範囲内に図書館網があると，子どもに本が届きやすいといえる。それが満たされると，結果として50％を達成することが可能になってくる。

対投入費用効果指数をあげることが多くなっている。これも参考指数といえよう。


② **主観的評価**

子ども・利用者による主観的な評価である。

児童サービスでは，まず，素朴に子どもがどれくらい満足したか，他のものごとでは得られにくい楽しみを感じ取れたかは大事にされなければならない。もっと客観面に目を据えてみれば，子どもに読む喜びをどれだけかき立てたか，読書の定着にいかほど効果があったか，が重要である。しかし，これは数で計測できることではない。

最も重要なことがはっきり測定できない，これは教育，芸術などの領域の宿命的な弱点である。これをいかに把握するか，永遠の課題とも言える。

無理と簡単に諦めずに，主観的評価の把握のために何らかの工夫はもっとなされてよいと思われるが，いうほど簡単ではない。アンケート調査は一つの方法であるが，常時というわけにはいかないし，設問内容，設問・回答方法，回答する子どもの主観などによるので限界は大きい。特に，記入式の場合，小学校低学年以下では無理があり，大人が代行するということになる。読書の楽しみ，定着といっても，不変のものではなく流動的であるから，ある時点での評価であって，将来のことはいえない。

　だから，評価は結局，評価時点でのことということにならざるを得ない。ということはその評価は何のために行うかという目的が重要になってきて，目的に沿った評価方法が構築されるべきである。

　児童図書館員自身の主観による評価もなされてよい。それをできるだけ客観化する努力を試みたい。また，書架を定点観測のように項目立てて点検することも可能である。よりよいサービスの模索は常に重要な課題である。

（川上博幸）

# 8章 児童図書館の建築

　図書館建設の準備担当者になる機会はそれほどあるものではない。しかも，図書館建設に現場の意見が反映されず進んでいく例もまれではない。しかし，近年，成長期にある図書館で分館建設の実績を積み，職員で準備チームを組む例や，経験豊富な図書館員を招聘し，その館長を中心に準備を進めるという例も増えてきた。創設期の図書館準備，成長期の分館建設の準備，改築・増設の図書館準備とそれぞれ立場は異なるだろうが，これから始まろうとする図書館サービスを見据えた準備が必要であり，それぞれ担当スタッフの意見が反映されたものでなければならない。

　公立図書館の利用で児童が占める割合は大きい。また，子ども期に図書館に慣れ親しんだ経験は生涯にわたる利用者を作り出す。一方で，図書館施設面では，子どもの発達段階の違いや児童サービスの多岐性などの特性から細かい心配りが必要である。児童サービス担当者は，児童にかかわる図書館業務の一切にかかわっているので，図書館担当者の中ではオールマイティな存在であり，子どもの代弁者として，多岐に，細部に，アドバイスできるはずである。児童サービス担当者の日々の子どもとのふれあいの中で培われた経験が，図書館準備に際して活かされることは図書館建設にとって重要になってくる。

## 8.1 地域計画

　図書館は施設ではなく，システムである。地域の誰もが，どこに住んでいても等しく図書館サービスが受けられるよう図書館サービス網が計画されなければならない。そのためには，図書館は一つの建物ではなく，本館，分館，移動図書館などからなる組織体であることが求められる。

　図書館サービス網計画，すなわち地域計画の内容は，①［基本計画］いつまでに，どんな役割の図書館施設を，②［配置計画］どこの位置に，③［規模計画］どのくらいの規模（蔵書数，職員数，床面積）で，④［実施計画］どんな順番で整備するか，を計画することである[1]。

　地域計画の方法は，自治体内の人口分布図に，図書館サービスポイントの利用圏域の円を効率的に描いていく。その際，地理的な自然条件，住宅地域や工業地域などの土地利用条件，交通状況や他文化施設など既設施設の状況や整備計画，人口動態や経済状況など社会経済条件と将来予測を加味することでより効果的に計画できる。栗原嘉一郎らは，利用圏域は，図書館近傍地区を1とした距離区分ごとの来館者密度比によって等密度比曲線の卵形の円形で表されるという。人口密度の高い広域の都市部では，「中央館－地区中心館－分館－BM」も考えられるであろう。また資料管理ができるなら，過疎広域の町村部で公民館図書室をサービスポイントとして位置づけることも考えられる。『地域に対する公共図書館網計画』（日本図書館協会）では，小・中・大規模館用のモデル，町村部のモデル，と類型的に提示しているので参考にしてほしい[2]。

この地域計画に際し，児童サービス担当者として，まず地域の子どもの状況を把握してほしい。①学童児童数，保育児童数と学校，保育施設の配置。これらは，児童の昼間人口でもある。また学校と自宅を結ぶ生活動線であり，平日の人口動態でもある。②通塾生，公園設備の配置，児童館などの利用数。放課後や土日，子どもたちがどんなふうに過ごしているか。子どもの集まる場所を把握したい。③交通量の多い自動車道，架橋の状況，通学路と校区の把握。子どもは，図書館に徒歩か自転車でやってくる。交通量の多い道路を横切らねばならないといったことで，アプローチの障壁になっていることも多い。また，通学路は比較的安全で，通いなれた道であることから，図書館への経路をたどることができる。こういったことを把握することで，直接には計画に反映できないかもしれないが，計画に重ねることによって，より重層的に実質的に計画を見ることができるようになるはずである。一般化された卵形の利用圏域が，実際の子どもにとってはもっと歪んだ形になることを実感するだろう。

　今井正次らは，児童の平日の単独利用は 1.5km 以内であるが，休日の家族同伴・車での利用という条件が整えば距離に関係なく高い来館率を期待できると報告している[3]。また，児童は家族同伴が圧倒的に多いが，年齢が上がるにつれ，一人で，もしくは友人と来館するようになる。小学生と中学生との比較では，来館方法がこと町村は都市部に比べ，友人と来館する者の割合が高い。子どもの利用圏域は 1.0km から 2.0km が目安だと報告している[4]。

　また，実際に子どもの目線で町を歩くことも重要である。大人にとって短い通学路は，子どもにとっては長い距離に感

じる。忘れがちな，距離感の大人と子どもの違いを思い起こすことができるからである。子どもの利用圏域が1kmから2kmというのは，子どもの年齢によって相当幅がある距離であることに気づくだろう。

## 8.2 図書館サービス目標

　配置計画によって，奉仕対象人口が得られると，そこから図書館サービス目標が導き出される。それは，①住民の何パーセントが貸出登録者になるか（登録率），②その人が，年に何冊の本を借りるか（一人当たりの年間貸出冊数），③開架図書は，年に何回転するか（蔵書回転率），によって規模が算定される。つまり，目標貸出冊数は，一人当たり年間貸出冊数と貸出登録者数によって，次のように導き出される。

　　目標貸出冊数＝貸出登録者数×一人当たり年間貸出冊数

　一人当たりの年間貸出冊数を24冊（月に2冊）と設定すれば，登録者がどれだけ得られるかによって目標貸出冊数は変動する。目標貸出冊数が決定できれば，そのために必要な開架冊数は，

　　開架冊数＝目標貸出冊数／蔵書回転率

のように，蔵書回転率で除することによって求められる。4回転すると考えれば，目標貸出冊数の1/4が開架図書と考えられる[5]。

　蔵書新鮮度は耐用年数（6～7年）の逆数であるから，

　　年間購入冊数＝開架冊数×蔵書新鮮度

のように，年間購入冊数が導き出される。

　実際には，この規模は，図書館サービス目標の目標貸出冊

数に必要な開架冊数であり,レファレンス図書,特殊コレクション,視聴覚資料,閉架冊数は含まれていない。児童室で考えれば,基本図書とその周辺の図書といった蔵書構成や,それを常備するための複本数など,必要最小限の規模を考慮しなくてはならない。すなわち,その図書館が図書館システムでどういう役割を果たすかによって,規模計画は加算されることになる。植松貞夫は,増築・改築の理由は建築物の物理的な寿命よりも,狭隘化等耐用性の不足が多いという[6]。地域の図書館に対する需要が高まってくると,分館でも蔵書を増やし,その要求に応えようとする。その一方で,蔵書の更新はそれほどはかどらない。図書館規模は,大きくなる傾向にある。

　世界的な環境対策に対し,日本建築学会は「新築建物でLCCO$_2$30％削減,耐用年数3倍延伸を目指すべき」(「気候温暖化に関わる建築学会声明」1997年12月)と公表した。現状に合わなくなったから取り壊して,新しく建て直すスクラップアンドビルドから,長く利用できる建築物の必要性が求められている。耐震壁(増築・改築時に原則として壊せない壁)を意識し,増築を見越した発展性のある建築や,既存施設を改築,転用した建築の実例も増えてきている。書架は耐震を考慮し,床に固定されており,大幅なレイアウトの変更はむずかしい。実際のフレキシビリティ(柔軟性)は,増築・改築の拡張性にあるといえる。永く愛される図書館であるためにも,フレキシビリティを考えたい。

## 8.3 規模計画

開架の書架スペースは，
　1㎡あたりの収容冊数＝（棚あたりの冊数×書架の段数）
　　　　　　　　　　　　×2／（書架の棚幅×書架間隔）
によって求められる。

　つまり，書架の高さと書架間隔によって変動する数値で，収納能力を高めようとすると，書架を高くするか，書架間隔を狭くするしかない。書架を等間隔に配置し，閲覧スペースを隣接させることで，効率のよい書架配置が実現する。しかし，それでは書架が主役になってしまう。書架と書架の間のベンチや机，書架越しに見える館内，どこにも本と接する姿がある，そんなスペースを用意したい。書架の連数を短くする，書架で囲みコーナーをつくるなど方法はさまざまである。書架を並べる発想から，本と人が出会う場所を創る発想が必要だ。

　児童室の規模を考える。児童室の広さは，必要開架冊数を満たすことができて，児童サービス担当者が子どもに目が届き，援助を差し伸べられる距離であり，子どもにとっては見渡すことができる広さで，気軽に声をかけやすい距離ということになろう。ピーク時の来館人数を想定し，混雑し，狭く感じるのでは好ましくない。かといって，開架冊数が大規模な広すぎるスペースが必要なら，子どもにとっては広い児童室より，別のサービスポイントが必要なのかもしれない。子どもは，信頼できる館員がいて応えてくれる，近くの図書館を求めていることを忘れてはならない。

## 8.4 建築計画書

　建築は，①基本設計，②実施設計，③施工，④竣工と進んでいく。図書館建築が設計者によって具体化していくが，どんな図書館にしてほしいかを設計者に伝えるために，建築のプランをまとめたものが建築計画書である。建築計画書は，図書館長を中心にまとめられるが，図書館各部門の要望をまとめたものであり，理事者だけでなく住民の期待が含まれたものである。その過程は，広く公開され，住民参加されたものでなければならない。設計者の選択においても，公開された設計競技によって選ばれる例が増えてきた。このように建築計画書のもつ意味は，住民にとっても，館員にとっても重要である。

　建築計画書の内容は，R. ミラー[7]によると，「A. 基礎的情報」と，「B. 建築に関する要求」に分かれるという。「A. 基礎的情報」は，①フィロソフィーの記述，(a) 図書館の沿革，(b) 図書館の目標，(c) 図書館の方針，②図書館予算，③フィロソフィーに盛りこめない一般的事項，であり，「B. 建築に関する要求」は，①スペースの名称，②職員の種類と人数，③必要な面積，④スペースの特殊な機能，他の部分との関係，専門的な問題に関する記述，並びに図書館長が描いている雰囲気についての記述，⑤建築費に含まれる造付家具のリスト，⑥建築費から別予算になる家具（可動）のリスト，⑦図書館運営上必要な備品のリスト，をあげている（建築計画書の書き方や実例については，『優れた図書館はこう準備する』[8]に詳しい）。

　児童サービス担当者からの建築計画書への提案に際して，それがかなえてほしい希望でなく，必要な要件であるために

は，具体的にどのような児童サービスをするのか考えるとよい。ルーティン業務では，児童室の1日，1週間の単位で書き出してみる。貸出のピーク時に，図書館員はどう子どもと接しているのか。夏休み期間の手づくりの会をどのように企画するかといった，1か月，1年の行事スケジュール，段階を経て計画するブックリストの作成やサービスの伸張といった将来性については，3年，5年と複数年次の計画を立てるとよいだろう。そうやって考えたサービス計画や各業務にとって必要な建築的な要件とは何かは，必然性をもって，具体的に導き出されるはずである。

## 8.5 配置計画

　児童室の配置を考える。以前は「子どもはうるさいので，図書館主要部門から分離すべきである」という考え方が主流であった。近年，図書館利用層が広がり，一概に子どもだけがうるさいわけではなく，雑音は天井材や床材の吸音の工夫で緩和され，空間的につながった児童室が主流になってきている。子どもにとっても，将来の成人利用者として一般室を行き来できることはよいことであるし，好きな分野の成人図書にも気軽に接することができる。

　北岡敏郎ら[9],[10]や，冨江伸治ら[11],[12]は，児童室の配置について，子どもが大人と同伴して来館する家族利用に着目している。子どもと親の同伴利用について，子どもの年齢や，児童室が隣接型か独立型によって，付き添い利用型，個別利用型，往来利用型の傾向に分けられること，「集まる場所」が児童室，児童室近くの一般室やコモンスペース（共有空間）

に分かれること，児童室の家族利用の着席が見られることなどを報告している。

　子どもが「本を借りる・返す」を繰り返す「図書館に通う」形式をとる自主的な図書館利用が，本来の図書館利用であろう。しかし，幼い子をもつお母さんが児童室で読み聞かせをしている風景は以前からよく見かける。また，週休2日制になって，家族で週末を図書館で過ごす姿も増えている。あらためて考えてみると，家族利用は，現在の図書館のごく日常の風景である。ともすれば，幼い子が本に熱中している間に，つい子どもから離れ自分の読みたい本に誘われてしまうこともまれではないだろう。子どもが安心して図書館を利用するためには，児童室と一般室が直接つながっており，見通しがきき，互いに往来できるような児童室の配置や，児童室と一般室の間に「集まる場所」としての座席の確保が求められているといえよう。

　これは空間のつながりだけでなく，限りなく児童室と一般室が近い存在でなければならないことを示している。分室のような小さいフロアなら，児童室と一般室のノンフィクションを混在して排架するレイアウトも考えられるだろう。中規模な町立図書館で，蔵書の有効利用を考慮した混配例があるが，大人の本も子どもの本も意識せず接することができる反面，戸惑うことも多く，特に幼い子への配慮の必要性を報告している[13),14)]。いずれにせよ，家族各自の目的が異なり，かつ家族利用するような他の施設がそれを解く鍵になるかもしれない。

　一方で，滞在型図書館という発想が求められている[15)]。家族利用の観点から見れば，週末，家族で「本を借りる・返す」

と同時に,「図書館で楽しみ,時を過ごす」。遠方でも,ゆったり本を選んだり,図書館サービスを楽しんだりできる大規模館を利用することが多いという。しかし,家族利用で子どもたちが図書館を利用することは,一緒に来た家族と帰宅することが求められるので,時間の制約にしばられるだろう。

やはり,行きたいときに図書館に行き,誰にも邪魔されず,時間を忘れて,本との出会いを楽しめるような子どもの空間づくりが基本であろう。そのためには,まとまったスペースが確保され,彼らが必要とする他のスペースとの往来ができ,「ここは僕たちの場所なんだ」という主体的な利用によって実感できるようなスペースでなければならない。

## 8.6 児童室のゾーン計画

子どもは年齢によって,発達段階も,身長も,読む資料も異なる。児童室の設計に心配りが必要なのはこの理由による。

児童室の資料は,規則性に基づいた分類法によって排架される。特定図書のアプローチを混乱させないようにするためにもそれは重要なことである。いわば,資料別排架である。しかし,子どもの利用をよく観察してみると,資料別,興味別,グレード別の利用動線の違いを見て感じ得ずにはいられない。単に資料別に排架されたとすれば,年少の子どもと年長の子どもが混在し,発達段階や体長を考慮した設備設計はむずかしい。ゾーニングという観点から,資料別,興味別,グレード別の利用動線と,どの子も共有する利用動線に整理できるのではないかと思われる。

資料別に考えれば,ノンフィクションとフィクションに大

別される。フィクションは個々の作品にオリジナリティが求められる資料なので，同じシリーズ，同じ主人公の本が互いに傍にあることが求められるが，グレード別によってゾーニングが可能である。幼い子の絵本，年長の子の物語といった資料別に排架するのはその実例である。ノンフィクションはどうだろうか。同じテーマの類書を求められるので，ゾーニングがむずかしい。しかし，興味別に考えれば，年少の子どもの興味（折り紙，なぞなぞなど），年長の子どもの興味（手芸など），共有できる興味（自然科学など）と考えられなくもない。フィクションをグレード別にゾーニングしたスペースに隣接できるのではないかと考えられる。簡単な実例として，フィクションを床置書架に配置し，ノンフィクションを壁面書架で囲むことで，年少の子の絵本の傍に，年少の子の興味に添ったノンフィクションを排架するゾーニングが可能であろう。多くがNDC（日本十進分類法）によって分類されているが，書架単位の破順は許容範囲だろう。『子ども図書館をつくる』（勁草書房）[16]には，絵本と物語を橋渡しするお話の本の分類例が紹介されているが，この例のように，幼児，小学校低学年，小学校中・高学年のグレード別のゾーニングができる。それらのゾーニングに従って，その年齢の身長に適した書架レイアウトを考えていけばよい。

　お話室を考える。空間稼働率を考え，多目的なスペースにすることが多くなった。お話の時間になるとお話室になり，普段は開放するというものである。しかし，時間をかけて準備し，定期的に行われるお話の時間であるなら，お話室を設けることは間違いではないように感じる。お話の時間になると，部屋の入口に並んで待っている子ども。館員に案内され

て部屋に入り、靴を脱ぎ、静かに待つ。やがて、お話のろうそくに灯がともり、お話会が始まる。このような一連のプロセスは、多目的なスペースで行われるインフォーマルな読み聞かせとは違った、フォーマルな体験を子どもに与えてくれるだろう。効率性で切り捨てられない「無駄の効用」も存在するからである。貸出を行わない司書デスクでは、読書相談だけでなく、さまざまな子どもとの関係が展開されるだろう。また、書架の死角の隅っこは、ある子にとってはお気に入りの特別な場所になる。

　お話室とは別に、スペースに余裕があるなら、そこで折り紙遊びや科学あそびなどに利用できる。インフォーマルの延長で、また書棚の近くで実施されることで、本を紹介するよい機会になる。

　本来の多目的スペースはこのように利用されるべきであろう。どんな児童サービスをするのか、どうすれば効果的か、そのために欠くことができないものはなにかが問われている。

## 8.7 図書館家具

### (1) 書架と絵本架

　取り出しやすく、手に取りたくなる工夫のある書架であることが求められる。

　書架は、眼前もしくは直下の数段が最も利用率が高い。身長より高い段、最下段は、子どもにとっても利用しにくい。埃を舞い上げる床材によっては、書架の巾木を高くするが、利用しやすい書架設計となるように、最下段の棚の位置、すなわち巾木の高さを検討してほしい。

取り出しやすさは，どれほど本が収納されているかによっても左右される。絵本は大型が多いので，棚の両端に加重がかかり取り出しにくく，ページ数の少ない本が詰まり過ぎた棚も取り出しにくい。書架を維持する点からも，棚幅の検討の必要があるだろう。書架整理しやすい棚は，利用しやすさにつながる。

　連続タボによって棚高の自由度は得られる。奥行きは面ぞろえをするか否かで，深い奥行きか，浅い奥行きかを選択する。絵本架は，横長の判型が多いので，はみ出しは免れない。物語の本は，判型が同じものが多いので，奥行きを選びやすいだろう。棚に溝を彫り，棒をはめ込むことで，底上げし，面ぞろえを容易にしている工夫例を見たことがある。空いた棚では，この棒はフェイスアウト（平置き）の展示のかかりとして利用できるようデザインされていた。さまざまな工夫が，維持しやすさ，利用しやすさを生む。工夫が，リーズナブルであるという点も考慮しなくてはならない。

　子どもにとって，フェイスアウトは手に取りたくなるきっかけを生む。棚に収まっているときはあまり動かない本も，棚の最上段に本を立てかけているだけで，必ずといってよいほど動くものである。フェイスアウトする展示架を多くすれば，子どもが手にするきっかけが増えるが，収納効率が低下し，特定図書へのアプローチを複雑にしてしまう。展示架とストック架の組み合わされた棚なら，フェイスアウトされた配列とアプローチを同期させやすいだろう。その際，展示架は下段がよいのか，上段がよいのか。前者は安定が悪く，後者は下段のストック架の本が取り出しにくいだろう。絵本を選ぶのは，子どもだけではない，子どものために大人が選ぶ

ことも多い。このことを総合的に考えて，展示架とストック架を並列に組み合わせるなど，幼い子のコーナーとして書架設計してみてもよいかもしれない。

### (2) 椅子と机

まず考慮したいのは安全性と使い心地のよさである。

子どもは目的に合わない使用をする場合がある。ベンチに寝そべったり，スツールを踏み台にしたりと，思いも寄らないことをする。椅子や机に限らず，エッジを丸くする処理や安定性を考慮してほしい。

床に足が届かない椅子ほど不安定なものはないだろう。まず体に合ったものを用意することである。ゾーン計画で考えた異なった年齢層のものを複数用意するのがよい。異なった年齢のスツールが用意できれば，組み合わせてベンチのように，兄弟並んで腰掛けることもできるだろう。

児童室の机は，4人掛けや6人掛けの机が多い。家族利用の利用者で机が占領されてしまうこともあるだろう。3人掛けや2人掛けのテーブルを多く配置した方が適切かもしれない。

学習の形が，それぞれの習熟度など個に応じた教育に変化しつつあり，自学自習が求められている。また，コンピューター利用など，より個人が机に向かう機会が増えている。図書館を利用した調べ学習など，自分にあった興味や能力をのばす場であるために，どのような机に向かうスタイルが考えられるのだろう。反復学習やドリルに利用されないキャレル（個人机）はどのようにしたらよいだろうか。4人掛けの机で，おしゃべりをし，いっこうにはかどらないグループ学習をど

うとらえるか。まず，さまざまな学習スタイルがあることを認めるべきだろう。コンピューターを使っている子，グループ学習する子，ソファーでくつろいで読書をする子，読み聞かせをしている親子。それぞれのスタイルが，児童室に渾然としている様子が子どもにとって読書の刺激となるのではないだろうか。学校建築が閉じた教室から，オープンスペースを利用する学習に変わりつつある。画一でない，自由で，個やグループに応じた読書，学習空間を演出すべきだろう。

　読書行為は，とても個人的な行為であることは間違いない。しかし，こと子どもの読書は，「共有すること」が読書の刺激になっていることも指摘しておきたい。読み聞かせ，お話の時間，ブックトーク，科学あそびなど，図書館での個が，図書館員の指し示す本の紹介で多数の共有意識を高め，個の読書を促す。他による個の読書の刺激による誘因と，個の読書行為の妨げにならない環境との関係を考えたい。

図8-1　児童室（イラスト）

## 8.8 デザイン計画

　児童室だけに限ると，サインは必要最小限がよいだろう。飾り立てると，うるさく感じるし，直感的に目的のものにたどり着けることが一番である。もちろん，あれこれ子どもに強要するネガティブキャンペーンは効果がない。むしろどうすればサービスを受けられるのか，ポジティブな情報が必要なのである。

　書架サインなどメッセージは，簡潔で，最もふさわしい言葉を選択し，学習漢字とひらがなの組み合わせより，一般的な言葉なら漢字表記にルビを振ってもよい。無理にひらがな表記するとかえってわかりづらい。年長の子どもは，幼児語的な表現を嫌う。正しい日本語に徹することが肝要だろう。

　男の子は青，女の子はピンクという文化的制約による色の性差は幼児期に強く，小学校高学年で性差は小さくなるという[17]。児童室を他の部門より識別するためのカラー計画なら，色の組み合わせや中間色で，性差を感じない工夫が必要かもしれない。

　造りつけの装飾，例えば書架のシンボルサインなど，年長の子どもが嫌うものは避けた方がよいだろう。物語の主人公のぬいぐるみや，ポスター，ディスプレイで，雰囲気をつくることができる。その方が，取り替え可能であるし，本に直結した展示で本へのきっかけが期待できる。

　児童図書館の先駆者，アン・キャロル・ムアは1911年に，児童サービスを学校の補完にとどめることなく，子どもの学ぶ力や読書を愛する心を独創的で楽しい環境のもとに育むことをめざし，児童室の前身となるスペースをニューヨーク公

共図書館において自らデザインした。その空間づくりは高く評価され，全米各地の図書館に取り入れられたという[18]。すなわちそれは，子どもが自ら主体的に本を選ぶことができ，図書館は子どもの成長を助ける良質な資料を選び，館員は子どもを見守り，援助するという児童図書館の基本スタイルである[19]。

その基本スタイルは，現代の日本の公立図書館でも受け継がれているといえる。一方，木野修造は，子どもの家具について，計画する側が子どもの代わりに評価することや子どもの使用感をモニターすることがむずかしく，試行錯誤を通して自然淘汰されていくことが現実的な方法であるという[20]。

子どもがより主体的に本と接することができる場になるためには，児童サービスのそれぞれの現場の知見が建築に活かされ評価されることが求められているといえよう。丹念に計画し，建設された児童室が必要である。しかし，その児童室を活かすのはそこで働く館員次第である。また，建物だけが児童室ではない。そこにやってくる子どもたちが，児童室を利用し，馴染んでいくことで，彩られていく。図書館建設は，図書館サービスの始まりであることを肝に銘じておきたい。

児童室は，子どもだけが利用するのではない。最近では，祖父母と一緒に訪れる姿も珍しくなくなった。児童室に子ども専用のトイレを設置するという特別扱いの発想から，子どもから年配の利用者，妊婦，車椅子の人など，誰もが使える発想への転換が必要だ。それがユニバーサルデザインという発想である。ロン・メイスらの提案する「ユニバーサルデザインの7原則」は，①誰でも公平に使用できること，②使用の際に高い自由度をもつこと，③使い方が単純で直感的にわ

かること，⑤必要な情報がすぐに理解できること，⑤エラーに対し寛容なデザインであること，⑥使用に際し肉体的労力を要しないこと，⑦アクセスしやすい空間と寸法であること，である[21]。ユニバーサルデザインのユーザービリティを高めるためには，よく利用者を観察し，どうすれば利用しやすいか，日頃から意識してほしい。

### 引用文献

1) 植松貞夫「図書館の地域計画」竹内悊編『コミュニティと図書館』雄山閣出版，1995，p.43-72（講座図書館の理論と実際 第8巻）
2) 栗原嘉一郎，中村恭三著『地域に対する公共図書館網計画』日本図書館協会，1999
3) 光岡青児，今井正次，中井孝幸，出口雅章，佐治いずみ「曜日変動からみた図書館の利用圏域：疎住地の地域施設計画に関する研究 その5」『学術講梗概集 E．建築計画，農村計画』日本建築学会，Vol.19940725，1994，p.389-390
4) 大前裕樹，今井正次，中井孝幸，熊谷健太郎「子どもの利用圏域と図書館像：子どもの居場所としての地域施設利用」『学術講演梗概集 E1 建築計画I 各種建物・地域施設，設計方法，構法計画，人間工学，計画基礎』日本建築学会，Vol.20000731，2000，p.447-448
5) 菅原峻著『新版これからの図書館』晶文社，1993，p.147-150
6) 植松貞夫「総論・図書館の成長・変化に対応した施設改善：使い続けられる図書館のために（〈特集〉図書館のリニューアル）」『情報の科学と技術』Vol.55，No.11，2005，p.468-473
7) ミラー，R.著『公共図書館の計画とデザイン』菅原峻訳，日本図書館協会，1978，p.23-24
8) 西川馨著『優れた図書館はこう準備する』西川馨，教育史料出版会（発売），2006
9) 北岡敏郎，青木正夫，竹下輝和「図書館利用型の構成とその特

徴：ファミリー利用からみた公共図書館のコーナー構成に関する研究 (1)」『日本建築学会計画系論文』日本建築学会，No.498 (19970830)，1997，p.117-122

10) 北岡敏郎，青木正夫，竹下輝和「〈分離〉利用型の特徴と児童書コーナーと一般書コーナーの配置構成：ファミリー利用からみた公共図書館のコーナー構成に関する研究 (2)」『日本建築学会計画系論文集』日本建築学会，No.518 (19990430)，1999，p.129-135

11) 李廷美，冨江伸治「公共図書館における家族同伴の利用形態からみた児童部門の計画に関する研究」『日本建築学会計画系論文集』日本建築学会，No.562 (20021230)，2002，p.143-150

12) 李廷美，冨江伸治「公共図書館の児童部門における家族利用の形態と集まる場所」『デザイン学研究』日本デザイン学会，Vol.50, No.4, 2003, p.21-30

13) 江竜喜代子「湖東町立図書館における混配について（特集　展示・レイアウト）」『こどもの図書館』Vol.51, No.6, 2004, p.2-3

14) 明定義人「絵本の書架分類の工夫」伊藤昭治古稀記念論集刊行会編『図書館人としての誇りと信念』出版ニュース社，2004

15) 植松貞夫「滞在型図書館（「施設」のなかの住居）（〈特集〉「施設」の意味を問う）」『建築雑誌』日本建築学会，110，1995，p.44-45

16) 杉岡和弘著『子ども図書館をつくる』勁草書房，2005，p.125-127（図書館の現場 4）

17) 鈴木浩明著『快適さを測る：その心理・行動・生理的影響の評価』日本出版サービス，1999，p.71

18) 菅谷明子著『未来をつくる図書館：ニューヨークからの報告』岩波書店，2003，p.112（岩波新書）

19) 赤星隆子著『児童図書館の誕生』理想社，2007，p.272-273

20) 建築思潮研究所編『最大の可能性をすべての利用者に』建築資料研究社，2004，p.21（建築設計資料　97，図書館　3）

21) 木野修造「図書館のユニバーサル・デザイン第 1 回：バリアフリー・デザインからユニバーサル・デザインへ」『図書館の学校 No.40（2003 年 4 月）』2003，p.7-10　ほか連載参照。

（杉岡和弘）

# 9章 児童図書館における諸課題

　現在,児童図書館には克服する方法が見えにくい難問が山積している。ひとことでとらえると,「児童サービスの空洞化」ともいうべき現象であり,見かけの繁栄や活発さの陰にある「児童サービスの質の低下」現象である。

　具体的に以下に例示すると,

1) 正規職員が減って非正規職員の増加が全国規模で常態になっていること。これが引き起こすサービス水準の維持と業務の細分化による管理のむずかしさ。それに伴う正規職員の労働強化と職員の児童業務担当の忌避感。

2) 窓口業務が委託化される傾向が高まっていること。同一職場内に雇用実態の異なる職員集団が複数存在することによるチームワークの困難性。

3) 訓練を受けて知識経験を積んだ正規職員が職場を離れて減少の傾向にあり,長年培った知識経験の伝達とその継承に不安があること。

4) 少子化による直接間接の影響。

5) ボランティア活動の活発化と,図書館における児童サービスの質の安定性と継続性の問題。

6) 公衆道徳やマナーの低下や子どもの荒廃と,社会的訓練が未熟な子どもの実態,押し寄せる理不尽なクレーマーの増大。

7) サービス活動維持のための経費・予算の継続的削減。つまり、資料費、活動費、報償費、事務費の確保が困難、それによる活動・サービスの弱体化。
8) 資料の保管の困難による除籍作業のあり方。

これらの状況に対して、児童図書館員は、未来を担う子どものために、よい読書環境の実現に挑む。

## 9.1 子どもにとってよい読書環境、図書館環境をつくるには

子どもが思い立って、あるいはなんとなく本でも読んでみようかなと思ったときに、自分で読めそうでちょっと気を引く本が身近にあるとこだわりなく読書に入っていける。適切な本があらかじめ手の届く範囲に一定数あるようにしておくことが、まずもってよい読書環境である。

これには、まず家庭の読書環境があげられる。それから、学校であり、次いで地域の図書館などの公共読書施設である。これらに子どもが楽しめる本があるとよい。公的な機関には、本や人を公費で用意しておくのである。

よい読書環境とするには、本が一定数あるだけでは十分ではない。子どもと本をつなぐ働きをする「人」の存在がある。親であり近親者であり、先生であり図書館員であり、自主的な子どもの読書活動の担い手の存在である。

いつでもどこでも、「本、施設、人」が十分安定した形でそろってこそよい読書環境である。この読書環境の整備を地域に根づかせなければならないが、これには子どもの読書が子どもの成長・発達に深くかかわっているという理解や、地域社会には子どもが自発的に読書ができるような公共機関

が，身近にいくつも必要であるという認識を，広く住民の共通理解としておかねばならない。

　このことを，図書館員が現場であらゆる機会をとらえて啓発し実証していかねばならない。社会全般に子どもの読書の意義や図書館というしくみ，そこにおける児童サービスについて理解が進むと，よい読書環境の実現となる。現在のように，社会のあらゆる領域が拡大し，あり方が複雑になって，文化，教育の活動が細分化されて多岐にわたる時代にあっては，これは容易なことではない。そのため，図書館員や児童サービスに携わる人は広く連携して，必要なときに相手に通じるやり方で，その必要性を説かねばならない。

　観点を変えて考察すると，読書をするには，意欲をかきたてる「読むもの」と「読む場」と「時間」と「精神のゆとり」が必要である。子どもにも同じで，好奇心をそそる魅力的な本や雑誌など，いろいろな資料があって，その上落ち着いた読みやすい場があり，そこがくつろげて眼にやさしい照明であることが望ましく，さらに生活の中に読む時間があって，子どもの心にゆとりがあることが望ましい。

　このことは，家庭やあらゆる場にいえることであるが，これらを，どの子にも無料で保障する公的な読書施設が，子どもの身近な地域社会にあると，一応よい読書環境が整ったといえる。その最もふさわしい社会機関が公立図書館システムである。

　公立図書館を構成する要素として，蔵書と施設があるが，それが整った上で，子どもにとってよい環境となるには「人」の要素が不可欠である。つまり訓練された専門的技能をもつ，子どもにふさわしい職員が配置されていることである。さら

に，これらの要素を使って，適切な活動や業務，つまりよい児童サービスが行われていてこそ，子どもにとってよい読書環境となるのである。

よい図書館システムを考えた場合に，幼児が一人で出歩きにくい事情がある昨今，特にごく身近な地域に分館，分室があるとよい。放課後は一人で校区外に出てはいけないという校則をもつ小学校があるので，逆に，小学校の中へ移動図書館車を乗り入れて成功している事例があるし，団体貸出の図書を一定期間で本を交換して，子どもによい図書館環境を作り出している例もある。学校図書館とオンライン接続をして蔵書の検索を可能とし本の物流を行うなど，随時本の貸し借りを実現している図書館システムの事例が増えてきている。

行政区域と人の生活動線は必ずしも同じではない。そこで，同一自治体内だけでなく，近隣の図書館を含めた，本の貸し借りシステム（共通利用，広域利用）の整備は，子どもが地域にある図書館や読書施設と，そこで行われている児童サービスを比較できて，よい図書館環境となる。

現在は，読書環境は一定程度はよくなっているが，本や場などの環境を整えても，子どもが本を読まないという実態が見られる。そこで，日常生活の中で子どもが本を読んでもらったり，読む時間をもてるようにすることが課題である。また，部活や勉強に忙しくて読む時間がないという話は，中学生ではよく聞くことである。それでも「朝の読書の時間」などの機会があれば読むようになったという事例があることからも，読む時間を確保することは現実的な課題である。

時間を持て余していても本は読まないという実態もあるので，読書をするにはむしろ，心のゆとり感や読む気持ちのも

ち方が関係していると思われる。一方,忙しくても読みたい動機があれば別であろう,家庭に読書家がいて本が話題に上ると雰囲気は違ってくるし,気持ちが落ち着いて生活自体が活性化すれば読む意欲も湧いてくる。それには,子どものかかわるいろいろな場で本に接し,読書が奨励される雰囲気を大事にしたい。必要なときに即応できるように,チラシやポスターを用意するとともに,館内外で知らせていこう。

中・高校生などヤング層を主に,「読書はネクラでダサイ」といった暗いイメージがなんとなく蔓延しているが,これを軽視せず,読書のおもしろさを具体的に示すなど,このイメージの払拭を意図的に行っていく必要がある。

図書館のじゅうたんコーナーで幼児に本を読んでやっていても,誰からもやかましいといわれず,家では父親も当たり前のこととしてわが子に本を読んでやり,学校でも授業で本をもっと活用し調べものを資料でしっかりするようになり,公共図書館では硬軟多種多様な本や資料が用意されていて,児童サービスが活発に行われている。その上,行政が読書にかかわる経費を必要以上に節約せず,地域の民間の読書活動やボランティア活動があって,篤志家がときには読書にかかわる寄付行為をする。こうして,幼児からヤングまで「読むこと」が,自然と奨励し励まされる雰囲気が地域にそこはかとなくある,そんな環境がよい読書環境の実現にかかわる。

## 9.2 現場の児童図書館員に望まれること

先にあげた現実に起こっている困難な諸問題について,児童図書館員は解決に向けて展望を開くために与えられた条件

やもてる力量を総点検して，希望をもって粘り強く一つ一つの課題に取り組む。

どんな仕事でも受け持つ役割の遂行が期待される。公共図書館の奉仕理念はすでに明らかであり，児童サービスにおいては，"読む喜びをどの子にも"という普遍的な役割をいつもめざしていくのである。そのためには，どんな状況にあっても現場に即したサービス活動を徹底的に行うのである。児童図書館員にとって「現場の実情に合った」問題解決能力の育成が当面の課題である。

また，徹底したサービス活動があってこそ，子どもに児童サービスの理念が届き，その実績が広く社会に認められるものとなる。それには，求められている役割を十分理解して，いま必要なことを具体的に活動やサービスの形にして実施することである。そのことを通して子どもの成長にかかわり，引いては自立した成人，つまり，自分で自分のことを決めることができ，心が健康でその人なりに社会に役立ち，自分の居場所を見つけられる人を育てるのである。

児童サービスにかかわる人は，こういう"見えない教育性"にかかわるという自覚をもっておこう。この教育性は誰もが気づきにくいので，日常の中でよく知ってもらうためにちょっと努力と工夫をする。それは，子どもと読書の意義や，児童書の紹介と選び方，子どもの読書にかかわる技術，児童サービスの働きなどを，館内だけでなく館外の地域社会で発言できる機会を大切にすることである。そんな機会を積極的につくっていくこと，その力量を自ら養っておくことである。このことを点としてではなく地域として，さらに多くの図書館が行って，全体の積み重ねとなるよう戦略的な広報活動に

も位置づけていくのである。

これらを通して,図書館に専門的な人が必要であることの理解が進み,採用と給与体系が伴った専門職制度が現実の視野に入ってくるのである。

専門職というのは,余人に代えがたい専門的な知識や技術・能力を身につけていて,必要とされるときに必要とする人にその知識・技能を適切に発揮することができる職業人である。それはまた,優れた課題遂行力や問題解決能力をあわせもっていて,"いま,ここにある"社会の緊急で困難な課題の解決に立ち向かう人でもある。

読書離れ現象が多様化して,ひとくくりにとらえられなくなっている現在,どの子も自分に応じた本を楽しみ,それを発展させて豊かな人間性を秘めた人間として自己教育力を高め,豊かな子ども時代を過ごせるようにする,それには,型にはまらない教育力を備えた専門職が,適時適切な働きかけをすることが必要となってきている。

だから,その前に,地域社会のいま抱えている問題を認知し理解しなければならない。地域社会の現状をよく知り,子どもに起こっていることをよく知り,その解決の糸口を考察するのである。

すでに関連する個所で扱われているが,児童への図書館サービスをする人には,4要件,つまり,①子どもを知る,②子どもの本を知る,③両者を結びつける技術・能力をもつ,④児童図書館の運営(経営)を知る,ことが国際的にも認められている。これにそって専門の知識・技能をもち,その場で経験を積み重ねて,独自の余人に代えがたい仕事のレベルをめざすのである。

実際の活動現場では，まず，現場に与えられた「条件」と，自分を含めて活動にかかわる人の「力量」を熟知しておくことが必須である。現場である図書館のもつ要素を一つ一つ点検して，現状を知り評価すること，そして，計画を企画・策定して実行することである。図書館員にはこの力量が必要である。この力量が，与えられた現場で生きた体験として一定以上蓄積されていて，上記の現状分析力と評価力をあわせて，活動をとらえていくのである。これらに基づいて，改善策を企画立案し計画化して，予算や人など実施に不可欠なものについては，その確保に計画的に臨んでいく。

　専門職としての児童図書館員には，知識・技術面だけでなく，運営し経営していく能力が必要となってきた。これから新たに仕事をする場合にも，また，いま担当している仕事を改善・改良して，その向上を図っていくためにも必要である。それには，以下の4点が，当面必要である。

1）子どもに届く徹底したサービスができる「現場力」を培うこと。状況の認識力（点検・分析・解釈・評価）と，課題解決力（企画・立案・実行）をもつこと。
2）奉仕圏域の地域社会やその状態を，図書館界をとりまく社会の状況において把握すること。
3）認識，考察力に，巨視的な視点と微視的な視点，歴史的観点や文化的観点をあわせもつこと。
4）これらのためにも，不断に学習し，自らも図書館について研究をすること。

## 9.3 現実の諸問題

　先にあげた例について,簡単に述べておく。
1) 正規職員が減って非正規職員の増加が全国規模で常態になっていること。これが引き起こすサービス水準の維持と業務の管理,正規職員の労働強化について。

　これは図書館界だけの問題ではないので,解決はきわめて困難である。専門的な仕事を誰にでもわかる次元で継続して安定して積み重ねていくことである。その上で,図書館界あげて制度の実現運動を展開することであろう。
2) 窓口業務が委託化される傾向が高まっていること。同一職場内に雇用実態の異なる職員集団が複数存在することによるチームワークの困難性について。

　すでに必要なマニュアルは作成されていると思われるが,業務日誌・日報などを簡略な様式を定めて,引継ぎ,申し送りを日々きちんと実行することから始めて,実務上の研修訓練を小人数単位で行ってみる。
3) 訓練を受けて知識経験を積んだ正規職員が職場を去って減少の傾向にあり,長年培った知識経験の伝達とその継承への不安について。

　他の業界でも行っているように,一定期間再雇用を行い,実務技能や現場の知識,情報の伝達を図る。同時に,蓄積を記録しマニュアル化できるものは行い,継承を図る。
4) 少子化による直接・間接の影響について。

　出版界における児童書の販売や発行部数の低下,それを受けて書店の児童書の売場面積の減少など,流通上における問題が,地方都市にあっては児童書の入手困難につながってい

る。これがロングリーダーという常備図書の安定供給に影響してきている。さらに，児童書の出版企画意欲の減退や出版断念による児童蔵書の貧困化が生じている。特に，出版に時間と経費がかかる参考図書や科学読物などの出版が低調になっている。子どもにかかわる物品の品薄感もある。

少子化の進行は図書館ではいかんともしがたいが，子どもを産み育てることを支える社会的な「子育て支援」の一端を担う心がまえをもち，できることに取り組む。施設・設備面で授乳室をつくるなど育児中の親への配慮をしておく。

5） ボランティア活動の活発化と図書館における児童サービスの質の安定性と継続性の問題について。

まったく新しい課題である。まず，ボランティア活動をする人の気持ちや志の理解につとめる。次いで，ボランティア活動の必要性について，自館における条件や「現状と課題」ついて理解しておく。さらに，一般的なボランティア活動について理解を深めておく。「親しき仲にも礼儀あり」，「和して同ぜず」で，新たな関係を構築していく気がまえで臨む。

6） 公衆道徳やマナーの低下や子どもの荒廃と社会的訓練が未熟な子どもの実態，押し寄せる理不尽なクレーマーの増大について。

マナー向上の雰囲気づくりにつとめ，根気よく秩序の維持につとめる。子どもに注意をするときは，直接向き合って，目線を同じにして，きっぱり毅然として，その場で具体的に叱り注意を喚起する。感情が先に立つような人間性を疑われる注意のしかたは避ける。

悪質クレーマーには，マニュアルや内規，規則を作って，各人が聞く耳をもって丁寧に，されど毅然と対応を心がける。

込み入った場合は，複数の職員で応対し，常に組織的な応対をして，あらゆる利用者のために開架室の秩序と規律の確保に取り組む姿勢を周知徹底する。
7) サービス活動維持のための「人」の確保や，経費・予算の継続的削減。つまり，賃金，資料費，活動費，報償費，事務費の確保が困難，それによる活動・サービスの弱体化について。

　妙案はない。図書館も自治体の財政状況や社会の経済動向のもとにある。無駄を省き，経費節減につとめ，ときには活動の取捨選択をしてより本質的な仕事を優先させ，ときにはその時期に応じた課題に特化して，行政内でのサービスの有用性の認識を深める努力をしつつ状況の改善や財政の回復を待つ。長期面では，高度な専門性を発揮した仕事を積み重ねることにより民意を得て，自治体内で図書館の財政基盤を厚くする。
8) 資料の保管の困難による除籍作業のあり方について。

　収集・選択と同じで，図書の価値判断，利用価値，利用可能性など，評価眼を高め，保存や除籍の基準を継承していく。

　このようにして，これらの状況に対して，児童図書館員は，未来を担う子どものためによい読書環境の実現に挑む。

（川上博幸）

# 10章 児童図書館員の養成・教育,研修

## 10.1 児童図書館員の養成・教育・研修のあり方

　現在,全国の市区町村立図書館の99.8%が児童サービスを実施し[1],児童書貸出総数はほぼ毎年増加の傾向にある。児童登録者は市区立で12.6%,町村立で13.2%を占め,児童書貸出冊数では市区立で27.6%,町村立では30.6%である[2]。児童人口比率13.3%に比べると[3],児童登録率はほぼ1倍,児童書貸出冊数ではその2.1倍から2.3倍とかなり高く,児童は一般成人より図書館をよく利用している。

　ところが,司書率が専任職員で50%弱と低く[4],司書職制度が未確立な上,図書館学教育の中に児童図書館員をめざす人の教育がわずかしかない現状において,ほとんどの図書館員は,児童図書館や児童資料,児童についての理論や基礎知識,技法を十分にもたないまま,公共図書館に入り,児童へのサービスに対応しなければならないのが実状である。児童図書館に関する基礎的教育をほとんど受けてきていない担当者の苦労は並大抵のものではない。

　このような中で,児童図書館サービスに携わる図書館員の多くが,仕事に役立てるために,また,専門性を発揮するために,子どもを知り,子どもの本を知り,子どもと子どもの本を結びつける方法を知り,児童図書館の運営・経営を行う

ことを,日々の仕事の経験の蓄積を図りながら,自己研修や相互学習を積極的に行い努力し,培ってきている。そこから児童図書館員の専門性確立の動きも出てきており,それを担保するためにはきちんとした養成・教育が求められる。

現場の図書館員の声を受けて,日本図書館協会は,1980年度から児童図書館員養成講座(2010年度から児童図書館員養成専門講座と改称)を実施し成果をあげている。本来ならば,大学等で児童図書館員の養成・教育が十分に行われた上で,さらに,現場の児童図書館員への専門研修が図書館関係団体や,図書館職場で制度的に実施されていくべきものである。

## 10.2 児童図書館員の専門性の確立と養成・教育

日本において児童図書館学の教育が始まった1921年から現在までの歴史を,児童図書館学教育の草創期ととらえ,始動期,変調期,復調期と3区分し,どのような養成・教育が行われてきたかを,児童図書館学教育への提案,問題点の指摘,児童図書館学科目の再必修化への要求,アメリカの二段階型児童図書館学教育,国際的標準としての三段階型児童図書館学教育などにも触れながら今後の方向について述べる。

### (1) 草創始動期:1920年代初期〜1960年代後期
#### ① 図書館学1科目の一部として児童図書館の講義

日本において児童図書館学の教育が始まったのは,1921(大正10)年に文部省図書館員教習所が開設され,「管理法一般」の科目の中で,"児童図書館"についての講義が実施された時点である[5]。

### ② 児童図書館学科目の独立1科目化

その後，1941（昭和16）年の文部省講習所規則改正に伴い，「児童図書館管理法」が独立の科目として設置され[6]，児童図書館学科目が専門分化される。戦後は，1950年に図書館法の公布によって司書講習（全15単位）の必修科目として「児童に対する図書館奉仕」（1単位）が図書館法施行規則で定められ，児童図書館活動が公共図書館の中に正当に位置づけられた[7]。全体の比率で児童図書館学科目の単位数は6.7％である。これは，一段階型児童図書館学教育である。

### ③ 児童図書館学特別課程設置の提唱

しかし，ロバート・L. ギトラー（Robert L. Gitler）は，ただ一つの児童図書館科目を修得し，司書の証書を受け取った人たちが，「公共図書館を通じて，日本の青少年に奉仕しようとするとき，自らに課せられた要求にこたえるだけの資格ができたのであろうか」[8]と児童図書館学科目の不十分さを指摘した。そして，図書館学のコア科目に加え，児童図書館学の特別課程を設置する形態を提唱した。児童図書館員は，図書館専門職内の特別なグループの一つであり，図書館学の基礎理論，図書館資料と利用者，方法論・技術・研究，経営等のコア科目に加え，児童図書館の分野の特別課程が必要であり，児童の科目としては，児童心理学，教育方法，読書指導，さらに児童図書館員のための「図書館の理論と機能」，「児童文献」，「青少年文献」，「図書館資料の選択と利用法」，「視聴覚資料」，「演習」，「目録・分類」「図書・図書館の利用教育」等を示した。これは，アメリカ型の二段階型児童図書館学教育の提案である。

④ 児童図書館学科目の独立2科目設置

さて，1951（昭和26）年に大学において児童図書館学の講義が始まる。慶應義塾大学文学部図書館学科（Japan Library School）が創設され，児童図書館学科目として，「児童及び青少年図書館活動」（必修2単位），「児童文学及びストーリーテリング」（選択2単位）の2科目が設置され，アメリカ人教授ハナ・ハント（Hannah Hunt）によって講義が行われた。ここでは，公共図書館向カリキュラムが採用され，20科目46単位のうち児童図書館学科目は2科目4単位であり[9),10)]，全体との比率では科目数で10％，単位数で8.7％を占めている。これは，複数の児童図書館学独立科目設置型である。

## (2) 草創変調期：1960年代末期～1990年代前期
### ① 図書館学1科目の一部として児童図書館の講義と児童図書館学選択科目1科目設置および批判

1968年の「図書館法施行規則」改正では，司書講習科目は全19単位と増えるが，必修科目「児童に対する図書館奉仕」は削除され，「図書館活動」（2単位）に吸収され，別に「青少年の読書と資料」（1単位）が選択科目としておかれた。

黒田一之は科目名の変更によって，奉仕という理念が失われ，図書館法の精神を根本からくつがえす大きな問題をはらんでいると批判し，一方，「図書館活動」のシラバス案からは，それまで児童図書館を特殊図書館の一つとしていたものを，児童奉仕が一般奉仕の中に位置づけられたと評価した[11)]。清水正三は，利用者の3分の1は児童であり，住民から児童司書の専門的知識と技能が未だかつてなく求められており，必須科目からの削除は残念である，司書講習は公共図書館員養

成を目的とするもので,児童奉仕についての体系的な知識の習得は公共図書館員として不可欠,と評した[12]。さらに,辰巳義幸によって,(1)大学の都合で,児童奉仕に関する講義が皆無のまま司書資格付与が可能になってしまったこと,(2)「図書館活動」2単位の中で児童奉仕にまで言及するには時間が不足であり,(3)講師が成人から児童までのすべての奉仕論を述べるには相当の専門知識が要求されること,が指摘されている[13]。

この科目改訂の結果,児童サービスについて十分な知識をもたない司書が養成されることになった。

### ② 国際図書館連盟(IFLA)による児童図書館学教育モデルの勧告

1986年,国際図書館連盟(IFLA)東京大会において,児童図書館分科会は,児童図書館学教育の最良モデルとしてノルウェー型の三段階型児童図書館学教育に基づく次のような教育内容を勧告した[14]。

A．一般レベル:全学生必修として,図書館学教育課程の1/70(1.4%)を児童図書館学に当てる。　　A = 1.4%

B．中級レベル:公共図書館志望学生必修として,全課程の6/70(8.6%)を児童図書館学に当てる。　A + B = 10%

C．専門レベル:児童図書館専攻学生選択として,全課程の3/70(4.3%)を当てる。　　A + B + C = 14.3%

要するに,学生がどの館種(公共,大学,専門)を志望しても一定の児童図書館学の教育を履修するものである。そして,図書館学教育の中で,児童図書館学教育を必修部分と選択部分とから構成し,館種,専攻に応じてレベルを設定した

ものとなっている。

　公共図書館司書の養成課程では，少なくとも，このIFLA児童図書館分科会の勧告のように全科目の10％を児童の科目に当て，さらに，児童サービス専門司書向けの科目を設けて全科目の14.3％を当てることが必要である。

　IFLAの児童図書館学教育モデルは，各国の図書館情報学教育にそった相対的国際標準であり，至極自然な発想と現実味のある勧告であるので，少なくともこの勧告にみあった児童図書館学教育を日本で行えるよう，制度を整えていく必要がある。

### ③　児童図書館学科目の必修科目化への要求

　この間に，児童図書館員の専門職養成のための児童図書館科目必修化への要求が起こる。まず，1978年，児童奉仕科目を司書養成科目の必修にという署名運動が起こり[15]，4万人の署名が当時の文部省に提出された。また，1987年に実施された，近畿地区の司書有資格公立図書館長に対する司書養成についてのアンケートでは，現行以外に必要な科目として「児童サービス」が最も多く記入されている[16]。さらに，1990年の日本図書館協会図書館学教育部会による「図書館学教育の実態と改善に関する調査」において，教育担当者は公共図書館に重要な知識・技術として，「児童サービス」を第2番にあげ，「必修科目にする」の第2番目にも「青少年の読書と資料」があげられ，新規に導入すべき科目の第4番目に「児童図書館」があげられている[17]。それらに加えて，毎年の全国図書館大会の児童分科会や，毎回の児童に対する図書館奉仕全国研究集会（現・全国公共図書館研究集会児童・青少年部門）にお

いて，現場の図書館員や児童図書館学研究者から児童図書館科目を司書講習の必修科目にしてほしいという要望が出されている。このほかに，児童図書館関係団体，子ども文庫・子どもの読書グループからの要望も寄せられている。

### (3) 草創復調期：1990年代後期～
#### ① 児童図書館学科目独立1科目の再設置

1996年の「図書館法施行規則」改正により，司書講習（全20単位）の必修科目として「児童サービス論」（1単位）がおかれた。20世紀末になってやっと児童図書館学科目が独立1科目として，再び位置づけられることになった。全体との比率では，児童図書館学科目の単位数は5%である。

しかし，上述のように1986年のIFLA児童図書館学教育についての勧告に則れば，2単位ないし3単位は設置されるのが相当であった。少なくとも公共図書館員向けとしては20単位の10%，すなわち，2単位は児童図書館学科目として設置されるべきもので，児童図書館員向けには20単位の14.3%である約3単位（2.86単位）は児童図書館学科目として設置されるべきものであった。

#### ② 児童図書館学科目独立1科目2単位化

2008年の図書館法改正による「大学の図書館に関する科目」の省令化に伴い，14科目28単位設置のうち「児童サービス論」1科目2単位（全体の単位比率で，7.1%）という試案が示された。しかし，1986年のIFLA児童図書館分科会の勧告に照らせば2.8～4.0単位，つまり2科目3～4単位が望ましい。2科目3単位であれば，講義科目1科目2単位と演

習科目1科目1単位（合計3単位）とすることになる。また，2科目4単位であれば，講義科目2科目各2単位（合計4単位）とすることになろう。

2009年4月，日本図書館協会児童青少年委員会は，文部科学省の省令案へのパブリックコメントで，必修科目「児童サービス論」(2単位)と必修科目「児童資料論」(2単位)（または，「児童サービス演習」(1単位)）の設置を要望した[18]。

また，他の人たちからも2科目設置を求める声があげられていた。しかし，今回はさらなる進展はみられず，最終的には全13科目24単位のうち「児童サービス論」1科目2単位（全体の単位比率で，8.3％）設置となった。

従来「児童サービス論」は1科目1単位であったのが，1科目2単位と単位増になり一歩前進した。しかしながら，この2単位という単位数は1986年IFLAの児童図書館学モデル（全科目の10％を児童の科目に当て，さらに，児童サービス専門司書向けの科目を設けて全科目の14.3％を当てるという国際的標準）からすると，その基準の半分（50％）から7割（71％）の単位数で，まだ勧告の全単位数の10％を満たすまでに至っていない。

## (4) 今後の方向

日本の児童図書館学教育は，1921年に始まり90年ほどの歴史がありながら，依然としてまだ緒についたばかりの状態で，草創期から抜けだせていない。児童図書館員の専門性は，"子どもを知り，子どもの本を知り，子どもと子どもの本を結びつける理論と技術を知っていることと，児童図書館の運営に関する理論と技術を知っていること"にある。そのためには，

児童司書は，児童図書館における (1) 原理，(2) 資料および利用論，(3) 活動論，(4) 運営論の各領域について学ぶ必要がある。例えば，アメリカの図書館学校（大学院修士課程）では，「児童のための図書館サービス」，「児童資料論 1：評価と利用法」，「児童資料論 2：書誌と資料源」，「多文化児童資料論」，「ストーリーテリング」などの科目の設置や[19]，「児童文学及びメディア資料」，「子どものための情報資料」，「現代イギリスにおける児童・YA 文学」，「アメリカの児童図書出版」，「ストーリーテリング」，「児童サービス及びプログラム論（演習）」などの科目が設置されている[20]。

当面は，複数の児童図書館学科目（児童資料論と児童サービス運営論：各 2 単位）の設置を要請することが必要である。本来的には，4 科目以上（各 2 単位以上），合計 8 単位以上の講義や演習が用意されるべきである。

この場合，上述の IFLA 児童図書館分科会の勧告の枠組みからすると，全体の図書館学科目は 56 単位以上となる。そのためには，図書館学教育が少なくとも大学学部課程の学科・専攻のレベル，あるいは，大学院修士課程レベルに引き上げられるべきである。

また，国立大学法人の大学院等では児童図書館学教育を積極的に取り入れ，その教育・研究者の育成に力を注ぐべきであろう[21]。

児童図書館学養成・教育側としての望ましい条件としては[22]，(1) 教授陣の充実，(2) 施設の整備・充実，(3) 教材の充実，(4) 実習のための児童図書館，(5) 地域における公共図書館，学校図書館，文庫との交流，があげられている。まず，それぞれの児童図書館学教育担当者が大学等においてよい教育環

境を創り出す努力を行い，制度的にも条件整備が行えるよう力を注いでいく必要がある。

## 10.3 児童図書館員の研修と専門職制度の確立

　児童図書館員として自主研修を行うことは，「図書館員の倫理綱領」にも示されているとおり，専門職として当然のことである。図書館や図書館情報学のナショナルセンターである，日本図書館協会や，日本図書館情報学会等をはじめ，児童図書館研究会，東京子ども図書館，アメリカ図書館協会児童図書館部会（ALSC）等の児童図書館関係団体，国際児童図書評議会（IBBY），日本国際児童図書評議会（JBBY），日本子どもの本研究会，科学読物研究会等の子どもの本の関係団体等に所属し，研鑽することも行いたい。また，自館での研修の実施・参加，都道府県レベルの研修への積極的参加が望まれる。

　個人研修に加え，集団（グループ）での研修も重要である。現職者の再教育としては，1934年日本図書館協会主催の図書館学講習会で，6科目中の1科目として，「児童図書館」が竹内善作によって講義されている[23]。また，1951年7，8月に文部省（当時）主催第2回指導者講習においてハナ・ハント教授が児童図書館サービスの講義を実施している[24]。1953年設立の児童図書館研究会は毎年全国学習会や講座・講演会を開催している。全国図書館大会では「児童分科会」が設けられ，「全国公共図書館研究集会児童・青少年部門」（旧・「児童に対する図書館奉仕全国研究集会」）は当初は毎年，現在は隔年に開催されている[25]。1973年設立の東京子ども図書館ではお話

の講習会,子ども図書館講座,研修制度等を実施している。2000年開館の国立国会図書館国際子ども図書館は,児童文学講座等を開催している。1980年以来ほぼ毎年実施されている日本図書館協会主催「児童図書館員養成専門講座」(「児童図書館員養成講座」から2010年度改称)は,図書館経験5年間以上,児童サービス経験2年間以上で指導・助言する立場にある司書有資格者を対象にした本格的専門研修であり,高い評価を得ている[26]。

児童司書としての養成・教育を受けて後,自主研修,集団研修で児童司書としての力量をつけ,その土台の上に,子どもたちに継続的・安定的に優れたサービスを提供していくためには,専門職制度の確立が必要十分条件となる。専門職制度の確立が整えられなければ本当の意味で,子どもたちへの継続的・安定的で優れたサービスの提供は担保されない。司書,児童司書の専門職制度の確立は急務といえる。

注
1) 日本図書館協会児童青少年委員会編『公立図書館児童サービス実態調査報告書2003』日本図書館協会,2004,p.39
2) 日本図書館協会図書館調査事業委員会編『日本の図書館2008』日本図書館協会,2009,p.25
3) 政府統計の窓口・年齢(5歳階級),男女別推計人口(平成21年11月確定値,平成22年4月概算値)
http://www.e-stat.go.jp/SG1/estat/List.do?lid=000001063484(引用日:2010.4.26)
4) 前掲2) p.28
5) 小河内芳子『公共図書館とともにくらして』いづみ書房,1980,p.28-29
6) 前掲5) p.31

7) 清水正三「児童図書館の歴史（日本）：東京を中心として」『子どもの本棚』No.7, 1973, p.20

8) ギトラー, ロバート・L.「明日への建設：青少年に対する図書館奉仕のための教育；機会, そして義務」『図書館雑誌』Vol.49, No.2, 1955, p.16

9) 高山正也「慶應義塾大学図書館学科創立に関する主要資料の解題」『Library and information science』No.28, Special Issue, 1990, p.19

10) 細野公男「図書館・情報学科の40年をふりかえって」『Library and information science』No.28, Special Issue, 1990, p.4

11) 黒田一之「図書館教育における児童奉仕」『図書館雑誌』Vol.66, No.8, 1972, p.367-368

12) 清水正三「司書講習の科目から『児童奉仕』の科目が消えたことについて」『こどもの図書館』Vol.16, No.5, 1969, p.1-2

13) 辰巳義幸「児童図書館奉仕の現状と将来」『現代の図書館』Vol.26, No.2, 1988, p.76

14) Skoglund, L. "Education and training of librarians in children's librarianship" IFLA Tokyo Conference, Children's Libraries Section, Paper 15-CHIL-1-E, 1986, p.5.

15) 図書館問題研究会子どもに対する図書館活動委員会『本を知り子どもを知り本と子どもを結びつける図書館員の養成を！：「子どもに対する図書館奉仕」科目の設定を；図書館の国民的な発展をもとめる全国署名早わかり　その1』図書館の国民的な発展をもとめる全国署名事務局, 1977, p.16

16) ［日本図書館研究会］「図書館学教育研究グループ例会／案内」『図書館界』Vol.39, No.1, 1987, p.36-39

17) ［日本図書館協会図書館学教育部会］「平成2年度（第76回）全国図書館大会第11分科会図書館員養成・報告」『日本図書館協会図書館学教育部会会報』No.30, 1990, p.19-22

18) 日本図書館協会児童青少年委員会「図書館法施行規則の一部を改正する省令案への意見」『セミナー児童図書館員養成を考える』配付資料7　2009.11.30. p.33

19) 塚原博「アメリカの児童図書館員教育」『現代の図書館』

Vol.26, No.2, 1988, p.99-103
20) 松村麻里「シモンズ・カレッジ留学記」『こどもとしょかん』No.81,1999春,p.9-15
21) 「第45回日本図書館学会研究大会シンポジウム記録：情報社会における子どもと図書館」『図書館学会年報』Vol.44, No.2, 1998, p.74-76
22) 友野玲子「第5章2 児童図書館員の養成」友野玲子［ほか］共著『青少年の読書と資料』樹村房,1981,p.142-143
23) 武居権内『日本図書館学史序説』早川図書,1960,p.320
24) 前掲9), 10)
25) 日本図書館協会児童青少年委員会編『児童図書館サービス50年の軌跡：児童に対する図書館奉仕全国研究集会1955～2004』日本図書館協会,2006,71p
26) 国立国会図書館図書館研究所編『都道府県立及び政令指定都市立図書館における研修のニーズと実態』日本図書館協会,2000,p.43 一番役に立った研修として,児童図書館員養成講座は一番高い評価（67.4％）を受けている。

**参考文献**
・塚原博「児童図書館学教育の型についての研究」『実践女子大学文学部紀要』Vol.49, 2007, p.73-81

(塚原　博)

# 11章 児童図書館についての研究

## 11.1 研究の意義と目的, 現状と課題

### (1) なぜ児童図書館サービス研究か？－意義と目的

　児童図書館, 児童サービスの研究（以下「児童図書館サービス研究」）は, 子どもにサービスを提供する図書館の現場, 児童図書館員の実践があってはじめて成立するものであり, そのサービスを理論化し, 拡充, 普及させることを目的としている。図書館の他分野と同様, 実際に現場で行われているさまざまな事象に照らし合わせ, 普遍的な理論を見つける実学であると, とらえることができる。

　児童図書館サービスが現代社会において有意義かつ不可欠なものであることを明確に示し, その発展を支えるためにも, 活発な研究活動が必要である。研究によって提示される理論や理念, 実証される結果が児童図書館におけるサービス実践の根拠となること, あわせて児童図書館員の専門性およびその存在の必然性を裏づけるものとなることが望ましい。

### (2) 現場と研究を結ぶこと－現状と課題

　児童図書館員は現場の実践の中からさまざまな成果を生み出してきた。管理運営のための各種基準, 業務マニュアル, 実務報告, ブックリストの作成などは, 日々の仕事を支える

柱として重要なものである。これらの成果は各職場内での資料にとどまることが多いが，図書館関係の各誌への掲載，各種学習会や研究会での発表などにより，広く多くの児童図書館員への周知，知識の共有がなされることもある。

　例えばこの現場の経験と知識を，さらに学術研究のレベルまで引き上げ，その成果を世に示し，現場に有益なものとしてフィードバックすることも，児童図書館サービス研究のあるべき姿である。しかし，児童図書館員は現実や経験を重視し，目の前にある自身の問題を解決するための実際的，効果的な知識や技術を求める傾向にある。一方で児童図書館サービスを専門とする研究者，教育者の数は少ない。見るべき研究成果や研究実績も多くはないのが現状である。

　今後の児童図書館サービス研究の発展，ひいては児童図書館サービス発展のためには，研究の担い手を広げること，さまざまな視点からの研究への取り組みと成果が現れることが大きな課題である。机上で理論や定義を追いかけて展開するだけでなく，現場の状況にも精通する研究者の育成，研究者と児童図書館員との協力連携，さらに児童図書館員の中からも，研究者の視点をもって研究に取り組む人材が現れることが求められている。あわせて将来の研究者や児童図書館員をめざす学生による児童図書館サービスをテーマとした各種研究（卒業論文など）も，研究の裾野を広げるためには必要である。単に司書資格取得のための一科目として「児童サービス論」をおくだけではなく，研究指導のための教育者，教育体制の確保も大きな課題であることをつけ加えておく。

## 11.2 児童図書館サービス研究の実際

### (1) 研究が成立するための要件－視点と姿勢
　各文献の情報,実際の事例,統計調査の結果等は研究の材料にすぎない。それらをただ並べ,個人的な感想を述べても研究とはならない。問題意識と一定の視点をもち,研究課題や仮説を設定して調査を行い,結果を客観的に分析して論理的に結論を導くこと,普遍的な原則を見出すのが研究である。

### (2) 研究への取り組み－計画と設計
#### ① 研究テーマの設定－対象・目的の明確化
　まず行うべきなのは,問題意識を明らかにすることである。何がどうして問題なのかを整理し,何を明らかにしたいのかを確認することが,研究的な活動の入口である。

#### ② 研究の背景の把握－意義,位置づけの確認
　次に,取り組もうとする研究テーマについて可能な限り網羅的に文献検索を行い,先行研究とその結果を確認する。研究テーマをより深く知ること,今まで何がどこまで明らかになっているのか,何を土台に研究を進めるのかを把握することによって,研究の意義・位置づけ・方向性が見えてくる。

#### ③ テーマに沿った研究課題の設定－検証の切り口
　さらに,具体的に何をどう明らかにすれば研究の目的を達成できるのかを考える。これが研究課題である。仮説を設定し,それを立証するための具体的な流れを考えることもある。

④ 研究手法の選択－明確な根拠を見出す鍵

研究の手法には，質的な側面をとらえる定性的方法と量的な側面をとらえる定量的方法がある。各研究テーマにはそれぞれ適した手法とそれに基づく調査がある。客観的な結果，第三者が納得できる明確な根拠を示すために，一つにこだわらず可能な複数の手法を採用すること，できれば質的・量的両面からの調査と検証を行うことを心がけたい。

## (3) 研究のテーマと手法

ここでは児童図書館サービスの主要な研究テーマ，研究手法を紹介する。先に述べたとおり，どの研究テーマであっても先行研究を中心とした網羅的な文献調査は，研究の第一歩である。特に海外のテーマを扱う場合は，その国の言語で書かれた資料もあわせて収集し，内容を検証しなくてはならない。

① 児童図書館サービス論，児童図書館員の研究

児童図書館サービスの理念や理論，児童図書館員の専門性などを探る基礎的な研究である。文献調査や事例調査に基づく比較研究が効果的な手法である。複数の時代，地域，国における理論や実践を調べ，それぞれの社会や文化などの背景的要因を考慮しつつ，相違点や共通点を明らかにしていく。

② 児童図書館サービス史の研究

内外の児童図書館サービスの歴史をたどり，その成立や発展の諸要素を明らかにする歴史的研究である。背景にあるさまざまな要因を検証するために，研究対象とした過去のテー

マに関する徹底的な文献調査，史料の収集が必要である。多くの文献を読み解き，批判的に解釈をすることが基本である。必要に応じて聞き書きなどの質的手法，統計調査による経年変化の検証などの量的手法も加えて総合的に論じることが望ましい。

### ③ 利用者，メディアの研究

利用者研究は，利用者の特質や行動を解明する研究である。またメディアが多様化する現在，電子メディアをはじめとする各種メディアと，利用者との関係を明らかにする研究も必要である。

ここでは，統計調査の結果を用いる数学的研究，観察・インタビュー・質問紙調査などを用いる社会学的研究，事例研究などが手法としてあげられる。明らかとしたい課題に対して仮説を立て，実験を行うこともある。ここで留意したいのは，児童図書館サービス研究では研究対象の利用者が乳幼児からヤングアダルトまでとさまざまな発達段階にあることである。各利用者層に適した研究手法を選択し，調査設計の戦略を立てなくてはならない。研究内容と目的によっては，子どもの発達と関係の深い心理学，教育学分野などの視点を取り入れた学際的研究も必要である。

### ④ 児童図書館サービスに関する諸活動の研究

図書館の現場でのさまざまな実践を調査し，分析する研究である。公共図書館と学校図書館の連携，読書推進活動，子どもに対する図書館システムの開発など，さまざまな研究のテーマを見出すことができる。各実践事例の調査に基づく事

例研究が主たる手法であるが，研究の結果が単なる事例報告に終わらないことを常に意識する必要がある。特定の事例の原因と結果の因果関係を考察し，普遍的・一般的な原理を導き出す客観的な視点をもたなければならない。

### (4) 成果の発表－論文の要素と構成

　研究の成果は通常論文の形でまとめられる。ここでは専門雑誌，学会誌，大学紀要等に掲載される研究論文や研究ノート，卒業論文も広く含むものとする。

　一般的に論文は序論・本論・結論を主要な構成要素とする。

　まず序論では，研究の背景を先行研究の引用で明らかにした上で，自身の研究の目的・意義・位置づけを述べる。

　次の本論では，研究を行うにあたっての手順と手法を述べ（方法），調査によって得た結果を提示する（結果）。

　最後の結論では，調査結果の考察，考察から導き出した新たな知見を研究の成果として示す（考察と結論）。ここで今後の課題を提示する場合もある。

　論文では，どこまでが過去の研究成果であり，何をもとに論じているのかを明らかにした上で自分の意見を述べ，新たな知見として示す。他者の意見（引用）と自分の意見を明確に分けて書くこと，引用した文献の書誌事項を適切な方法でリスト化して明確に示すことが，論文執筆の基本である。

（汐﨑順子）

**資料編**

# 児童図書館サービス 関係資料

1 子どもの権利に関する条約（抄）
2 児童憲章
3 IFLA 児童図書館サービスのためのガイドライン
4 IFLA 乳幼児への図書館サービスガイドライン（抄）
5 IFLA 児童図書館員の教育と養成（抄）

# 子どもの権利に関する条約 （抄）

>1989 年 11 月 20 日第 44 回国際連合総会採択
>1990 年 9 月 2 日発効
>1994（平成 6）年 5 月 16 日条約第 2 号

## 前文

　この条約の締約国は，国際連合憲章において宣明された原則に従い，人類社会のすべての構成員の固有の尊厳および平等のかつ奪えない権利を認めることが世界における自由，正義および平和の基礎であることを考慮し，

　国際連合の諸人民が，その憲章において，基本的人権ならびに人間の尊厳および価値についての信念を再確認し，かつ，社会の進歩および生活水準の向上をいっそう大きな自由の中で促進しようと決意したことに留意し，

　国際連合が，世界人権宣言および国際人権規約において，全ての者は人種，皮膚の色，性，言語，宗教，政治的意見その他の意見，国民的もしくは社会的出身，財産，出生またはその他の地位等によるいかなる種類の差別もなしに，そこに掲げるすべての権利および自由を有することを宣明しかつ同意したことを認め，国際連合が，世界人権宣言において，子ども時代は特別のケアおよび援助を受ける資格のあることを宣明したことを想起し，

　家族が，社会の基礎的集団として，ならびにそのすべての構成員とくに子どもの成長および福祉のための自然的環境として，その責任を地域社会において十分に果たすことができるように必要な保護および援助が与えられるべきであることを確信し，子どもが，人格の全面的かつ調和のとれた発達のために，家庭環境の下で，幸福，愛情および理解のある雰囲気の中で成長すべきであることを認め，

　子どもが，十分に社会の中で個人としての生活を送れるようにすべきであり，かつ，国際連合憲章に宣明された理想の精神の下で，ならびにとくに平和，尊厳，寛容，自由，平等および連帯の精神の下で育てられるべきであることを考慮し，

　子どもに特別なケアを及ぼす必要性が，1924 年のジュネーブ子

どもの権利宣言および国際連合総会が1959年11月20日に採択した子どもの権利宣言に述べられており，かつ，世界人権宣言，市民的及び政治的権利に関する国際規約（とくに第23条および第24条），経済的，社会的及び文化的権利に関する国際的規約（とくに第10条），ならびに子どもの福祉に関係ある専門機関および国際機関の規程および関連文書において認められていることに留意し，

子どもの権利宣言において示されたように，「子どもは，身体的および精神的に未成熟であるため，出生前後に，適当な法的保護を含む特別の保護およびケアを必要とする」ことに留意し，

国内的および国際的な里親託置および養子縁組にとくに関連した子どもの保護および福祉についての社会的および法的原則に関する宣言，少年司法運営のための国際連合最低基準規則（北京規則），ならびに，緊急事態および武力紛争における女性および子どもの保護に関する宣言の条項を想起し，

とくに困難な条件の中で生活している子どもが世界のすべての国に存在していること，および，このような子どもが特別の考慮を必要としていることを認め，子どもの保護および調和のとれた発達のためにそれぞれの人民の伝統および文化的価値の重要性を正当に考慮し，

すべての国，とくに発展途上国における子どもの生活条件改善のための国際協力の重要性を認め，次のとおり協定した。

## 第Ⅰ部
### 第1章（子どもの定義）

この条約の適用上，子どもとは，18歳未満のすべての者をいう。ただし，子どもに適用される法律の下でより早く成年に達する場合は，この限りでない。

### 第2章（差別の禁止）

1. 締約国は，その管轄内にある子ども一人一人に対して，子どもまたは親もしくは法定保護者の人種，皮膚の色，性，言語，宗教，政治的意見その他の意見，国民的，民族的もしくは社会的出身，財産，障害，出生またはその他の地位にかかわらず，いかなる種類の差別もなしに，この条約に掲げる権利を尊重しかつ確保する。
2. [略]

第3章（子どもの最善の利益）
1. 子どもにかかわるすべての活動において，その活動が公的もしくは私的な社会福祉機関，裁判所，行政機関または立法機関によってなされたかどうかにかかわらず，子どもの最善の利益が第一次的に考慮される。
2. 締約国は，親，法定保護者または子どもに法的な責任を負う他の者の権利および義務を考慮しつつ，子どもに対してその福祉に必要な保護およびケアを確保することを約束し，この目的のために，あらゆる適当な立法上および行政上の措置をとる。
3. 締約国は，子どものケアまたは保護に責任を負う機関，サービスおよび施設が，とくに安全および健康の領域，職員の数および適格性，ならびに職員の適正な監督について，権限ある機関により設定された基準に従うことを確保する。

第5条（親の指導の尊重）
　締約国は，親，または適当な場合には，地方的慣習で定められている拡大家族もしくは共同体の構成員，法定保護者もしくは子どもに法的な責任を負う他の者が，この条約において認められる権利を子どもが行使するにあたって，子どもの能力の発達と一致する方法で適当な指示および指導を行う責任，権利および義務を尊重する。

第12条（意見表明権）
1. 締約国は，自己の見解をまとめる力のある子どもに対して，その子どもに影響を与えるすべての事柄について自由に自己の見解を表明する権利を保障する。その際，子どもの見解が，その年齢および成熟に従い，正当に重視される。
2. この目的のため，子どもは，とくに，国内法の手続規則と一致する方法で，自己に影響を与えるいかなる司法的および行政的手続においても，直接にまたは代理人もしくは適当な団体を通じて聴聞される機会を与えられる。

第13条（表現・情報の自由）
1. 子どもは表現の自由への権利を有する。この権利は，国境にかかわりなく，口頭，手書きもしくは印刷，芸術の形態または子どもが選択する他のあらゆる方法により，あらゆる種類の情報および

考えを求め，受け，かつ伝える自由を含む。
2. この権利の行使については，一定の制限を課することができる。ただし，その制限は，法律によって定められ，かつ次の目的のために必要とされるものに限る。
   a. 他の者の権利または信用の尊重
   b. 国の安全，公の秩序または公衆の健康もしくは道徳の保護

**第14条**（思想・良心・宗教の自由）
1. 締約国は，子どもの思想，良心および宗教の自由への権利を尊重する。
2. 締約国は，親および適当な場合には法定保護者が，子どもが自己の権利を行使するにあたって，子どもの能力の発達と一致する方法で子どもに指示を与える権利および義務を尊重する。
3. ［略］

**第15条**（結社・集会の自由）
1. 締約国は，子どもの結社の自由および平和的な集会の自由への権利を認める。
2. ［略］

**第16条**（プライバシィ・通信・名誉の保護）
1. いかなる子どもも，プライバシィ，家族，住居または通信を恣意的にまたは不法に干渉されず，かつ，名誉および信用を不法に攻撃されない。
2. ［略］

**第17条**（適切な情報へのアクセス）
　締約国は，マスメディアの果たす重要な機能を認め，かつ，子どもが多様な国内的および国際的な情報源からの情報および資料，とくに自己の社会的，精神的および道徳的福祉ならびに心身の健康の促進を目的とした情報および資料へアクセスすることを確保する。この目的のため，締約国は，次のことをする。
   a. マスメディアが，子どもにとって社会的および文化的利益があり，かつ第29条の精神と合致する情報および資料を普及する事を奨励すること。
   b. 多様な文化的，国内的および国際的な情報源からの当該情報および資料の作成，交換および普及について国際協力を奨励する

こと。
c. 子ども用図書の製作および普及を奨励すること。
d. マスメディアが、少数者集団に属する子どもまたは先住民である子どもの言語上のニーズをとくに配慮することを奨励すること。
e. 第13条および第18条の諸条項に留意し、子どもの福祉に有害な情報および資料から子どもを保護するための適当な指針の発展を奨励すること。

**第18条**（親の第一次的養育責任と国の援助）
1. 締約国は、親双方が子どもの養育および発達に対する共通の責任を有するという原則の承認を確保するために最善の努力を払う。親または場合によって法定保護者は、子どもの養育および発達に対する第一次的責任を有する。子どもの最善の利益が、親または法定保護者の基本的関心となる。
2. この条約に掲げる権利の保障および促進のために、締約国は、親および法定保護者が子どもの養育責任を果たすにあたって適当な援助を与え、かつ、子どものケアのための機関、施設およびサービスの発展を確保する。
3. 締約国は、働く親をもつ子どもが、受ける資格のある保育サービスおよび保育施設から利益を得る権利を有することを確保するためにあらゆる適当な措置をとる。

**第22条**（難民の子どもの保護・援助）
1. 締約国は、難民の地位を得ようとする子ども、または、適用可能な国際法および国際手続または国内法および国内手続に従って難民とみなされる子どもが、親または他の者の同伴の有無にかかわらず、この条約および自国が締約国となっている他の国際人権文書または国際人道文書に掲げられた適用可能な権利を享受するにあたって、適当な保護および人道的な援助を受けることを確保するために適当な措置をとる。
2. ［略］

**第23条**（障害児の権利）
1. 締約国は、精神的または身体的に障害を負う子どもが、尊厳を確保し、自立を促進し、かつ地域社会への積極的な参加を助長する

条件の下で，十分かつ人間に値する生活を享受すべきであることを認める。
2. 締約国は，障害児の特別なケアへの権利を認め，かつ，利用可能な手段の下で，援助を受ける資格のある子どもおよびその養育に責任を負う者に対して，申請に基づく援助であって，子どもの条件および親または子どもを養育する他の者の状況に適した援助の拡充を奨励しかつ確保する。
3. 障害児の特別なニーズを認め，2に従い拡充された援助は，親または子どもを養育する他の者の財源を考慮しつつ，可能な場合にはいつでも無償で与えられる。その援助は，障害児が可能なかぎり全面的な社会的統合ならびに文化的および精神的発達を含む個人の発達を達成することに貢献する方法で，教育，訓練，保健サービス，リハビリテーションサービス，雇用準備およびレクリエーションの機会に効果的にアクセスしかつそれらを享受することを確保することを目的とする。
4. 締約国は，国際協力の精神の下で，障害児の予防保健ならびに医学的，心理学的および機能的治療の分野における適当な情報交換を促進する。その中には，締約国が当該分野においてその能力および技術を向上させ，かつ経験を拡大することを可能にするために，リハビリテーション教育および職業上のサービスの方法に関する情報の普及およびそれへのアクセスが含まれる。この点については，発展途上国のニーズに特別な考慮を払う。

## 第29条（教育の目的）

1. 締約国は，子どもの教育が次の目的で行われることに同意する。
    a. 子どもの人格，才能ならびに精神的および身体的能力を最大限可能なまで発達させること。
    b. 人権および基本的自由の尊重ならびに国際連合憲章に定める諸原則の尊重を発展させること。
    c. 子どもの親，子ども自身の文化的アイデンティティ，言語および価値の尊重，子どもが居住している国および子どもの出身国の国民的価値の尊重，ならびに自己の文明と異なる文明の尊重を発展させること。
    d. すべての諸人民間，民族的，国民的および宗教的集団ならびに

先住民間の理解，平和，寛容，性の平等および友好の精神の下で，子どもが自由な社会において責任ある生活を送れるようにすること。
 e. 自然環境の尊重を発展させること。
2. [略]

**第30条**（少数者・先住民の子どもの権利）

　民族上，宗教上もしくは言語上の少数者，または先住民が存在する国においては，当該少数者または先住民に属する子どもは，自己の集団の他の構成員とともに，自己の文化を享受し，自己の宗教を信仰しかつ実践し，または自己の言語を使用する権利を否定されない。

**第31条**（休息・余暇，遊び，文化的・芸術的生活への参加）
1. 締約国は，子どもが，休息しかつ余暇をもつ権利，その年齢にふさわしい遊びおよびレクリエーション的活動を行う権利，ならびに文化的生活および芸術に自由に参加する権利を認める。
2. [略]

[以下略]　　　　　　　　　　　　　　　　　（国際教育法研究会訳）

　この全文は，「子どもの権利に関する条約」国際教育法研究会ホームページ：

　　http://www.itoh.org/io/lib/law/iel.htm　を参照。

外務省訳全文は，「児童の権利条約」外務省ホームページ：

　　http://www.mofa.go.jp/mofaj/gaiko/jido/index.html　を参照。


# 児童憲章

　　　　　　　　　　　　　　　制定日：昭和26年5月5日（こどもの日）
　　　　　　　　　　　　　　　制定者：児童憲章制定会議

　われらは，日本国憲法の精神にしたがい，児童に対する正しい観念を確立し，すべての児童の幸福をはかるために，この憲章を定める。

　児童は，人として尊ばれる。
　児童は，社会の一員として重んぜられる。
　児童は，よい環境の中で育てられる。

一　すべての児童は，心身ともに健やかにうまれ，育てられ，その生活を保証される。
二　すべての児童は，家庭で，正しい愛情と知識と技術をもって育てられ，家庭に恵まれない児童には，これにかわる環境が与えられる。
三　すべての児童は，適当な栄養と住居と被服が与えられ，また，疾病と災害からまもられる。
四　すべての児童は，個性と能力に応じて教育され，社会の一員としての責任を自主的に果たすように，みちびかれる。
五　すべての児童は，自然を愛し，科学と芸術を尊ぶように，みちびかれ，また，道徳的心情がつちかわれる。
六　すべての児童は，就学のみちを確保され，また，十分に整つた教育の施設を用意される。
七　すべての児童は，職業指導を受ける機会が与えられる。
八　すべての児童は，その労働において，心身の発育が阻害されず，教育を受ける機会が失われず，また，児童としての生活がさまたげられないように，十分に保護される。
九　すべての児童は，よい遊び場と文化財を用意され，悪い環境からまもられる。
十　すべての児童は，虐待・酷使・放任その他不当な取扱からまもられる。あやまちをおかした児童は，適切に保護指導される。
十一　すべての児童は，身体が不自由な場合，または精神の機能が不充分な場合に，適切な治療と教育と保護が与えられる。
十二　すべての児童は，愛とまことによって結ばれ，よい国民として人類の平和と文化に貢献するように，みちびかれる。

## IFLA 児童図書館サービスのためのガイドライン

はじめに

　私たちの社会が地球規模の共同体となり，情報化時代の波が押し寄せるなかで，図書館員の役割や技術の利用法も変貌しつつあります。今日，経済・文化・情報伝達の分野で劇的な変化が起こっていることを認識したうえで，それを推し進める方向へと変わってきて

いるのです。

　図書館における児童サービスの概要を記したこのガイドラインは，規模の大小，予算の多寡に関わらず，あらゆる図書館の活動指針となるように，児童・ヤングアダルト図書館分科会の常任委員会が作成したものです。

　このガイドラインは，IFLA の出版物である *The IFLA/UNESCO Public Library Manifesto*〔IFLA/UNESCO 公共図書館宣言〕，*The Public Library Service : IFLA/UNESCO Guidelines for Development*『理想の公共図書館サービスのために：IFLA/UNESCO ガイドライン』，*Guidelines for Library Services for Young Adults*〔ヤングアダルト図書館サービスのためのガイドライン〕を補完するものです。

### 序

　図書館の児童サービスは，世界中の子どもとその家族にとって，今や，この上なく大切なものとなっています。知識を得，多文化の豊かな世界に触れることは，生涯学習や識字能力の習得と同じく，私たちの社会においてまず第一に求められるものです。質の高い児童図書館が，子どもたちに生涯学習や識字能力の習得の場を提供すれば，子どもたちは社会に参加し，貢献することができるようになります。児童図書館は，大きく変貌する社会に常に対応し，子どもたちの情報・文化・娯楽に対する要求に応えていかなければなりません。どの子どもも地域の図書館に親しみ，そこで居心地よく過ごし，図書館を活用するためのさまざまな技術を身につけることが望まれます。

### 目的

　このガイドラインは，世界中のさまざまな国の公共図書館が，質の高い児童サービスを提供するための手助けとなることを目的としています。

### 対象

　このガイドラインは，実際に児童サービスに携わっている図書館員や，図書館管理者，政策決定者，図書館情報学課程の学生および教師を対象としています。

第 1 節
使命
　「公共図書館は，広範囲にわたる資料を提供し多様な活動を展開することにより，子どもたちに対して，読書の喜びや知識と想像力にあふれる諸作品を見つけ出したときの興奮を実感する機会を提供する。子どもたちとその親には，図書館の上手な利用のしかた，そして印刷資料と電子メディアの利用に関するスキルをどのようにして身につけるかを教えなければならない。
　公共図書館には，子どもたちが読書力を身につけるように支援し，本やその他のメディアの利用を促進する特別な責任がある。図書館は，ストーリーテリングや図書館が提供するサービスや資源に関連する活動のように，子どもたちを対象とする特別のイベントを行わなければならない。
　子どもたちは早い時期から図書館の利用を奨励されるべきである。というのは，そうすることによって，彼らが将来も図書館の利用者であり続けるだろうからである。
　多様な言語を話す国々においては，子どもたちのための本や視聴覚資料は，彼らの母国語のものが利用できるようにしなければならない。」(『理想の公共図書館サービスのために：IFLA/UNESCO ガイドライン』より)

第 2 節
子どもの要求に応える
　国連の「児童の権利に関する条約」は，
・年齢
・人種
・性別
・宗教・国・文化などの背景
・言語
・社会的地位
・個人的な技能や能力
のいずれにも関わりなく，どの子どもも平等に，その潜在能力を充分に伸ばし，情報や資料を自由に入手し，さまざまなプログラムに

参加する権利を有するとうたっています。

　子どもは地域社会の営みのなかで成長するものであり，地球規模の営みのなかで育まれるわけではありませんが，世界情勢は子どもの成長にも影響を及ぼします。

**サービス対象**

　児童図書館が，個人またはグループとして対象にするのは以下の人々です。

・乳幼児
・未就学児
・13歳以下の学童
・特別な支援を必要とする子どもたち
・両親およびその他の家族
・保育者
・その他，子ども・本・メディアに関わる仕事をしている大人

**目標**

・すべての子どもが，
　―情報
　―識字や映像・電子資料・メディアの活用能力
　―教養
　―読解力
　―生涯学習能力
　―創造的な余暇活動プログラム
　を身につける権利を保障します
・子どもが，あらゆる資料やメディアを自由に利用できるようにします
・子どもとその両親および保育者に向けてさまざまな活動を行います
・家族が地域社会にとけこめるように支援します
・子どもの能力を高め，その自由と安全を守ります
・子どもが自信に満ち，能力を備えた人となるよう励まします
・平和な世界の実現を目指します

**資金**

　子どもたちは，いわゆる「投資」に値する存在です。

児童図書館には，資料や公共サービスの質を維持し，より良いものとするために予算が必要です。
　基本的な予算に加え，例えば以下のような外部からの資金援助で補完することも可能です。
・政府補助金（特別な催し物や新しい企画を行う場合）
・文化機関（音楽，舞踊，演劇，芸術，歴史および民族に関する催し物を行う場合）
・出版者（作家や画家を招いたり，無料の物品の提供を受ける場合）
・後援（特定のイベントに対する地域企業やボランティア団体からの援助）
・非政府機関
・マッチングファンド

**資料**

　児童図書館は，子どもの発達を助けるのにふさわしいあらゆる形態のさまざまな資料，例えば印刷資料（本，定期刊行物，漫画，小冊子），メディア（CD，DVD，カセット），おもちゃ，学習ゲーム，コンピュータ，ソフトウェア，周辺機器など，を所蔵するべきです。

**選択規準**

　蔵書やサービスを構築するにあたって，図書館員は以下のような点に留意して資料を選ぶべきです。
・質の高いもの
・年齢にふさわしいもの
・内容が正確で，今日の状況に合っているもの
・さまざまな価値観や意見を反映したもの
・地域社会の文化を反映したもの
・地球社会への扉をひらくもの

**場所**

　あらゆる年齢の子どもにとって，図書館は開放的で，魅力的で，探究心を刺激するような場所であって，脅威を感じるような場所であってはなりません。
　図書館には児童サービス専用の場所が必要であり，そこが子どものための場であることがすぐにわかり（例えば，子ども向けの特別な家具や内装，色づかいによって），図書館内の他の部門と区別が

つくようであれば理想的です。

　図書館は，子どもがほかの子どもと実際に出会い，あるいはインターネットを通じて他の子どもたちと出会える公共の場なのです。

**サービス**

　児童サービスは，大人に対するサービスと同様に重要であり，同等に扱われなければなりません。

　児童図書館は以下のサービスを通じて，地域の子どもたちの情報や文化，娯楽の要求に応えていかなければなりません。

・さまざまな資料を貸し出す
・情報提供やレファレンスサービスを行う
・子どもが資料を選ぶ手助けをする
・選書や図書館サービスの向上に子どもの意見を取り入れる
・図書館利用法や情報活用能力向上のための訓練を行う
・読書意欲を高めるような活動を行う
・創意工夫に富んだ催し物やおはなし会を行う
・親や保育者を啓発する
・保育者，幼稚園や保育園の先生，学校の教師，図書館員に対し，レファレンスサービスや研修を行う
・地域の団体や機関と協力し，またそれらを支援する

**地域との連携**

　地域の他の団体や機関と協力しあうことは，大切であり有益です。

・地域の人々が，情報や文化に関してどのような要望を持っているかを調査し，それに応じて図書館資料を整備することにより，地域の機関が競合するのではなく，子どもの利益のために互いに協力しあう関係を築くことができます
・学校との協力も大切です。学校図書館が教育課程において子どもを支援するのに対し，児童図書館は子どもが自ら学んだり，楽しみのために読書をする場となります
・保健所や保育園，幼稚園その他の保育施設と協力することは必要であり，積極的に行うべきです。特に子どもたちとその親，保育の専門家たちを対象に読書推進活動を行う際に有効です

**広報**

　子どもの時間を奪い，注意を引くものが増えているなかで，児童

図書館の積極的な意義を広く知らせることはきわめて重要です。

　読書と識字能力は，コミュニケーションに必要な技術であり，その重要性は繰り返し強調する必要があります。

**人的資源**

　児童図書館を効率よく，専門的に運営するためには，訓練を受け，意欲的に仕事に取り組む児童図書館員が不可欠です。

　児童図書館員として望ましいのは，

・熱意
・意思の疎通を図り，周囲と円満な人間関係を築くことができ，協同して作業を行い，問題を解決する能力
・連携・協力関係を構築する能力
・率先力と，柔軟で変化に対応できる能力
・利用者の要求を分析し，サービスやプログラムを企画，運営，評価する能力
・新しい技術を積極的に学び，専門性を高めようとする意欲

を備えていることです。

　また，児童図書館員は，

・児童の心理と発達
・読書力の発達理論とその推進策
・芸術や文化に親しむ機会
・本および関連するメディア形態の児童文学

について，知識を持ち理解していることが必要です。

**運営と評価**

　児童サービスの担当者が，図書館の運営企画の立案段階から参加していることが重要です。館全体の目標，および長期計画が作られる過程で，児童サービスの重要性を認識してもらい，支援を確実なものにすることができるからです。

　業務の達成度に関する信頼できる情報は，評価や改善のために必要なものです。

・資源，職員，サービス，貸出し，催し物などに関する統計をとること。これらの統計は，計画を立案したり，責任の所在を明示したり，運営上の判断を行うときに必要なデータとなります
・職員の業務達成度を，一定の能力水準値に照らして評価すること

## 第3節
### 情報や記事をお寄せください！

・児童・ヤングアダルト図書館分科会常任委員会にはあなたの協力が必要です
・どうぞ分科会に参加して，最良の実践例をお送りください。IFLA ウェブサイトの分科会のページに掲載します
・情報は委員長または編集担当の情報コーディネーターにお送りください

**詳細情報**

この小冊子は，クロアチア・ザグレブのメドヴェシュチャク公共図書館の共同出資を得て，IFLA 児童・ヤングアダルト図書館分科会が 2003 年 12 月に作成したものです。

分科会の活動に興味のある方は，IFLA の会員になり，分科会に登録してください。

© IFLA

さらに詳しくお知りになりたい方は，IFLANET（www.ifla.org）の分科会あてにご連絡ください。紙媒体の『ガイドライン』は，情報コーディネーターにご注文ください。

この『ガイドライン』は，分科会の作業部会および協力をいただいた方たちによって作成された説明資料の草案を基にしています。参照：www.ifla.org/VII/s10/scl.htm.

『ガイドライン』に使用した挿絵は，クロアチア・ザグレブのメドヴェシュチャク公共図書館の資料から使用させていただきました。
※翻訳・刊行については IFLA（国際図書館連盟）の許諾を得ています。
※本誌の PDF 版を国際子ども図書館ホームページでご覧いただけます（http://www.kodomo.go.jp/）。訂正があった場合は，ホームページ上に掲載いたします。

IFLA 児童・ヤングアダルト図書館分科会編著『児童図書館サービスのためのガイドライン』[*Guidelines for children's libraries services: Library services for children - more important than ever to children and their families all over the world*] 国立国会図書館国際子ども図書館訳 日本図書館協会児童青少年委員会協力 国立国会図書館国際子ども図書館 2007 17p

# IFLA 乳幼児への図書館サービスガイドライン （抄）

　このガイドラインはIFLA第Ⅲ部会：公共・学校図書館部会の全分科会による共同プロジェクト（2006-2007）として作成し，児童・ヤングアダルト図書館分科会がまとめたものである。
　第Ⅲ部会を構成する分科会は次のとおり：
　　公共図書館
　　障害者サービス図書館
　　児童・ヤングアダルト図書館
　　学校図書館・リソースセンター
　　盲人図書館
　　多文化社会図書館サービス
　　大都市図書館
　このガイドラインの作成・編集については，以下の方々にご尽力いただいた。
　キャシー・イースト氏（アメリカ合衆国オハイオ州ウッド郡地区公立図書館），イヴァンカ・ストリセヴィッチ氏（クロアチア，ザグレブ，ザグレブ市立図書館，メドヴェシュチャク公立図書館）

## 第1節
　このガイドラインは，乳幼児[1,2]やその家族，乳幼児の教育やサービスに携わっている機関への図書館サービスに焦点を当てたものである。

## はじめに
　国際連合は，1989年の年次総会で，「すべての子どもは自己の能力を最大限に発展させる権利を有し，人種，性別，宗教，国籍，文化的背景，言語，社会的身分，個人の技能・能力にかかわらず，平等な条件のもとに，情報・資料・プログラム等に自由かつ無償でアクセスする権利を有する」と宣言している。
　乳幼児にとって図書館サービスを受けられるかどうかは重大な問題である。脳の初期段階での発達の研究によれば，話しかけたり，歌ってあげたり，読み聞かせたりすることが，乳幼児の言語習得に

多大な影響を与えることが明らかになっている。子どもを取り巻く環境は，読書期前の能力の発達に著しい影響を及ぼす。読書を促す環境としては，＜読むもの＞が身近にあることが必要である。世界中のすべての家族が，地元の図書館からサービスを受けることが望まれる。幼い頃から図書館に慣れ親しめば，図書館が居心地のよいところであって，手助けを求めることができ，情報資源や技術について学べる場所であるとわかる。バイリンガルなど特別な配慮が必要な子どもたちにとって，図書館サービスを早くから利用することはなお一層重要で，そのような経験は就学前のよい準備となる。

### 目的

このガイドラインは，世界各国の公共図書館が質の高い児童サービスを提供できるよう支援することを目的とし，乳幼児をかかえる家族へのサービスに責任を持つ新人からベテランまで，すべての図書館員の手引きとなるものである。また，幼い利用者たちに向けられたガイドラインであることを考えると，「子ども一人を育てるには村中みんなの力が必要」というアフリカの諺の精神を引き継ぐものでもある。

### 対象

このガイドラインは，現役の図書館員，図書館管理者，ならびに政策決定者，図書館・情報学養成課程の学生と指導者たちを対象としている。

[1] 乳児：生後12か月までの子ども。
[2] 幼児：生後12か月から3歳までの子ども。


### 第2節
### 児童図書館の使命

「公共図書館は，広範囲にわたる資料を提供し多様な活動を展開することにより，子どもたちに対して読書の喜びや知識と想像力にあふれる諸作品を見つけ出したときの興奮を実感する機会を提供する。子どもたちとその親には，図書館の上手な利用のしかた，そして印刷資料と電子メディアの利用に関するスキルをどのようにして身につけるかを教えなければならない。……子どもたちは早い時期から図書館の利用を奨励されるべきである。というのは，そうする

ことによって，彼らが将来も図書館の利用者であり続けるだろうからである。」(『理想の公共図書館サービスのために：IFLA/UNESCO ガイドライン』2001　より)

　公共図書館は，幅広い図書館資料や諸活動を通して，快く迎えられる場所，それぞれに適した資料が豊富な場所，年齢にあった詩や歌，ボードブックやさわる絵本にふれる喜びを味わう機会を乳幼児とその保護者に提供する。図書館を利用する人々の一員になることは，好奇心や想像力に刺激を受ける初めての社会的経験となる。知育玩具，パズル，楽しさ溢れる本などにより「子どもとその保護者」の間に理解が生まれ，これが後には「子どもと本」との関係を育てることにつながっていく。

　文字が身近にある環境というのは読書への足がかりを醸成し，次のステップである書くことにもつながっていく。また，人生の早い時点で前向きな体験をすることは，生涯にわたる読書への関心を芽生えさせ，読み書き能力を磨くよい機会ともなる。

### 3 歳未満の子どもをもつ家族の潜在的要求への対応

　家庭での学習と生涯学習という観点からみると，3歳未満の子どもたちがなんの制限もなく無償で公共図書館を利用できることは，人間としての本質的な権利であり，子どものその後の人生において計算と読み書き能力の発達を向上させるための重要な基盤となる。

　図書館はすべての子どもたちのために存在すべきものであり，それゆえ公共図書館は障害の有無にかかわらず，すべての子どもたちに，資料とサービスを提供することが必要である。館内で開催する気楽に参加できる催し物などのサービスは，障害のある子どもたちにあわせて，子どもたちが他の図書館利用者と一緒に楽しむことができるよう企画するとよい。

　バイリンガルの家族には，子どもたちや保護者と読書とのかかわりを深めるため，多言語資料や母語資料を用意することが必要である。

　地方の子どもたちや，図書館サービスが受けられない地域の子どもたちには，特別な配慮が必要である。移動図書館サービスや地域の施設を利用したアウトリーチプログラムが望まれる。

　都市部の子どもたちとその家族には別の潜在的要求があると考え

られる。都市部では，多くの人々が，貧困，非識字などさまざまな形の窮乏状況におかれている。このような対象グループの幼い子どもたちに手を差し伸べて図書館サービスを提供することは大きな課題である。乳幼児への図書館サービスが必要なのは大都会の貧困層に限られたことではない。都市生活の犠牲者も考慮に入れなくてはならない。例えば，時間に追われる暮らしや目が回るほど膨大な仕事量で憔悴している親たち，また，旧来の家族形態から孤立した親たちへの対応もまた考慮すべき典型的な課題なのである。

**サービス対象**

　幼い子どもたちが，本，新しい科学技術，また図書館サービスに接するには，親や保育者の手助けが必要である。親たちが子どもとともに図書館に来ると，図書館にとっては，親たちの潜在的要求の把握もできる上，親たちに読書・本・マルチメディア，ならびに図書館が子どもの発達に重要であると気づいてもらう絶好の機会をもたらすこともできる。

　乳幼児サービスを進展し，提供する対象グループは次のとおりである：

- 乳幼児（3歳未満）
- 両親や家族
- 養育者
- 保育者：例：子どもの世話をする人，保育所スタッフ
- 教育者
- 医療専門家
- その他，子ども，本，メディアに携わる大人

**乳幼児への図書館サービスの目標**

- 保育者や幼い子どもたちにかかわる仕事をする大人と同様，乳幼児と親や家族のために，おもちゃ・本・マルチメディアや情報資源などが揃った環境を，すべての乳幼児が享受できる権利を整備する
- 読書や本への愛を育むために，本がたくさんある環境を創り出す
- マルチメディアを扱う能力やテクノロジーを使う力を早い時期から身につける機会を与える
- さまざまな文化に触れられる資料を提供する

- 乳幼児の言語発達を促す
- 言語能力およびバイリンガル能力を発達させる：特に言語的・民族的少数派に配慮する
- 子どもの言語・読解能力の発達に読書・読み聞かせが重要であることを両親等に知らせる：特に言語的・民族的少数派に配慮する
- 両親や保育者に対して，子どもの発達と読書期前の能力向上に期するために，読み聞かせ，本やその他の資料の使い方，育児について講習を行う
- 両親や保育者に対して，公共図書館で利用できる子どもの年齢相応の資料の選び方について講習を行う
- 「お話」を活用して，子どもとその両親と保育者がほかの家族や異なる文化に触れる機会をつくる
- 楽しく図書館に通う習慣をつけ，生涯にわたる読み書き能力を培う
- 乳幼児をかかえる家族や保育・教育に携わる人々を現在および将来にわたって支援，指導する
- 子どもたちとその世話をする人たちが集まり，ともに過ごし交流できる場所を提供する
- 子どもたちとその家族を温かく迎え入れる安全な場所を提供する

**各種サービス**

　児童図書館サービスは大人を対象とした図書館サービスと同様に重要であるため，同レベルのサービスを提供することが望ましい。児童図書館は乳幼児の探究心，感覚，読み書きの要求を満たすサービスを提供しなくてはならない。

　子どもの発達のごく初期の段階に，話す・聞く・読むなどの言語能力を習得させ強化することが必要である。このために次のようなサービスをいつでも利用・提供できるようにしておくことが肝要である：図書館として適切な範囲での音楽，体を使って遊べる空間，創作劇用施設，家事や簡単な科学・社会体験の場，子どもたちの親と保育者たちを対象とした資料など。児童図書館では親と保育者のために研修の機会の提供や，「作って遊ぼう」などのワークショップ等の開催が望まれる。

　幼い子どもたちの言葉の発達を支援するための効果的手段として

は，わらべうた，子守歌，童謡，絵本やストーリーテリングだけでなく，参加型絵本などコンピュータを使ったプログラムもある。

読み書き・計算の能力と同様に，情報通信技術（ICT）活用能力も幼い年齢で身につけることができれば，子どもの学習能力が増し，その成長過程において，また成人した後の人生においても役立つ生活適応力や職業能力が備わっていく。

保育者や養育者を対象とするのと同様に，乳幼児の親を対象としたワークショップの企画も家族教育の一環として望ましいことである。

多くの人々にとって公共図書館は最初に行く場所とは限らない。乳幼児のためのあらゆる資料を誰の手にも届くようにするためには，図書館が地域の人々のもっと身近にあることが必要である。対象となる人たちと触れ合う絶好の場所としてあげられるのは，待合室（診療所，歯科医院，病院），家族教育センター，保育所や幼稚園の小さな絵本棚などである。保健所の職員との連携も忘れてはならない。というのも，どの国でも保健所は子どもたちの成長，体重，身体発育・言語発達等の定期健診を受けに親が必ず出向く場所だからである。言語発達には早い年齢での対応がきわめて重要であるため，図書館員はさまざまな専門家たちと連携して重点的に取り組むことが肝要である。

それだけでなく，図書館以外の場所でのストーリーテリング，読み聞かせは，幼児の読解力や言語発達の重要性を広めるためにも大変重要である。公園や待合室，あるいはスーパーマーケットでさえ，子どもたちと一緒に活動を行う場所としては理想的である。図書館で行うお話会やアウトリーチプログラムについては親たちに随時知らせるとよい。

居住している国の言語を母語としない親たちには特に配慮が必要である。こういった人たちの子どもは，バイリンガルであるか，もしくは親とまったく異なる言語を話す。このような家族にはまず言語・文化面で支援を行い，新たな環境に溶け込むようにすることが大切である。本もなく図書館員も近くにいないような場合，アウトリーチプログラムに話し言葉の発達を促すような企画を組み込むのも有効である。

### 資料と選書規準

　コレクションやサービスを構築するときに，図書館員は次のような基準に従って資料を選択することが必要である：質の高いもの，年齢にふさわしいもの，乳幼児にとって安全であるもの，無理のない程度に意欲をそそるもの，親や保育者にとって注目に値するもの，公平でかつ性差別のないもの，読む気を起こさせ読後に充足感があるもの。

　この年齢の子どもたちにとって絵本は特に重要である。というのも，絵本は子どもたちの発達をあらゆる面から支え，また，大人と子どもに共通の楽しい体験を与えてくれるからである。

　乳児用の本は，さわる絵本など，さまざまな種類の布でできているものが望まれる。触れたり，匂いを嗅いだり，音を聞いたりできる要素を取り込んだ絵本は，障害のある子どもたちの読み書き能力の発達に重要な役割を果たす。

　従来のボードブックや絵本だけでなく，目がやや不自由な子どもたちが楽しめるように，色彩対比が鮮明で柔らかい布製の本や点字付きの識字資料も必要である。各国の盲人図書館は，公共図書館を通じての貸出に対応できるよう，特別なさわる絵本や録音図書のコレクションを用意する必要がある。親が目が不自由な場合，見開きページの片面に点字，もう片面に絵がある形態の絵本も役に立つ。

　多文化の地域では，公共図書館は二か国語資料や当該地域で使われているさまざまな母語の資料，また地域の多様性を反映する資料を用意しておくとよい。自分の国の文字を読むことのできない人々のためには聴覚資料が情報を提供するのに役立つ。

　おもちゃを貸し出す，または館内で利用できる図書館では，おもちゃの安全性や清潔さに十分配慮する必要がある。おもちゃの安全性については各国の基準に従うことが肝要である。

　親のための情報や教育資料も，図書館の所蔵資料に含めておくことが望まれる。

### 図書館内の環境

　乳幼児とその親や保育者にとって図書館は，利用しやすく，心地よく，魅力的で，安全であり，困難や危険のない場所でなくてはならない。エレベータがなく階段だけとか，重いドアなど利用を妨げ

る障壁，さらには這ったり，よちよち歩いたりする幼児たちには危険な場所などがあってはならない。幼い子どもたちを対象としたサービスのためには，児童用エリア内に専用エリアを設けることが理想である。発育を促すおもちゃ，子どもの体に合わせた家具，または床で遊ぶための清潔な敷物か床面，図書館内またはごく近くに設置した適切なトイレやおむつ交換台など，この年齢層の世話をするのに必要な衛生設備も必要である。親のためには，授乳または哺乳瓶を使用できる部屋なども考慮したほうがよい。

子ども用だけでなく大人のための居場所も用意する必要がある。このような設備があれば，乳幼児とその親または保育者はその場所で他の家族と交流することができる。

図書館は幼い子どもたちが安全に利用できる場所でなくてはならない。図書館が館内の安全性をチェックし，家具や書棚の鋭利な角を防護し，コンセントにカバーをつけるなど，事故の可能性を最小限に抑えるための措置を講じるのはよいことである。おもちゃを提供する図書館では，それらが清潔で安全であることも確認する必要がある。

目の不自由な子どもとその親にとって，明るい照明で色のコントラストがはっきりしていると，周囲がはっきり見え図書館内で行動しやすくなる。

### 地域との連携

地域の多くの団体や組織が，その地域の幼い子どもたちに強い関心をもって見守っている。地域に医療施設がある場合，医師，歯科医師，および乳幼児とその親の世話をする他の専門家たちは，予防処置，無料診療所，専門的情報などに関して情報交換を行うために協力関係を築くことを望んでいる。幼稚園や保育所は，施設に通うための情報や基準を提供することができる。コミュニティセンターはこの年齢層とその親，保育者および養育者のための情報やプログラムを提供することができる。在宅学習，宗教教育，音楽教育などの情報は魅力的な冊子や掲示板から入手することができる。一方図書館は，提携を結んだ施設内に，ポスター，カレンダー，しおりや図書館および読書推進に関する広報資料などを置いてもらえる。

障害をもつ子どもたちと接触するためには，図書館は地域の子ど

も向けのリハビリテーションを行う協会または親たちの団体と協力するとよい。図書館員は図書館を訪問するよう声をかけ，サービスや資料に関する彼らの要望について話し合うことができる。
**広報**
　児童図書館が積極的な態度を表明することは，一番大切なことである。親や保育者，さらには乳幼児にかかわりのある人たちは，地域の中で図書館を，子連れで楽しめる場所，よその子どもや家族に会える場所，催しに参加する，または育児に関する講座を受講できる場所ととらえている。

　広報活動は，開館時間や各種サービスの紹介を載せたちらしのような簡単なものから，図書館のサービスを宣伝するマーケティング・プログラムやウェブサイトの利用などもっと手の込んだものまでいろいろある。地域において図書館と連携しているすべての団体に広報資料を配布したいものである。充実した内容で，見た目も美しい広報・宣伝資料を積極的に活用することが大切である。情報や標識などの発信は，各地域に適した言語を用いる必要がある。
**人材**
　どの図書館にも優秀な図書館員の存在は必須である。児童図書館を効率よく専門的に運営するには，専念できるベテラン児童図書館員が必要となる。そのような人材に求められるのは，子どもの発達に対応できるさまざまな技能をもち，専門的訓練を受けていること，子どもの読み書き能力について誕生から3歳までを通した研究の知識を有すること，養育への姿勢，質の高い児童図書に精通していること，乳幼児同士の社会的交流について独創的な取り組みができること，この年齢層の子どもたちとその親や保育者にとって最良の環境をつくるための企画力とコミュニケーション能力を有することなどである。

　障害のある利用者のために図書館は専任の図書館員を置き，その要望に応えるサービスを提供する必要がある。

　職員は異文化に対応できる技能・能力が必要である。職員・ボランティアの構成は地域における文化の多様性を反映すべきであって，図書館は多文化の背景をもつ親たちの見識を生かす必要がある。

　経験豊富で有能な児童図書館員に劣らず，ボランティアも重要な

役割を担っている。ボランティアは読み聞かせやストーリーテリングの訓練を受けてから図書館の内外で活動を行うとよい。

**運営と評価**

　児童サービスに携わる者は，児童サービスについての理解と支援を確固としたものにするために，図書館の目標と長期計画に基づいた図書館全体の計画立案に参画することが重要である。奉仕対象のあらゆる層を考慮に入れて評価と改善を行うためには，信頼できる事業報告が必要となる。定期的に統計や聞き込み情報[3]を収集することは，説明責任を果たすことにもなり，また，立案や将来の運営上の意思決定に役立つ。確かな経験に基づく仕事は，継続した職員の能力開発を可能とし，ひいては一般市民へのサービス向上につながっていく。

　図書館がサービスする区域における文化的多様性を把握するためには，地域について統計をとることが不可欠である。

**財源確保**

　主要な財源は，公立図書館を設置する責任を負う地方公共団体または政府機関が担うが，適切であれば，各地域において，子どもに対し無償の図書館サービスを提供する権限を有する非政府組織（NGO）または他の類似団体が提供する場合もある。

　乳児用図書計画，全国読書計画など，主要な資金提供団体だけでは全面的な支援が困難な付加的なサービスを行うためには，補助的な財政支援は歓迎すべきであり，求めるべきであろう。

　[3] 聞き込み情報とは，口頭あるいは記録にとどめないことを条件に非公式に収集したうわさ，証拠情報を指す。

### 第3節　チェックリスト［略］
### 第4節　優れた事例［略］

**日本語版あとがき**

　［前略］［児童青少年］委員会での検討の際，第2節の「乳幼児への図書館サービスの目標の中の"マルチメディアを扱う能力やテクノロジーを使う力を早い時期から身につける機会を与える"という箇所について，日本の現状を考えると乳幼児サービスのガイドライン

として盛り込むのは適当とは思えないという意見が多くの委員から寄せられました。しかし，IFLA発行のガイドラインの中身を変更することはできませんので，翻訳は原文に即して行い，あとがきで児童青少年委員会の意見を付記することといたしました。今後皆様が乳幼児サービスを実施なさる際の検討課題としていただけたらと考えております。[以下略]

国際図書館連盟児童・ヤングアダルト図書館分科会編『IFLA乳幼児への図書館サービスガイドライン』[*Guidelines for library services to babies and toddlers*] 日本図書館協会児童青少年委員会訳 日本図書館協会 2009 42p.

## IFLA児童図書館員の教育と養成 （抄）

序文 [略]
### 児童図書館員の理想的な教育と養成とは？
[前略] 児童の願望や要求が考慮されるような図書館教育を生み出すことが目的であると仮定した場合における図書館教育の全課程に対する児童図書館員の教育の「適切な構成比」を勧告している。
### 児童図書館員の教育と養成計画
児童図書館員の教育と養成は概ね図書館大学，総合大学の学科，もしくは図書館学校の内部で編成される。しかし，いまもなお図書館協会が図書館員教育の責を負っている国がある。誰が教育を編成しようとも，次の点を強調することが重要である。
1. 児童図書館員の教育と養成は図書館教育の構成要素の一つでなければならない。
2. 公共図書館分野の職に就くようなプログラムを履修する人には，児童図書館関係の幾つかの科目を必修にすべきである。
3. 児童に対する図書館サービスは，基礎教育の範囲内において専門的研究のための一科目として提供されなければならない。

児童図書館学の多くの構成要素は複合領域的性格を有するので，この種の教育の企画担当者は教育を企画するのに際して，幅広い領域からの専門家の参加を仰ぐべきことも主張する必要があろう。多

くの図書館学の大学で見つけることのできる専門家たちのほとんどは，目録作成，書誌作成および情報検索といった図書館学の中心的プログラムに関連した主題については有能であるが，一心理学，教育学，児童資料といった児童図書館学にとって重要な主題の知識はあまりないのが普通である。児童図書館員のための教育を企画するにあたって，児童図書館員の図書館協会と，児童書の著者の組合および児童図書館員の組合が有する知識と係わり方を利用することが重要である。これらの組織は，提案されたカリキュラム上の変更点の検討を委ねる団体として利用できよう。

**教育のためのモデル**

出版物に含まれている9か国について比較を行なってみると，児童のために行なう図書館業務のための教育と養成の広がりには様々な違いがあることがわかるだろう。一方の極には事実上全く教育が行なわれていない国があり，他方の極には一般コースの後に児童図書館の専門家のために特に構成された上級コースを有する国々がある。私たちが選んだ例では，ジンバブエが前者に該当し，ノルウェーが後者に該当する。前述の国々は全て，その国でこの種の養成を実施していようがいまいが，児童図書館学のための教育の必要性を強く求める主張を行なっている。スペインでは，児童向け文献のコースを提供している学校もあるが，児童図書館サービスに関するコースはひとつもないことを遺憾としている。図書館学教育が未だ行なわれていないジンバブエでは，1～2年以内に児童図書館用のコースを開始する計画である。正式の養成を行なっているも不満を表明しており，例えば，東ドイツとナイジェリアは，より徹底したコースの必要性を指摘している。

養成の方法に目を向けると，養成の多くは，「一段階型」養成（ナイジェリア）もしくは「二段階型」養成（アメリカ合衆国）として提供されるか，あるいは必修科目も一部分（東ドイツの公共図書館と労働組合の図書館員用コース）として提供されていることが理解できよう。

論文を寄せてくれた方々は，この状態に満足してはいない。それが，私達が児童図書館員の教育と養成の最も優れたモデルとして，例えば，ノルウェーに見られるような「三段階型」の養成を勧める

理由である。ここでは，児童図書館学のプログラムが図書館学の学生全員にとっての必修科目であり，もう一つは公共図書館業務をめざす全ての学生にとっての必修科目である。さらに三番目は児童図書館サービスの専門家となる人のための選択科目である。この第三番目の段階はノルウェーの場合のように図書館学の学位を取得した後で児童図書館の上級コース（250時間）を修得する形に拡張することもできる。このモデルは，1週間の訓練から4カ年の教育まであらゆる図書館教育に適用できることを意味している。重要なのは教育を必修と選択の両要素から構成することである。教育内容や図書館学プログラム入学資格の範囲には様々な違いが存在するので，理想的な内容や利用科目の時間数を明確にするのは不可能である。故に，私達は全養成期間中の構成比を勧告する方法を選択したのである。

　一般レベル：図書館学の訓練の1/70即ち1.4％が児童図書館学に振り当てられる。（例えば，70週中の1週，70時間中の1時間）

　中級レベル：6/70即ち8.6％（例えば，70週中の6週，70時間中の6時間）

　専門レベル：3/70即ち4.3％（例えば，70週中の3週，70時間中の3時間）

　以上の数字は，図書館学の全学生が全養成課程の少なくとも1.4％を児童図書館学に費やさなければならず，また基礎教育課程で児童図書館学を専攻した学生は，全養成課程の14.3％以上を児童図書館学に費やなければならない。私達は，学生がいずれの型の図書館（公共もしくは専門）をめざそうとも，あらゆる図書館学教育の中に，児童図書館学の要素を含むべきであると主張する。

　あらゆる図書館員は，児童への優れた図書館サービスの必要性や重要性と，このサービスがどんなことを含むかについてのオリエンテーションを必要としている。

　しかし，私達の中級のモデルは，これが公共図書館に職を求める全ての学生の必修であるために，最も重要なものである。

　これらの学生の多くは，将来図書館計画や図書館開発に係わることになるであろう。企画担当者は全利用者グループ，とりわけ児童を念頭においておくことが重要である。彼らは，児童が図書館の最

も利用頻度の高い,活気のある利用者であることを認識し,考慮しなければならないし,児童は国家の主要な資源であることを理解していなければならない。児童に投資することは,とりもなおさず,国の将来の発展のために投資することである。一定の内容を含んだ,定まったカリキュラムを設定することはできないが,様々なレベルの学習のために以下の項目を提案する。

 基礎レベル:全図書館学生向
  ・児童の生活状態
  ・児童のメディア状況(口承伝統を含む)
  ・児童のための図書館サービスに含まれる各側面の提示
 中級レベル:全公共図書館員向
  ・児童文献,参考図書
  ・選書(資料選択と蔵書構築)
  ・書誌,参考図書
  ・児童図書館の目的と目標
  ・児童向図書館サービスの作成
  ・課外活動,プログラム作成
  ・他の団体や機関との協力
 上級レベル:児童図書館専門家向
  ・児童文学
  ・書評の書き方
  ・児童心理学
  ・障害児,読書嫌い,精神遅退児
  ・教育学基礎
 準専門家,短期コース,上級コース [略]

**結論**

 [前略] IFLA の児童図書館分科会は,私たちの提示したモデルと勧告が,児童図書館員の教育と訓練を向上させ強化しようと願う人々のための実用的な手助けとして役立つことを願っている。

Skoglund, Lena. Education and Training of Librarians in Children's Librarianship. Paper No.15-CHIL-1-E IFLA General Conference, Tokyo 1986 p.0326-0331.

# あとがき

　ここ 10 年間に，子どもにとっての読書や児童図書館サービスの重要性がますます認識されてきている。一方，現代のメディア環境下にさらされている子どもの危機的状況，経験豊富な児童図書館員の異動，業務委託や指定管理者制度の導入など，児童図書館，児童図書館員にとって困難な新しい状況も生まれている。

　ただ，司書の養成教育の面では，必ずしも十分とは言えないが，少しずつ進展がみられる。1996 年に司書講習科目として「児童サービス論」が必修科目 1 単位に設定された。これは，図書館法制定時の「児童のための図書館奉仕」必修科目 1 単位と同等に戻ったことを意味している。この科目を修得した司書が図書館現場で児童図書館サービスを行い，10 数年が経過している。2012 年からは大学における図書館の科目として「児童サービス論」が必修科目 2 単位となる。さらにこの間，教育・研究者からは児童図書館学の複数科目設置の要望が出されている。

　このような状況を踏まえ，本書は，新たな状況に対応しようとしている経験ある児童図書館員，そして，すでに児童図書館員の道を歩みはじめている若い児童図書館員のために，これまでの研究や現場での実践の成果や国際的な動向などを取り入れ，児童図書館サービスの理念，および，実践に必要な専門的知識，技術を本格的に伝え，子どもたちへの図書館サービスをさらに豊かにすることを目的とした。

　また，これまでに日本図書館協会から出版された『児童図書館

ハンドブック』(1963),『児童図書館』(1967),『児童図書館』新版 (1976),『子どもの図書館の運営』(1986) を継承し,発展させるものとして企画された。

さらに,児童図書館史を 1 冊にまとめて出版することの提案もあったが,今後の課題となっている。

2005 年に児童青少年委員会のもとで出版企画案がまとめられ,2006～2007 年の大幅な再検討を経て新出版企画となり,『児童図書館サービス』編集委員会を立ち上げ,出版委員会の承認を得た。その後,執筆依頼,編集委員会による編集,出版編集部の最終編集を経て,ここに上梓されることになった。本書にご尽力いただいた多くの方々に,ここにお礼を申し上げます。

本書は,現職の児童図書館員を対象として書かれたものであるが,児童図書館学を教授する教員,児童司書を志望する学生にも役立つものでもある。

本書について,ご助言,ご意見などをお寄せいただければ幸いである。

2011 年 8 月

『児童図書館サービス』編集委員会
代表編集委員　塚原　博

# 事項索引

＊本文中の事項をアルファベット順，五十音順に分けて配列しました。

## ●アルファベット順

ADHD（注意欠陥多動障害）‥‥ 171
ALA 児童図書館サービス部会
　→アメリカ図書館協会児童図書館サービス部会
AV 資料　→視聴覚資料
CD-ROM ‥‥‥‥‥‥‥‥‥ 12, 16
CIE 図書館 ‥‥‥‥‥‥‥‥ 35, 42
DVD‥‥‥‥‥‥‥ 7, 16, 121, 273
IBBY　→国際児童図書評議会
IFLA　→国際図書館連盟
IFLA 児童図書館員の教育と養成
　‥‥‥‥‥‥‥‥‥‥‥‥‥ 287
IFLA 児童図書館学教育
　‥‥‥‥‥‥‥‥‥ 246, 247, 248
IFLA 児童図書館サービスのためのガイドライン ‥‥‥‥‥‥ 16, 269
IFLA 児童図書館分科会
　‥‥‥‥‥‥‥‥‥‥ 247, 248, 250
IFLA 乳幼児への図書館サービスガイドライン‥‥‥‥‥‥‥‥ 277
JBBY　→日本国際児童図書評議会
MARC ‥‥‥‥‥‥‥‥‥ 120, 131

NDC　→日本十進分類法
OPAC ‥‥‥‥‥‥‥‥ 115, 116, 120
PISA（学習到達度調査）‥‥‥‥ 85
PTA 母親文庫‥‥‥‥‥‥‥ 36, 42
TV ゲーム　→テレビゲーム
Web OPAC‥‥‥‥‥‥‥‥ 115, 120

## ●五十音順

### 【あ行】

赤ちゃん‥‥‥ 3, 8, 82, 89, 136, 161, 164
朝の読書‥‥‥‥‥‥‥‥‥ 204, 234
集まる場所‥‥‥ 111, 124, 214, 219, 220
アメリカ図書館協会児童図書館
　サービス部会‥‥‥‥ 22, 31, 32, 251
新たな知見‥‥‥‥‥‥‥‥‥ 260
アリエス‥‥‥‥‥‥‥‥‥‥‥ 70
アン・キャロル・ムア　→ムア
アンケート調査 ‥‥‥‥‥‥ 203, 211
行きて帰りし物語‥‥‥‥‥‥ 83, 84
石井桃子‥‥‥‥‥ 30, 36, 38, 43, 46, 49
委譲‥‥‥‥‥‥‥‥‥‥‥‥‥ 18
椅子‥‥‥‥‥‥‥‥ 8, 147, 225, 228
委託‥‥ 24, 39, 67, 68, 76, 101, 231, 239

一段階型児童図書館学教育……244
一緒に読む………………………138
移動図書館……36, 106, 107, 108, 109, 110, 198, 199, 210, 213, 234, 279
異文化……………………………285
今澤慈海…………………………34, 42
岩波少年文庫……………………37, 42
岩波の子どもの本………………37, 42
巌谷小波…………………33, 42, 45
インターネット…2, 3, 51, 60, 67, 78, 105, 113, 121, 127, 128, 274
ウェブサイト……………………276, 285
　　→：ホームページ
受入………………………………201
浦和市立図書館…………………19
絵本………3, 8, 30, 32, 37, 60, 76, 82, 83, 86, 117, 119, 121, 123, 133, 134, 136, 137, 138, 139, 140, 141, 145, 147, 149, 150, 151, 157, 159, 161, 163, 164, 165, 166, 169, 170, 175, 176, 179, 180, 184, 185, 190, 191, 222, 223, 224, 279, 282, 283
絵本選びのポイント……………140
絵本架……………………………223, 224
絵本の会…………………………137, 139
『えほんのせかい　こどものせかい』
　……………………………………141
選ぶ力……………………………140
演劇………………………………147, 273
大阪市立生野図書館……………178
大阪府立国際児童文学館………12

大阪府立中央図書館子ども資料室
　……………………………………20, 169
大月ルリ子………………………37
大橋図書館………………………33, 42
置物………………………123, 124, 126, 127
お話………3, 8, 17, 48, 83, 85, 86, 134, 137, 139, 140, 141, 142, 143, 144, 145, 146, 147, 148, 149, 176, 184, 186, 204, 223, 251, 281
お話を選ぶ………………………144
お話を覚える……………………145
お話を語る………………142, 143, 145, 148
『お話を語る』……………………147
『お話をこどもに』………………147
お話会……1, 8, 33, 44, 48, 85, 86, 130, 132, 133, 136, 141, 142, 144, 146, 154, 159, 169, 170, 176, 186, 187, 189, 191, 201, 204, 223, 282
お話室……………………………8, 222, 223
お話の講習会……………………251
お話のじかん……………134, 142, 143, 176, 252
お話会の実際……………………146
お話の鈴…………………………147
おはなしのろうそく　→ろうそく
『おはなしのろうそく』…………144
覚える　→お話を覚える
思いがけない本…………………151
親子読書…………………………4
親子読書会………………………58, 184
親子読書・地域文庫全国連絡会

……47, 49
親子20分間読書運動 …………36
音楽CD……………………………16

## 【か行】

開架冊数………………215, 216, 217
外国籍市民………………… 179, 180
回遊図 ……………………………124
カウンター業務 ………67, 92, 101, 134
科学あそび………5, 8, 17, 153, 154,
　155, 156, 157, 158, 159, 223, 226
科学あそびを選ぶ ………………154
科学あそびの意義………………153
科学あそびの会 ……153, 154, 158, 159
科学あそびの会の実施 …………158
科学あそびの事前の実施………158
科学あそびの立案………………155
科学あそびの例 …………………156
科学絵本…………………………165
科学の本………5, 150, 153, 154, 155
科学の本の紹介…………………158
科学読物　→　科学の本
科学読物研究会 …………155, 157, 251
学際的研究………………………259
学術研究…………………………256
拡大写本…………………………170
学童保育…………………… 111, 191
貸出カウンターでの心得…………91
貸出冊数……37, 56, 57, 89, 100, 102,
　104, 136, 209, 215, 242
貸出サービス………………… 100, 113

貸出登録者数 ……………………215
仮説 …………………………257, 259
仮想掲示板 ………………………128
仮想展示架 ………………………128
家族利用…………219, 220, 221, 225
語り手 ……………142, 143, 147, 148
語る　→お話を語る
学校 ……1, 12, 24, 28, 29, 31, 33, 44,
　48, 52, 58, 61, 62, 63, 64, 65, 66, 72,
　73, 84, 85, 90, 92, 102, 105, 111,
　113, 114, 133, 135, 136, 138, 148,
　149, 150, 159, 171, 179, 182, 183,
　184, 185, 187, 188, 189, 190, 193,
　194, 197, 200, 201, 202, 204, 205,
　208, 214, 226, 227, 232, 234, 235,
　250, 259, 274, 277, 288
学校司書…………………72, 184, 190
学校でのお話……………………148
学校図書館………2, 12, 24, 58, 62, 64,
　66, 133, 148, 179, 184, 187, 188,
　189, 190, 204, 205, 234, 250, 259,
　274, 277
学校図書館支援 …………………189
かつら文庫 …………………36, 46, 49
家庭文庫 ………………36, 44, 46, 47
家庭文庫研究会 ……………… 46, 49
神奈川近代文学館……………………12
カーネギー，アンドリュー ………30, 31
カーネギー賞 …………………… 29, 41
カーノフスキー，レオン ……………124
紙芝居 ……7, 8, 16, 133, 142, 160, 176,

185, 200
カラー計画 ……………………… 227
観察 ……… 15, 71, 124, 125, 165, 175, 221, 229, 259
館内閲覧用 ……………………… 102
管理法一般 ……………………… 243
擬音や擬態 ……………………163, 164
機械可読目録　→MARC
聞き書き ………………………… 259
気候温暖化 ……………………… 216
規定 ……… 12, 51, 70, 123, 199, 200
ギトラー，ロバート・L. …………… 244
規模計画 ………………213, 216, 217
基本設計 ………………………… 218
基本図書 ………………………… 216
客観的判断 ……………………… 209
キャレル（個人机）………………… 225
教育 …… 3, 10, 18, 28, 29, 31, 33, 34, 37, 59, 65, 68, 85, 114, 149, 161, 167, 168, 171, 172, 175, 183, 187, 190, 194, 197, 199, 200, 203, 207, 208, 210, 225, 233, 236, 237, 242, 243, 244, 246, 247, 248, 249, 250, 251, 252, 256, 259, 267, 269, 274, 277, 280, 281, 282, 283, 284, 287, 288, 289, 290
教育力を備えた専門職 …………… 237
共通利用 ………………………… 234
京都府立図書館（児童図書室）
……………………………33, 42
今日のおすすめ本 ……………… 109

業務の循環性 …………………… 196
キーワード ……………………… 193
クイックレファレンス………………116
空間稼働率……………………… 222
くめがわ電車図書館……………… 47
グループ学習 ………………225, 226
クレーマー ………………… 231, 240
黒田一之 ………………………… 245
クローバー子供図書館…………… 45
掲示 …… 123, 124, 126, 158, 196, 201
ケイト・グリーナーウェイ賞 ……… 30, 41
ケレブ・ビンガム　→ビンガム
検閲 ……………………………… 35
研究課題 ………………………… 257
研究手法 …………………… 258, 259
研究テーマ ………………… 257, 258
研究の意義 ………………… 255, 257
検索語 ……………………… 121, 122
研修 ……… 10, 11, 23, 38, 47, 63, 133, 139, 188, 190, 239, 242, 243, 251, 252, 274, 281
建築計画書……………………… 218
現場と研究……………………… 255
現場力 …………………………… 238
件名 ……………………………… 150
件名索引………………………… 150
県立図書館 …… 9, 10, 11, 19, 20, 33, 52, 57, 114, 121, 132, 179
広域利用 …………………… 91, 234
口演童話 ………………………… 45
「公共図書館と青少年」……………30

工作 …………………… 8, 17, 126, 134
国際児童（青少年）図書館 ……… 2
国際児童図書評議会 …… 38, 43, 180, 251
国際図書館連盟 …… 16, 38, 43, 178, 180, 246, 247, 248, 249, 250, 269, 270, 271, 276, 277, 279, 287, 290
国際理解 …………………………… 180
こぐま社 ………………………… 30, 144
国民読書年 ………………………… 66
国立国会図書館 ………… 2, 9, 11, 58
国立国会図書館国際子ども図書館
　…… 2, 38, 43, 59, 119, 178, 252, 276
小河内芳子 …………………… 35, 37
個人貸出 ………………………… 102
子育て支援 …………… 24, 182, 240
ことばあそび ……………………… 165
言葉の獲得 ………………………… 81
言葉の発達過程 ………………… 161
子ども …………………………… 70-87
子どもを知る ………… 14, 15, 71, 237
子どもと親の同伴利用 ………… 219
子ども読書年 ……… 38, 43, 48, 58, 59
子どもと子どもの本を結びつける方法
　……………………………… 16, 242
子ども図書館講座 ……………… 252
子どもと読書 …………… 66, 75, 236
『子どもと本の世界に生きて』 …… 30, 41
子どもに向く話 ………………… 144
子どもの権利に関する条約 …… 262
子どもの最善の利益　→児童の
　最善の利益
子どもの状況 …………………… 214
子どもの生活圏 …… 6, 56, 67, 182, 184, 193
子どもの代弁者 ………………… 212
子どもの読書 … 3, 5, 24, 36, 38, 48, 56, 58, 60, 61, 63, 64, 72, 88, 111, 119, 132, 133, 148, 175, 193, 194, 226, 232, 233, 236, 248
子どもの読書活動 … 58, 60, 61, 62, 63, 66, 72, 160, 232
子どもの読書活動の推進に関する
　基本的な計画 ……………… 63, 64
子どもの読書活動の推進に関する
　法律 …… 38, 43, 48, 60, 61, 64, 91
子どもの図書館 ………… 37, 85, 136
『子どもの図書館』 …… 36, 43, 46, 49
子どもの図書館利用 ……… 85, 136
子どもの本 … 1, 5, 7, 10, 12, 13, 14, 15, 16, 17, 18, 21, 32, 37, 38, 46, 58, 59, 80, 89, 103, 111, 119, 132, 133, 140, 150, 167, 220, 237, 242, 249, 251
子どもの本を知る …………… 14, 237
『子どもの本のリスト』 ………… 150
子どもの目線 ………… 127, 130, 214
『子どもの豊かさを求めて』 ………… 46
子ども文庫 …… 12, 44, 45, 46, 47, 48, 49, 58, 72, 119, 153, 175, 176, 177, 184, 185, 186, 192, 194, 198, 248
コピーサービス ………………… 122
コミュニケーション … 22, 75, 77, 81, 82,

索引 ……… 297

83, 86, 115, 163, 174, 275, 285
コミュニケーションの技能 …………22
コミュニティ …… 66, 171, 182, 183, 184, 186, 187, 190, 191, 193, 194, 284
コモンスペース（共有空間）…… 219
コルウェル, アイリーン ………29, 30, 41
コールデコット賞 …………………32, 40
コレクション構成　→蔵書構成
コンテンツ …… 77, 128, 129, 130, 132

## 【さ行】

再生児童図書館 ………………35, 42
埼玉県立浦和図書館（児童奉仕課）……………………………19
埼玉県立久喜図書館（児童担当グループ）………………………20
さいたま市立図書館 ………………19
サイン ………………………126, 227
雑誌 ……… 2, 7, 16, 45, 123, 178, 203, 233, 260
雑誌・新聞 ………………………2, 7
佐野友三郎 ………………………33
サービス対象 …… 5, 102, 119, 272, 280
サービスの評価 ……… 207, 208, 209
サービスポイント ………… 9, 213, 217
さわる絵本 …………………279, 283
参加人数 …………………………209
参考業務 ………………………114
参考図書 …… 8, 116, 119, 157, 240, 290
三康図書館 ………………………12
サンダーズ ……………………30, 40

三段階型児童図書館学教育 …………………………243, 246
詩 ……………………… 147, 150, 279
支援・連携 ……… 184, 188, 191, 193
自学自習 ………………………225
視覚障害児への図書館サービス ………………………………169
資源の共有 ………………………11
自己研修 ………………………243
事実調査 …………………115, 116
自主研修 ………………23, 251, 252
司書教諭 ……… 72, 184, 189, 190
司書職制度 …… 13, 20, 21, 23, 24, 48, 242
司書職制度の要件 ………………23
司書デスク ………………………223
視聴覚資料 …… 16, 216, 244, 271
市町村立図書館 …… 9, 10, 11, 19, 20, 36
実施設計 ………………………218
実用書 ……………………………5
指定管理者制度 ……… 24, 39, 67, 68
児童及び青少年図書館活動 …… 245
児童館 ……… 72, 111, 191, 198, 214
児童憲章 ………………… 35, 42, 268
児童サービス　→児童図書館サービス
児童サービス運営論 ………………250
児童サービス演習 ………………249
児童サービス担当者会 ……………18
児童サービスの位置づけ …………51
児童サービスの空洞化 ……………231
児童サービス論 …… 43, 248, 249, 256

児童司書……7, 8, 13, 18, 20, 22, 23, 24, 60, 119, 245, 250, 252
児童室・児童コーナー設置数……53
児童室だより……136
児童室の広さ……217
児童書貸出冊数……56, 57, 242
児童書総合目録……12
児童資料……1, 13, 15, 19, 21, 119, 178, 242, 288
児童資料論……249, 250
児童登録者数……55
児童図書館……1, 2, 5, 6, 7, 8, 9, 10, 11, 12, 13, 14, 15, 17, 18, 20, 21, 22, 27, 28, 29, 30, 31, 32, 33, 34, 35, 36, 37, 39, 40, 42, 43, 44, 45, 46, 47, 49, 51, 52, 56, 58, 60, 66, 67, 68, 69, 73, 74, 88, 114, 175, 176, 177, 196, 197, 212, 227, 228, 231, 237, 242, 243, 244, 245, 246, 247, 248, 249, 250, 251, 255, 256, 257, 258, 259, 270, 272, 273, 274, 275, 278, 281, 285, 287, 288, 289, 290
児童図書館員……5, 7, 8, 10, 13, 14, 15, 16, 17, 18, 19, 20, 21, 22, 28, 29, 30, 31, 32, 35, 37, 39, 43, 72, 73, 74, 77, 88, 91, 97, 117, 119, 134, 148, 154, 176, 185, 211, 232, 235, 236, 238, 241, 242, 243, 244, 247, 248, 249, 251, 252, 255, 256, 258, 275, 285, 287, 288, 290
児童図書館員の資質……20, 37

児童図書館員の専門職としての能力……22
児童図書館員の専門性……13, 21, 24
児童図書館員の専門性の確立……39, 243
児童図書館員の専門性の4要件……21
児童図書館員の役割……13, 14
児童図書館員の養成……31, 37, 242, 243
児童図書館員養成専門講座……243, 252
『児童図書館への道』……37
児童図書館学科目……243, 244, 245, 247, 248, 250
児童図書館学科目の独立1科目……244
児童図書館学科目の独立2科目……245
児童図書館学科目必修科目化……247
児童図書館学教育……243, 244, 246, 247, 248, 249, 250
児童図書館学教育モデル……246, 247
児童図書館学特別課程……244
児童図書館管理法……244
児童図書館研究会……35, 43, 46, 52, 251
児童図書館サービス……1, 6, 7, 10, 11, 12, 17, 18, 19, 20, 22, 27, 31, 33, 34, 35, 36, 37, 38, 46, 49, 51, 52, 53, 56, 57, 58, 67, 70, 71, 73, 74, 88, 113, 119, 139, 141, 161, 162, 178, 182,

索引……299

184, 186, 196, 197, 198, 201, 202, 204, 206, 207, 208, 209, 210, 212, 214, 217, 218, 219, 223, 227, 228, 231, 233, 234, 235, 236, 240, 242, 246, 247, 249, 250, 251, 252, 255, 256, 257, 258, 259, 269, 270, 273, 274, 275, 278, 281, 286, 288, 289
児童図書館サービス研究…・255, 256, 257
『児童図書館サービスのためのガイドライン』………………16, 269
児童図書館の意義………………2
児童図書館の運営……13, 17, 21, 196, 237, 242, 249
児童図書館の数 ………………52
児童図書館の経営(運営)……13, 14, 17, 21, 22
『児童図書館の研究』…………34, 42
児童図書館の現状………………51
児童図書館の建築………………212
児童図書館の構成要素……………7
児童図書館の誕生の要件………27
児童図書館の目的 ………6, 7, 290
児童図書館の歴史………………27, 32
児童図書館分科会…36, 43, 246, 247, 248, 250, 290
「児童に対する参考事務」提言…117
児童に対する図書館奉仕……35, 36, 43, 244, 245
児童に対する図書館奉仕全国研究集会………………36, 43, 247, 251

→:全国公共図書館研究集会児童・青少年部門
児童の最善の利益…………264, 266
『児童のための図書館奉仕』……29, 41
児童文学及びストーリーテリング…245
児童文学講座……………………252
『児童文学論』……………………32
児童用蔵書冊数……………………54
自分で読む………………138, 165
自閉症……………………………171
清水正三…………………………245
『市民の図書館』…………36, 43, 197
事務の取扱要領……………………200
社会学的研究……………………259
弱視者……………………………168
集会・行事活動…………………159
修学旅行……………………78, 102
収集方針…………………104, 105, 200
集団研修…………………………252
集団(グループ)での研修
→集団研修
修道児童文庫……………44, 45, 49
主観的評価………………210, 211
手芸…………………………5, 222
主人公と一体化……………………4
出張お話会………………186, 187, 189
出版情報…………………………185
出版流通…………………………105
手話………………………………170
手話で楽しむお話会……………170
障害児への図書館サービス………168

障害者サービス………167, 169, 172, 204, 277
少子化…37, 43, 48, 55, 231, 239, 240
小児病院……………………………174
少年院への図書館サービス………172
少年刑務所……………………………172
少年少女の家………………………32, 40
情報検索サービス…………………120
情報サービス……………11, 113, 120
情報探索………………………………115
情報の賢い使い手…………………17
書架‥7, 8, 94, 95, 96, 97, 98, 99, 102, 105, 107, 115, 124, 125, 138, 143, 149, 150, 192, 205, 211, 216, 217, 222, 223, 224, 225, 227
除架……………………………201, 202
書架スペース………………………217
書架整理……94, 95, 98, 99, 192, 224
書誌…………121, 131, 250, 288, 290
書誌情報………………………115, 116
除籍……189, 192, 196, 200, 201, 202, 232, 241
所蔵の有無……………………114, 115
調べ学習……114, 116, 187, 189, 225
白百合女子大学……………………12
シリーズもの…………………99, 109
資料……1, 2, 3, 7, 8, 9, 10, 11, 14, 15, 16, 20, 22, 27, 28, 47, 64, 65, 68, 72, 78, 88, 91, 93, 97, 100, 102, 106, 107, 111, 112, 113, 116, 117, 119, 120, 125, 132, 167, 168, 172, 177, 178, 179, 181, 182, 184, 185, 186, 187, 188, 189, 190, 191, 192, 193, 196, 197, 198, 200, 201, 202, 209, 213, 221, 222, 228, 232, 233, 235, 241, 244, 245, 247, 250, 256, 258, 265, 266, 271, 272, 273, 274, 276, 277, 278, 279, 280, 281, 282, 283, 284, 285, 290

資料を選ぶ………………16, 273, 274
資料構成　→蔵書構成
資料収集方針　→収集方針
資料選択………………………………290
資料知識………………………………15
事例研究………………………………259
事例調査………………………………258
新聞…………2, 7, 16, 22, 59, 156
信頼できる館員……………………217
数学的研究……………………………259
スツール………………………………225
ストーリーテリング……8, 17, 29, 38, 134, 141, 173, 184, 185, 186, 245, 250, 271, 282, 286　→：お話
スミス, リリアン・H.……………2, 32, 40
生活圏………6, 7, 56, 66, 67, 84, 182, 183, 184, 193
青少年の読書と資料……43, 245, 247
セイヤーズ, W.C. バーウィック………………………29, 34, 41
先行研究………………257, 258, 260
全国公共図書館研究集会児童・青少年部門………………247, 251

| | |
|---|---|
| 選書基準 | 98 |
| 選書規準 | 104, 200, 283 |
| 選択規準 | 273 |
| 専門知識 | 7, 246 |
| 専門図書館 | 12, 119 |
| 総合的な学習の時間 | 114, 188 |
| 創作絵本 | 165 |
| 創作児童文学 | 116 |
| 蔵書回転率 | 215 |
| 蔵書構成 | 98, 107, 108, 134, 174, 216 |
| 蔵書構築 | 290 |
| 蔵書新鮮度 | 215 |
| 蔵書の更新 | 216 |
| 組織化 | 1, 19, 29, 196, 201 |
| ゾーニング | 221, 222 |
| ソファー | 226 |
| ゾーン計画 | 221, 225 |

**【た行】**

| | |
|---|---|
| 第一線サービス | 9, 10, 11, 12 |
| 滞在型図書館 | 220 |
| 第三線サービス | 11, 12 |
| 第二線サービス | 10, 11, 12 |
| 大日本教育会附属書籍館（小学部） | 33, 42 |
| 対面手話 | 170 |
| 竹貫少年図書館 | 34, 42, 44, 49 |
| 竹貫直人 | 34, 42, 44 |
| 多言語児童資料 | 178 |
| 多言語資料 | 279 |
| 辰巳義幸 | 246 |

| | |
|---|---|
| 建物・設備 | 7, 13 |
| 楽しいひととき図書館 | 2 |
| 楽しみとしての読書 | 3, 78, 79, 80 |
| 多文化 | 178, 270, 283, 285 |
| 多文化サービス | 177, 178, 179, 180 |
| 多文化児童資料論 | 250 |
| 多文化児童図書館サービス | 177 |
| 多文化図書館サービス | 177 |
| タボ | 224 |
| 多目的なスペース | 222, 223 |
| 団体貸出 | 47, 111, 112, 133, 173, 186, 187, 188, 189, 190, 234 |
| 地域を知る | 14, 71 |
| 地域計画 | 213, 214 |
| 地域社会 | 5, 7, 9, 16, 24, 52, 71, 182, 183, 197, 198, 202, 232, 233, 236, 237, 238, 262, 266, 272, 273 |
| 『地域に対する公共図書館網計画』 | 213 |
| 地域文庫 | 44, 111 |
| 逐次刊行物 | 16 |
| 駐車場 | 107, 108, 109, 110 |
| 著作権 | 122, 123, 131, 159, 160, 200 |
| 机 | 7, 8, 99, 217, 225 |
| 土屋児童文庫 | 45 |
| 定性的方法 | 258 |
| 定点観測 | 211 |
| 低年齢化 | 85 |
| 定量的方法 | 258 |
| デザイン計画 | 227 |
| 手づくり布の絵本 | 165 |

徹底したサービス ……………… 236, 238
手とおはなしの会 ……………… 170
テレビゲーム ……………………… 76
伝記 ………………………………… 150
展示 …… 8, 16, 107, 109, 123, 124, 125, 127, 132, 134, 158, 180, 191, 196, 201, 203, 224, 225, 227
電子資料（ソフトウェア）………… 272
展示棚 ……………………………… 98
点字図書 …………………………… 169
電子メディア ……… 16, 259, 271, 278
伝承の語り ………………………… 141
点訳絵本 …………………………… 169
てんやく絵本　ふれあい文庫 …… 169
東京子ども図書館 …… 2, 38, 43, 47, 49, 135, 251
東京市立日比谷図書館 ………… 34, 42
東京都立多摩図書館 …………… 12, 19
東京都立日比谷図書館児童資料係
……………………………………… 19
統計調査 ……………………… 257, 259
童心主義 …………………………… 34
等密度比曲線 ……………………… 213
登録 … 89, 90, 91, 92, 93, 94, 101, 111, 180, 209
登録率 ………… 209, 210, 215, 242
読書案内 …… 8, 102, 103, 113, 114, 196
読書家 ……………………………… 235
読書環境 …… 38, 39, 46, 47, 48, 56, 64, 72, 91, 111, 112, 172, 232, 233, 234, 235, 241

読書興味 …………………… 15, 153
読書コミュニティ ……………… 183, 184
読書相談 ………… 101, 113, 185, 223
読書体験 ………… 5, 83, 174, 175
読書の喜び ……… 4, 20, 80, 81, 177, 271, 278
督促 …… 103, 104, 196, 200, 202, 203
特別支援学級へのサービス …… 171
特別支援教育 ……………… 167, 168
独立児童図書館の増加 ………… 68
図書館案内 ………………… 93, 135
「図書館員の倫理綱領」………… 251
図書館家具 ……………………… 223
図書館学講習会 ………………… 251
図書館環境 ……………… 232, 234
図書館建設 ………… 30, 47, 212, 228
図書館子ども会 ………………… 159
図書館サービス目標 …………… 215
図書館システム … 9, 19, 198, 216, 233, 234, 259
図書館準備 ……………………… 212
図書館招待・見学 ……………… 187
『図書館政策の課題と対策』……… 36
図書館でのお話 ………………… 142
図書館統計 ……………………… 209
図書館友の会 ………… 191, 192, 193
図書館における科学あそび ……… 153
図書館ネットワーク ……………… 9, 11
図書館の目的 ……………………… 88
　→：児童図書館の目的
図書館法 …… 35, 42, 51, 68, 244, 245,

索引 ……… 303

248
図書館利用に障害がある児童への
　サービス ………………………… 167
図書館令 ………………………45, 49
都道府県立図書館　→県立図書館
戸野周二郎 ……………………… 34
友野玲子 ………………………… 37

## 【な行】

内規 ……………………… 200, 240
二極化 …………………………… 85
二段階型児童図書館学教育 …… 243, 244
日曜学校 ……………………28, 41
日本親子読書センター ………47, 49
日本近代文学館 ………………… 12
日本国際児童図書評議会 …… 59, 251
日本子どもの本研究会 ……… 49, 251
日本十進分類法 ………………… 222
日本小児科医会 ………………… 76
日本図書館協会児童青少年委員会
　………………………………… 249
入国管理法 …………………… 180
乳児 ‥60, 75, 79, 81, 82, 85, 161, 162, 164, 165, 174, 176, 191, 278, 283, 286
乳児・幼児への図書館サービス … 37, 161, 164, 166, 190, 191, 280, 286, 287
乳幼児サービス　→乳児・幼児への
　図書館サービス

ニューベリー賞 ……………32, 40
布の絵本 ……………………… 166
ねりま地域文庫読書サークル連絡会
　………………………………47, 49
年間貸出冊数 ……………… 209, 215
年間計画 ……………… 8, 135, 201
年間購入冊数 ……………… 209, 215
ノンフィクション …… 109, 111, 220, 221, 222

## 【は行】

排架 ‥‥‥ 7, 93, 94, 95, 96, 97, 98, 108, 179, 196, 201, 202, 205, 220, 221, 222
梅花女子大学 …………………… 12
博物館 ………………………… 191
バス図書館（久米川こども図書館）
　………………………………… 47
発達段階 ‥‥ 8, 15, 27, 79, 81, 82, 176, 212, 221, 259
発注 …………………………… 201
母と子の20分間読書運動 ……… 43
バリアフリー ………………… 166
ハント，ハナ ……………… 245, 251
比較研究 ……………………… 258
美術館 ………………………… 191
ビデオ ………………… 16, 76, 179, 200
一人読み ………………………… 4
姫路市立図書館 ………………… 172
ヒューインズ ………………31, 40
病院における児童への図書館サー

304

ビス ························· 174
評価の定義 ················ 208
費用対効果 ············ 207, 208
平置き →フェイスアウト
ビンガム, ケレブ ············ 28, 40
ファンタジー ········· 81, 103, 117
フィクション ············ 221, 222
フィロソフィーの記述 ········ 218
フェイスアウト（平置き）······ 224
複本 ········· 98, 102, 105, 111, 216
付箋 ··························· 151
ブックスタート ···· 38, 43, 59, 60, 71, 82, 161, 176, 191, 197, 204
ブックトーク ····· 8, 17, 95, 96, 134, 148, 149, 150, 151, 152, 173, 180, 187, 226
「ブックトークの意義とその効果的方法」 ····················· 152
ブックトークの会 ·········· 148, 149
ブックリスト ····· 16, 31, 140, 158, 186, 190, 219, 255
プライバシー ············ 90, 104, 265
フレキシビリティ（柔軟性）···· 216
フレッチャー, ウィリアム ······ 30, 40
フロアワーク ······ 8, 93, 94, 95, 97, 149
プログラム ···· 8, 139, 140, 147, 148, 159, 191, 250, 271, 272, 275, 277, 279, 282, 284, 285, 287, 288, 289, 290
文献調査 ······· 115, 116, 121, 258, 259
分類 ····· 7, 99, 189, 205, 221, 222, 244

別置 ························· 102
ベンチ ·················· 217, 225
保育所 ····· 52, 72, 182, 185, 191, 193, 280, 282, 284
法定主義 ····················· 199
保健所 →保健センター
保健センター ···· 12, 60, 163, 190, 191, 194, 274, 282
母語 ····· 162, 164, 165, 179, 279, 282, 283
ポジティブな情報 ············ 227
保存 ······ 1, 10, 11, 12, 122, 196, 241
ホームページ ······ 121, 127, 128, 129, 130, 132
 →：ウェブサイト
ボランティア ········ 44, 46, 47, 63, 139, 142, 146, 148, 149, 160, 170, 176, 177, 184, 185, 192, 194, 203, 204, 205, 206, 207, 231, 235, 240, 273, 285, 286
本と人が出会う場所 ··········· 217
本の案内 ···················· 16, 95
本の紹介 ···· 8, 17, 129, 130, 136, 148, 158, 226
本の世界へ誘う ··············· 14
本の喜び図書館 ················ 2
『ホーンブック』 ············· 32, 40

【ま行】
松岡享子 ··················· 37, 38, 47
マッコルビン, ライオネル ······ 20, 29

松の実文庫 ･･････････････････････47
まとめ役（コーディネーター）･･･････19
マニュアル･････････････ 239, 240, 255
マルチメディア･･････････････ 280, 286
マンチェスターの図書館･････････････29
見えない教育性･････････････････ 236
ミタカ少国民文庫････････････45, 49
ミニ展示 ････････････････ 109, 125
ムア，アン・キャロル ････ 31, 32, 40, 227
昔話 ･･････････････････ 141, 144, 150
『昔話は残酷か』･････････････････ 144
椋鳩十････････････････････････36
むすびめの会 ････････････ 178, 180
村岡花子････････････････････････46
メディア ････7, 11, 16, 73, 75, 76, 77, 80, 250, 259, 271, 272, 273, 275, 280, 290
メニュー･････････････････････ 132
申し合わせ事項･････････････････ 200
盲人情報文化センター ････････････ 169
目標貸出冊数･････････････････ 215
目録 ･･････････7, 115, 116, 121, 244, 288
文字・活字文化振興法･･････････････64
文部省図書館員教習所 ･･･････････ 243

【や行】

山口県立図書館（児童閲覧室）
･･･････････････････････････33, 42
湯浅吉郎･････････････････････････33
豊かな蔵書構成･････････････････ 134
ユニバーサルデザイン ･･･････ 228, 229

幼児 ･･･84, 85, 110, 111, 138, 139, 161, 162, 163, 164, 165, 166, 174, 222, 227, 234, 235, 278, 284
幼稚園 ･･････48, 52, 72, 110, 111, 132, 136, 159, 182, 185, 191, 193, 198, 202, 274, 282, 284
読み方 ･･････････････ 116, 140, 166
読み聞かせ ･･･4, 8, 17, 44, 48, 59, 60, 72, 76, 86, 133, 134, 137, 138, 139, 141, 145, 149, 160, 163, 164, 165, 170, 176, 184, 185, 186, 188, 204, 220, 223, 226, 277, 281, 282, 286
読み聞かせのポイント･････････････ 164
読み手 ･･ 3, 4, 138, 139, 140, 141, 150, 165
読む喜びをどの子にも ････････････ 236
予約・リクエスト････ 104, 105, 196, 200, 209

【ら行】

ライブラリースクール（図書館学校）
･･････････････････････････ 250, 287
ライブラリーフレンド･･････････････ 191
力量 ･･････････････ 206, 236, 238, 252
リサイクル ･･････････････････ 192
利用案内･･･90, 93, 123, 130, 135, 136, 188, 206
利用圏域････････････ 213, 214, 215
利用者 ･････ 1, 7, 10, 13, 22, 23, 27, 33, 56, 67, 89, 90, 93, 94, 95, 97, 99, 102, 106, 107, 108, 110, 112, 115,

122, 123, 125, 128, 131, 132, 154, 170, 175, 179, 180, 191, 197, 200, 205, 208, 210, 212, 219, 225, 228, 229, 241, 244, 245, 259, 271, 275, 278, 279, 285, 289, 290
利用登録の意義 … 89
料理 … 5, 80, 157
リリアン・H. スミス・ブランチ … 2
リンク集 … 130
類書 … 222
歴史的研究 … 258
レファレンスインタビュー … 114, 115, 118
レファレンスサービス … 1, 8, 10, 17, 113, 114, 117, 118, 119, 188, 274
レファレンスツール … 115, 121

ろう児へのサービス … 170
ろうそく … 147
労働強化 … 231, 239
録音図書 … 169, 283
ロバート・L. ギトラー　→ギトラー
ロングリーダー … 240
論文 … 30, 31, 173, 260, 288

## 【わ行】

渡辺茂男 … 37, 116
わらべうた … 8, 73, 82, 86, 136, 137, 164, 190, 282
わらべうたの会 … 86, 134, 136, 137, 139
わんぱく文庫 … 169

## 執筆者および執筆個所 （執筆順）

中多泰子（なかた　やすこ）　前・大正大学教授，元・東京都立中央図書館
　　運営・サービス論　第1章

塚原　博（つかはら　ひろし）　実践女子大学教授，元・埼玉県立熊谷図書館，与野市図書館，保谷市図書館
　　運営・サービス論　第2章，第5章 5.7(7)，第10章

汐﨑順子（しおざき　じゅんこ）　慶應義塾大学ほか児童サービス論講師，前・大田区立図書館司書
　　運営・サービス論　第3章 3.1，第11章

高橋樹一郎（たかはし　きいちろう）　天理市立図書館副館長
　　運営・サービス論　第3章 3.2

島　　弘（しま　ひろし）　福生市立図書館館長
　　運営・サービス論　第3章 3.3，第6章

坂部　豪（さかべ　たけし）　前・水戸市立見和図書館館長
　　運営・サービス論　第4章

永野浩二（ながの　こうじ）　前・立川市立中央図書館司書
　　運営・サービス論　第5章 5.1, 5.2, 5.3, 5.5, 5.6

宍戸　寛（ししど　ひろし）　前・文化女子大学教授，図書館長，元・東京都立中央図書館
　　運営・サービス論　第5章 5.4

内藤直子（ないとう　なおこ）　東京子ども図書館司書
　　運営・サービス論　第5章 5.7(1), (2), (3), (4), (5), (6), (8), (9)

渡辺順子（わたなべ　じゅんこ）　すずらん文庫主宰，東京布の絵本連絡会代表
　　運営・サービス論　第5章 5.8

山内　薫（やまうち　かおる）　墨田区立ひきふね図書館
　　運営・サービス論　第5章 5.9(1), (2)
菊池　佑（きくち　ゆう）　日本病院患者図書館協会会長
　　運営・サービス論　第5章 5.9(3)
依田和子（よだ　かずこ）　よこはまライブラリーフレンド代表，鶴見大学文学部非常勤講師
　　運営・サービス論　第5章 5.9(4)
川上博幸（かわかみ　ひろゆき）　元・香芝市民図書館館長，元・枚方市立図書館，家庭文庫主宰（17年間），関西大学文学部非常勤講師，同志社女子大学学芸学部非常勤講師，大阪成蹊短期大学非常勤講師など
　　運営・サービス論　第7章，第9章
杉岡和弘（すぎおか　かずひろ）　姫路市立図書館司書，前・香寺町立図書館館長
　　運営・サービス論　第8章

## 『児童図書館サービス』編集委員会

浅見佳子（鎌倉市中央図書館）

石渡裕子（国立国会図書館）

内藤直子（東京子ども図書館）

小林直子（国立国会図書館）

川上博幸（元・香芝市民図書館）

坂部　豪（前・水戸市立見和図書館）

宍戸　寛（前・文化女子大学）

島　　弘（福生市立図書館）

杉浦弘美（横浜市金沢図書館）○

高橋樹一郎（天理市立図書館）

塚原　博（実践女子大学）○
中多泰子（前・大正大学）
矢野悦子（さいたま市立東浦和図書館）
依田和子（よこはまライブラリーフレンド）

　　　　　　　　　　　　　　　　　○印：代表編集委員

視覚障害者その他活字のままではこの本を利用できない人のために，日本図書館協会及び著者に届け出る事を条件に音声訳（録音図書）及び拡大写本，電子図書（パソコンなど利用して読む図書）の製作を認めます。但し，営利を目的とする場合は除きます。

EYE LOVE EYE

◆JLA 図書館実践シリーズ　18
## 児童図書館サービス 1
運営・サービス論

2011 年 9 月 30 日　　初版第 1 刷発行 ©
2017 年 6 月 30 日　　初版第 4 刷発行

定価：本体 1900 円（税別）

編　者：日本図書館協会児童青少年委員会
　　　　児童図書館サービス編集委員会
発行者：公益社団法人　日本図書館協会
　　　　〒104-0033　東京都中央区新川1-11-14
　　　　Tel 03-3523-0811㈹　Fax 03-3523-0841
デザイン：笠井亞子
印刷所：イートレイ㈱　　Printed in Japan
JLA201706　　ISBN978-4-8204-1106-2
本文の用紙は中性紙を使用しています。

## JLA 図書館実践シリーズ　刊行にあたって

　日本図書館協会出版委員会が「図書館員選書」を企画して 20 年あまりが経過した。図書館学研究の入門と図書館現場での実践の手引きとして，図書館関係者の座右の書を目指して刊行されてきた。

　しかし，新世紀を迎え数年を経た現在，本格的な情報化社会の到来をはじめとして，大きく社会が変化するとともに，図書館に求められるサービスも新たな展開を必要としている。市民の求める新たな要求に対応していくために，従来の枠に納まらない新たな理論構築と，先進的な図書館の実践成果を踏まえた，利用者と図書館員のための出版物が待たれている。

　そこで，新シリーズとして，「JLA 図書館実践シリーズ」をスタートさせることとなった。図書館の発展と変化する時代に即応しつつ，図書館をより一層市民のものとしていくためのシリーズ企画であり，図書館にかかわり意欲的に研究，実践を積み重ねている人々の力が出版事業に生かされることを望みたい。

　また，新世紀の図書館学への導入の書として，一般利用者の図書館利用に資する書として，図書館員の仕事の創意や疑問に答えうる書として，図書館にかかわる内外の人々に支持されていくことを切望するものである。

2004 年 7 月 20 日
日本図書館協会出版委員会
委員長　松島　茂

# 図書館員と図書館を知りたい人たちのための新シリーズ!
## JLA図書館実践シリーズ 既刊20冊, 好評発売中

（価格は本体価格）

1. **実践型レファレンスサービス入門　補訂版**
   斎藤文男・藤村せつ子著／203p／1800円

2. **多文化サービス入門**
   日本図書館協会多文化サービス研究委員会編／198p／1800円

3. **図書館のための個人情報保護ガイドブック**
   藤倉恵一著／149p／1600円

4. **公共図書館サービス・運動の歴史1**　そのルーツから戦後にかけて
   小川徹ほか著／266p／2100円

5. **公共図書館サービス・運動の歴史2**　戦後の出発から現代まで
   小川徹ほか著／275p／2000円

6. **公共図書館員のための消費者健康情報提供ガイド**
   ケニヨン・カシーニ著／野添篤毅監訳／262p／2000円

7. **インターネットで文献探索　2016年版**
   伊藤民雄著／204p／1800円

8. **図書館を育てた人々**　イギリス篇
   藤野幸雄・藤野寛之著／304p／2000円

9. **公共図書館の自己評価入門**
   神奈川県図書館協会図書館評価特別委員会編／152p／1600円

10. **図書館長の仕事**　「本のある広場」をつくった図書館長の実践記
    ちばおさむ著／172p／1900円

11. **手づくり紙芝居講座**
    ときひろみ著／194p／1900円

12. **図書館と法**　図書館の諸問題への法的アプローチ
    鑓水三千男著／308p／2000円

13. **よい図書館施設をつくる**
    植松貞夫ほか著／125p／1800円

14. **情報リテラシー教育の実践**　すべての図書館で利用教育を
    日本図書館協会図書館利用教育委員会編／180p／1800円

15. **図書館の歩む道**　ランガナタン博士の五法則に学ぶ
    竹内悊解説／295p／2000円

16. **図書分類からながめる本の世界**
    近江哲史著／201p／1800円

17. **闘病記文庫入門**　医療情報資源としての闘病記の提供方法
    石井保志著／212p／1800円

18. **児童図書館サービス1**　運営・サービス論
    日本図書館協会児童青少年委員会児童図書館サービス編集委員会編／310p／1900円

19. **児童図書館サービス2**　児童資料・資料組織論
    日本図書館協会児童青少年委員会児童図書館サービス編集委員会編／322p／1900円

20. **「図書館学の五法則」をめぐる188の視点**　『図書館の歩む道』読書会から
    竹内悊編／160p／1700円